神さまとのおしゃべり

●

さとうみつろう

SB
サンマーク
文庫

――それは、ある日突然起こった。

怪しい声

「幸せになりたいんだろう？」

みつろう

「うぉっ!!　なんか、声が聞こえる!!」

——できごとから、さかのぼること約1年前。
主人公のみつろうは、ごくごく平凡なサラリーマンで、
会社勤めの二児のパパ。
下の子が生まれたばかりの彼は、
赤ちゃんの夜泣きによる寝不足のため、
会社で何度かミスを重ねた。
見かねた上司が、「心を落ちつかせなさい」と
彼にすすめたのが、瞑想だった。

なにかを長つづきさせたことなんて
これまでの人生で一度もなかった彼だが、
なぜだか瞑想だけは毎日かかさなかった。

そして運命の日はやってくる。

瞑想のため、いつも通り早起きをして、
妻や子どもを起こさないように
こっそりと寝室を抜け出したみつろう。

リビングへと向かい、
床にあぐらをかいてしっかりと目を閉じた。

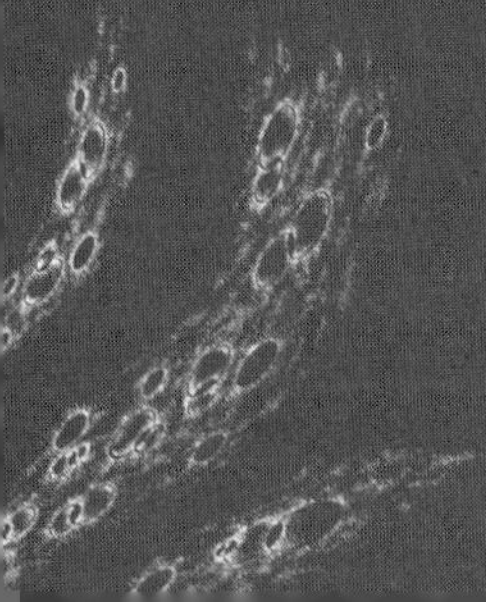

幸せになりたいんだろう？

うおっ!! え？ なにこれ……？

ついに俺は頭がイカれちまったか??

なんなんだこの声は?? 頭の中から湧いてくるぞ!?

幸せになりたいんだろう？ 手伝ってやろうか？

けっこうです。帰ってください！ このままじゃ僕、病院に送られちゃう!!

悩みはなにかないか？ ワシならそれを解決できるぞ。

悩みなんてねーよ！ あるとすれば、あんたの声が聞こえることくらいじゃい!! だから、あんたがいなくなれば、たしかに解決できるね!!

別の悩みを聞こうか。

なんでだよ！ 悩みくらい、こっちに選ばせろよ!! てか、いきなり俺の悩みの解決に失敗してんじゃねーか!!
ブツ
だいたい、こっちは毎朝の瞑想だけでも、ギリギリなんですよ？ ギリギリって言っても、アウトのほうね！
ブツ
この上、「変な声が聞こえ出した」なんて言ったら、確実に妻が実家に帰っちゃうじゃねーか!! お前が帰れよ！ 妻じゃなくて！
ブツ
ブツ
瞑想は、いいことじゃぞ。なにも怪しいことじゃない。ブッダ、キリスト、クリシュナ。全てが、瞑想を通し、大切な教えに辿りついたんじゃから。
いやだから、ブッダやキリストの時点で、宗教でしょ？ 怪しさMAXじゃねーか！
キリスト
ブッダ
最後のクリなんとかなんて、誰なのかすらわからんわい。てかそもそも、あんたは誰なの？

ワシか？ワシはもちろん、神じゃ。神さまじゃ。
神さま
ズ

ブツ ブツ
「もちろん」の意味もわからないし、自分で「さま」をつけるあたり、体質的に無理無理無理無理！帰って。

いいから、話を聞きなさい。1年間も瞑想をつづけたのは、なにかを変えたかったからじゃろう？現状を打破したかったんじゃろ？ようするに、幸せになりたかった。叶えてやるよ、その願い。

まぁ、たしかに。眠いのに毎朝、座禅を組むのは、「ほかの人よりよくなりたい」という思いからです。

じゃろ？でも瞑想だけじゃ足らんのじゃ。そこで得た気づきを、実世界に活かさないと意味がない。

具体的には、なにをすれば？

お！聞く気になってるじゃねーか。

もうこうなったら、とことんつき合おうかと。開き直りの境地です。だから、さっさと教えて、その方法。

おい、「ください」はどうした。「ください」は。
ペシ
お、教えてください、神さま。
あっという間に幸せになれる授業
よしじゃあ、始めようか、みつろう君。あっという間に幸せになれる授業を。

こうしてみつろうの日常に、
怪しさＭＡＸの神さまによる
マンツーマンの授業が加わることになった。

その教えが、多くの人の人生を劇的に変える
「宝の山のような教え」であることを、
主人公のみつろうはこの時点では、
全く知るよしもなく……。

準備体操

1時限目

「現実」とは何か？

実践編

2時限目

思い通りに現実を変える、12の方法

お金の授業

3 時限目

簡単に金持ちになる方法

人間関係の授業

4時限目

私があなたで、あなたが私

まとめの授業

5時限目

この世の仕組みと真の幸せについて

特別授業

6時限目

ミソカモウデに行こう

禁断の力くらべ
神さまvs悪魔

本文イラスト　塩澤文彦/SUGAR
本文挿絵　山崎フミオ/SUGAR
編集協力　玄冬書林
編集　岸田健児（サンマーク出版）

準備体操

1時限目

「現実」とはなにか?

もしも全ての願いが叶っているとしたら

神さま　さて「幸せにしてやろう」、「願いを叶えよう」とノリノリで登場しておいてなんなんじゃが、お前の願いは全て叶っておる。よってお前はすでに幸せじゃ。

みつろう　え？　いきなりなに言ってんの？　俺、全然幸せじゃないんですけど⁉　叶ってない願いだって、いっぱいあるし。金持ちになって豪邸を建てたい、趣味のバンドで紅白歌合戦にも出場しないといけない……（もちろん白組の大トリでね）。ほら、色んな願いが叶ってないじゃん‼

神さま　いいか、みつろう。これからワシはお前にたくさんのことを教えるじゃろう。ただ、大切な教えはたった1つだけじゃ。覚えておきなさい。

お前はすでに幸せじゃ。なぜなら、お前の願いは1つ残らず全て目の前に叶っておる。

ワシが創り上げたこの世界は、全てその人の思うままなんじゃ。**ある人にとっての「現実」とは、100％その人の思い通りにできている。**だから、その人の目の前に、その人が望んでいないことはなに1つとして起こらん。

みつろう
いや、だから、望んでいないことが目の前にバンバン起こっている人が、さっそくここに1人いるんだってば！　どうも、はじめまして。わたくし、さとうみつろうと申します。私は、会社になんて行きたくありませんが、毎日イヤイヤ通っております。

神さま
行きたくないのなら、行かなきゃいいじゃないか。

みつろう　会社に行かなかったら、給料もらえないでしょ？

神さま　給料もらわなきゃいいじゃないか。

みつろう　給料もらわなかったら、ごはんが食べれないでしょ？　ひょっとしてあんた、人間界のことをあまりご存じない感じ？

神さま　ごはん、食べなきゃいいじゃないか。

みつろう　ごはん食べなかったら、死んじゃうの！

神さま　死ねばいいじゃないか。

みつろう　あんた、正気か？　まさか授業のこんなしょっぱなから、「死ぬこと」をすすめられるとはな。

神さま　死にたくないのか？　それがお前の望みなんじゃな？　叶っておるじゃないか。お前は今、生きておる。

生きるために、ごはんを食べたいんじゃな？　それも叶っておる。

ごはんを食べれとるんじゃから。

食べるために、給料をもらいたいんじゃな？　これも叶っておるぞ。

給料をもらえとるじゃないか。

給料をもらうために、会社に就職したいともお前は願ったんじゃな？

全部、叶っとるよ。

今、お前はあこがれの会社員じゃないか！　おめでとう、みつろう君。

君の「現実」はなにもかもが、君の望み通りじゃ！


みつろう　そ、そう考えるとそうなのか？　死にたくない、ごはんを食べたい、給料をもらいたい、会社に行きたい……。その全てが俺の願いで、たしかに全部叶っている……。

……。

「会社に行きたい」と自分で願っておきながら、「会社なんて行きたくない」と同時に願うなんて、バカなのか俺は？

神さま　そうじゃ、よく気づいたな!!　バカなんじゃよ！
だって、望んだことは全て、100％目の前で叶っているのに、お前たち人間はそれに気づけてないんじゃから。バカとしか言えんじゃろう。

神さま

そもそも、**不幸な人なんてこの世には1人もおらんよ。**

ただ、幸せ（＝望みは全て叶っているということ）に気づけていないバカが多いだけなんじゃよ。だからワシはそんなヤツらを「幸せバカ」と呼んでおる。バカじゃけど、まぁ結局は幸せなんじゃから放っておこうと。

お前はその筆頭じゃよ。

みつろう

人のこと〝バカの大将〟みたいに言わないでくれます？

神さま

だって、そうじゃろ？「会社に行きたい」と願いながら「会社に行きたくない」と願っておるんじゃぞ？　どうすりゃいいんじゃ？　もう逆に気の毒じゃよ。

いいか、もう一度だけ言うぞ。この世の原理原則は、たった1つじゃ。

その人の現実に、その人が望んでいないことはなに1つとして起こらない。この世は全て、その人の望み通りじゃ。

そして、全てが叶っている＝幸せなのに、その事実に気づけない人が、**「自分は不幸だ」と思いこんでおるだけ**なんじゃよ。

みつろう じゃあ、バカ代表として言わせてもらいますけど、人間には望んでいないことだって起こります！　例えば、先週、僕の部署に、とても性格の悪い上司が異動してきたんです。でも、「嫌な上司と一緒に働きたい」だなんて、絶対に願ってません。でも、アイツは俺の部署にやってきやがった。

神さま ほら、望んでないことが、俺の人生に起こってるじゃないか!!

それも、お前が望んだからじゃよ。ただ、

①願いが叶うころに、本人が願ったことを忘れていたり、②願いが複雑で、叶ったこと自体に本人が気づけなかったり、③まちがえた願い方をしたせいで、変な形で叶ってしまったり、

これらたくさんの理由が絡み合って、「人生は全て私の望み通り」と思えないだけじゃ。そして**「望んでいないことが人生には起こる」と感じた時に、人は苦しむ**んじゃよ。でもそれはただの錯覚じゃや。

みつろう　まぁ、安心しなさい、みつろう君。ワシはその錯覚から、お前たちを目覚めさせるためにやってきたんじゃから。長い間、待たせてしまったな。あとはワシにまかせなさい！

神さま　正義のヒーローかよっ！　じゃああんたは、どうやって俺を錯覚から目覚めさせてくれるの？

みつろう　できることはただ1つ……。「お前は、バカじゃ！」と言いつづける。

神さま　はぁ？　あんた、俺の横でずーっと「お前はバカじゃ！」と言いつづけるためだけにやってきたの？　マジ、帰ってくんない？

みつろう　「自分のほうがバカだった」と気づければ、目が覚めるじゃないか。例えば、さっきの上司の件。お前はどうして、その上司が嫌いなんじゃ？

めっちゃ指示が細かくて、いちいちうるさいヤツだから。俺は仕事をスピーディーにこなしたいのに、アイツのせいで、ぜんっぜん前に進まないの。チェックにチェックを重ね、結局、チェックだけで1日が終わるんですよ？　そのせいで、ついたアダ名は「チェックマン」!!　バカは、あいつのほうだ！　あんなヤツと一緒に働きたいだなんて、絶対に願ってねーよ！

神さま　いいや、願った。それも、さっき言った①〜③の理由が絡み合い、**自分の願いだと気づけていないだけ**じゃ。

いいか、お前がまだ小さかったころ、お前は、母親に「豆腐を買ってきてね」と頼まれた。それははじめて頼まれたおつかいで、母親に頼りにされたことにお前は興奮した。「小さな自分にも役割があるんだ」と、はじめて自分の存在意義を感じたからじゃ。猛ダッシュで豆腐を買ってきたお前の頭をなでながら、母親は「とても早かったわね、ありがとう」、と言った。

みつろう　記憶のどこかに、かすかに残ってます

ね、その風景。とても懐かしいなぁ。ていうか、あんたよく知ってるな。

神さま　ワシを誰だと思っておる？　神じゃ。なんでも知っとるよ。

「早かったね」と母に褒められて以来、お前は【仕事はスピーディーにしたい】と願うようになったんじゃ。

一方で、お前が走っておつかいに行ったせいで、買ってきた豆腐は形が崩れてグチャグチャだった。それを見たお前の姉は母親に「みつろうはちゃんとおつかいができていない」と言い、母も「そうね」と言った。お前はそれを偶然聞いてしまい、【仕事は丁寧にするべきなんだな】とも痛感したんじゃよ。

わかるか？　今じゃお前は、**常にこの相反する2つの願いを願っておる。**

仕事は【スピーディーに】だけど、【ゆっくり丁寧にやりとげたい】とな。

もしも職場にお前が1人だったら、【ゆっくり丁寧に】の部分は叶わないじゃろう。こうして、嫌な上司と思っているその人は、**【ゆっくり丁寧に】という願いを叶えるために、お前の現実に現れたんじゃよ。**お前の望み通りになな。

みつろう でも俺、チェックマンのことめっちゃ嫌いですよ？　俺1人で【スピーディー】かつ【ゆっくり丁寧】に、仕事すればいいんじゃないの？

神さま できるかっ!!　アホかお前は！　どうやって、【スピーディー】かつ【ゆっくり】と仕事なんてできるんじゃ？　1人じゃ絶対に無理じゃよ！　いいか、【スピーディーに】という願いは、母親に表で褒められたから、「自分が担当したい」と願っておる。一方、【ゆっくり丁寧に】の部分は、陰口として聞いたもんじゃから、表面上は認めたくない願いなんじゃよ。だからお前は、もたもたしている人が嫌いじゃろ？

みつろう 大っ嫌いですね。

神さま でも、【完璧に仕事を仕上げたい】という望みも、心の奥底では願っている。形を崩してしまった豆腐の一件以来な。

こうしてお前の全ての願いを叶えると、

【私がスピーディーに仕事をこなし】

↓【私以外の人がそれをゆっくり丁寧にチェック】

↓【さらにのろまなその人には文句を言いつつ】

↓【でも結局仕事は完璧に仕上がる】

ほら、「現実」のその全てが、完全にお前の願い通りに叶っとるじゃないか。目の前で。

みつろう　すげー！【のろまなヤツには文句を言いたい】という願いさえ含めて、全てが俺の望み通りだ!! 相手が嫌いなヤツじゃないと、こうはならない!!

【文句を言う】ことで陰口の仕返しをしつつ、でも【ゆっくり丁寧に】の願いも叶う。さらに自分だけは花形の【スピーディーに】の部分を担当できる。

そして、結局最後には【仕事が完璧に仕上がる】。

……。

ヤバイくらい、全てが俺の望み通りじゃねーか!! 鳥肌が立ったよ、今。**「現実」における、願いの叶い方が完璧すぎ**て。俺の全ての願いを叶えるためには「大っ嫌いな、チェックマン」の登場が絶対に必要じゃん!!

神さま　だから言ったじゃろ。**現実に起こること全てがお前の望み通り**なんじゃよ。ただ、お前は頭が悪いから、願ったことすら忘れとる（①）。そして、頭が悪いから願いを全て叶えるとどうなるのかが、複雑すぎて計算できておらん（②）。

みつろう　いくらなんでも人のこと、「頭が悪い」って言いすぎじゃない？

神さま　「頭が悪い」以外に、どう表現したらいい？

全ての願いを常に目の前に叶えてあげているのに、お前たち人間はそれに対して「ブーブー」と不満を言う。あなたが望んだんじゃ。その全てを!!　ほかでもない「あなた」が!!

みつろう　……。

神さま　「青がほしい」、「赤がほしい」、「黄色がほしい」、「緑がほしい」とあなたたち人間が願った。ワシはその全ての条件を同時に満たした「ぐんじょう色」を手渡した。すると人間は、「こんな色は願っていない」と目の前の現実に、不満を言い始める。こっちは完璧に、願いの全てを、叶えておるのにじゃぞ？

みつろう　「頭が悪い」以外に、なんと言えばいい？
「少しだけ、脳ミソが少ないようですね、お客さま」とか、穏やかな感じで……。

神さま　めんどくっさ!!　アホか！　ほんっと、頭が悪い！

みつろう　じゃあ、頭がいいあんたのほうで、人間が願った時に、注意してくれればよくね？　「青」と「赤」と「黄」と「緑」を同時に願うと「ぐんじょう色」になっちゃうよ？　って。このままだと「嫌な上司があなたの目の前に登場しちゃいますよー」って。危険、危険！　って。あんたが教えてよ。

神さま　それはすなわち、お前が願った時に、**「Aという願いは止めたほうがいいですよ、Bという願いだけにしなさい」と、ワシが願いを選別する**ということじゃぞ？　うれしいのか、それで？

みつろう　ま、まぁ、たしかにそれは楽しくないですね……？

あ、じゃあこうしたら？　俺らはこれまで通りに好き勝手にたくさん願うから、あとはそっちで調整してよ。「願い」を間引く感じで。色とりどりに人間が願っちゃったら、「赤」と「青」と「緑」を、そっとそっちで抜いて、「黄色」だけ叶えればいいじゃん！

そうすれば「ぐんじょう色」にはならないから、誰も文句言わないよ！　脳ミソ少ないから「黄色」だけ叶えば、めっちゃよろこぶよ、俺たち人間は！

神さま　お前の願いを、こっちで勝手に変えるということじゃな？　**じゃあ、【宝くじに当たりたい】と願ったら、宝くじの代わりに隕石《いんせき》を“当てて”やろう。**よし、そうしよう。

みつろう　困る！　それは、とっても困る。止めて。神さまの立場にあるあんたが「隕石を落とす」なんて言うと、地獄絵図を想像しちゃうから、まじ止めて。

……。

えー、色んなことを考慮した結果、やっぱり、僕の願いは、そちらで勝手に変えないでください。

神さま　当然じゃよ。これからも、お前たちの願いは、全てが目の前で叶いつづける。だから目の前に、お前たちが望んでいないできごとは、ただの1つも起こらない。これに例外はない。

もし、**「現実」に、不満があるなら、願ったお前たちが「自分**

の願いである」ことに気づけていないだけじゃよ。これを覚えておきなさい。

みつろう　「叶える側の神さまがポンコツ」だと昨日までは思っていた。でも、「願った側の俺らのほうがバカだった」とは。全てが望み通りの「現実」を見て、「こんなこと望んでない！」と言ってたのかぁ……。

このルールには、例外はないんだよね？

神さま　あぁ、例外は、ただの1つもない。

みつろう　じゃあ、急に病気になった人とかはどうなるの？　さすがに、【病気になりたい！】だなんて願わないでしょ？

神さま　必死に働きながら、【身体《からだ》を休めたい】と願ったんじゃろうな。【ズル休みはしたくない】ともな。願いがたくさんあり、それら全てを叶えると、正当な理由で休める＝【病気】という形になったんじゃろう。

みつろう　すっげー！　あんた、説明が上手だね!!

病気は、強制休養タイムなのか。

神さま　まぁ「病気」が起きた理由も、人それぞれのケースで異なる。ただ原則は1つじゃ。**この世はあなたの望み通り。起こったことは全て、あなたが望んだから起こっておる。**

みつろう　それなのに、「自分が願った」と気づけないのが、僕たち人間。
「①願ったことすら忘れた」か、
「②願いが複雑で叶っても気づかない」か、
「③まちがった願い方をした」か。
……ん？　おい、③の説明は？

神さま　時間はたっぷりある。これから、ゆっくり教えていこう。もう二度とまちがった願い方をしないようにな。ワシの話を聞けば聞くほど、**人間たちは上手に願えるようになる**じゃろう。すると上手に叶うようになる。その時、「現実」を見て、最後には心の底から、こう言えるじゃろう。
「あぁ、なんだ。目の前の現実は全て、自分が望んだ通りだっ

たのか」と。「私はすでに幸せだったのか」と。

つ、ついて行きます大将！

みつろう

神さまの教え 1

この世は全て、あなたの望み通り。

見る人の解釈だけバラは違って見えている

［次の日の午後、みつろうは会社の上司の新築パーティーに呼ばれた。庭で同僚たちとバーベキューをしながら、彼は上司に言った。］

みつろう　いや〜それにしても部長、すごいっすね〜、この家。豪邸じゃないですか！　よくサラリーマンのくせに、思いきってこんな家を建てちゃいましたね。会社が明日倒産するかもしれない、急に給料がカットされるかもしれない、離婚して慰謝料を抱えるかもしれない。それなのによくもまぁ、こんな立派な家を建てる気になったもんだ。

谷屋部長　えーっと……〝祝いにきてくれた〟という認識で、いいんだよね？　部下の中で一番仕事ができない、そこのさとう君。

みつろう　当然じゃないですか！　この不景気の現代日本で、35年ローンを組んでまで家を建てちゃう上司を祝わずにいられますか!!　勇気の塊じゃないですか。勇気がありすぎてもう逆にアホにしか見えない。おめでとうございます、部長！

「いつものように上司とイヤミ合戦をくり広げた彼は、あることに気がついた。しかし、気づきはしたものの、酔いのチカラには勝てず、そのまま寝てしまった。」

神さま　お前、すごいヤツじゃな～。とても上司と部下の会話とは思えん。嫌な上司とか言っておきながら、なに1つ遠慮しとらんじゃないか。

みつろう　嫌な上司は別の人。この人は、いつものジョークだと思ってくれてるから大丈夫。
そんなことより、**「なにもかもが目の前に叶いつづけてる」**ってあんた昨日言ったよね？　俺、部長のこのちっちゃい家を見て気づいたんだけど、俺には叶っていない願いがやっぱあったぞ！「豪邸を建てたい」って願っているけど、目の前の「現実」では叶ってないよ？

神さま　叶っておるよ。またもや、気づけてないだけじゃ。

みつろう　気づけるって！　目の前に、自分の豪邸が建っていて気づかない人なんているかっ!!　人間は、そこまでバカじゃねーよ！

神さま　それ以上の、バカじゃよ。いいか、願いには色んな種類がある。その中の1つに**「信じたい」という願い**がある。

みつろう　「信じたい」という願い？　どういうこと？

神さま　まずはじめに、「信じる」とはどういう状態なのかを、お前たち人間はわかっていない。**「信じる」とは「こうであってほしい」と願っている状態のこと**じゃ。

例えば、「正義は勝つ」とお前が信じているのなら、それは「正義は勝ってほしい」と願っているということじゃろ？

みつろう　まぁ、そうですね。「悪魔に勝ってほしい」なんて願う人はいないからね。

神さま　ようするに、**「その人が〝信じている〟こと」とは、「その人が〝そうであってほしい〟と願っていること」**だということになる。

みつろう　言われてみれば、そうだね。「こうであってほしい！」という願いが「信じる」ってことなんだから。

神さま　お前は、「豪邸を建てたい」と口では願っているが、心の底では「サラリーマンは豪邸なんて建てられない」と信じておる。

みつろう　当たり前でしょ！　そんなアホみたいなことができるのは、広い日本でこの谷ヤンくらいさ!!

神さま　お前の信じている「サラリーマンは豪邸なんて建てられない」を願い・・・の形に変形すると、どうなる？
「サラリーマンは豪邸を建てないでほしい！」になるじゃないか。「どうか俺よ、豪邸だけは建てないでおくれよ！」って、お前が願っておるんじゃぞ？　ほら、目の前で「アパート暮らし（＝現実）」が願い通りに叶っておるよ。

みつろう　でも「サラリーマンは豪邸を建てられる」だなんて、信じられるわけないじゃん。この不況の時代に！

神さま　だから、別に信じなくてもいいんじゃってば。なにを信じるのも全てその人の自由じゃよ。神でも止められんよ。そして当然、なにを信じたって、その願いは叶えてやる。ようするに、**信じたことは、全て現実となる。**

みつろう　ちょっと待って。信じたことが、現実となる？　じゃあ、「今すぐ空中から百億円が現れる」と信じたら、それが現実になるとでも？

信じていること
①正義は勝つ
②サラリーマンには豪邸は建てられない
③簡単に幸せにはなれない
④努力すればお金が手に入る

↓

こうであってほしいと願っていること！

願いの形
①正義は勝ってほしい
②サラリーマンは豪邸なんて建てるなよ
③俺のことを簡単に幸せにするなよ！
④俺には楽にお金を渡さないでくれよ！

神さま　なる。

みつろう　じゃあ、やってみるよ。えーい、出てこーい!!

……ほら、出ないじゃん。

神さま　信じてないからじゃ。

みつろう　信じたってば!!　百億円が空中から現れるって！　めっちゃ信じましたよ、今。でも出てこなかった。あんた、嘘つきだ。

神さま　あなたが信じたこと以外は、あなたの現実には起こらない。というか起これない。

もし信じていないことがその人の現実に起こるなら、その人の願ってもいないことが叶ってしまうことになる。そんなことは、ありえない。**唯一の原則に違反しておる。**この世は全て、その人の望み通りに展開中じゃ！　今も、これからも。ずーっとじゃ。

じゃから、現実世界に百億円が出てこなかったのなら、お前が「百億円は出てこない」と信じたから。ただそれだけのことじゃよ。

みつろう　信じたってば！　強く、出てこい！　って。

神さま　いいか、**口ではなんと言おうと、心では別のことを信じておる。**

お前は、これまでの人生で、「○○であってほしい」、「××であってほしい」と色んなことを信じてきた。

例えば、お前は「物質は空中からは出てこない」と理科の先生に習って信じているし、「簡単に金持ちにはなれない」と大人たちに言われて信じているし、それに、「怪しい人の話は信じちゃダメ」だとも信じておる。ほかにも無数の〝信じること〟を抱えながら、生きているんじゃよ。

その全ての信念がさっき、「百億円を空中から出すこと」を許さなかった。お前の願い通りにな。

みつろう　いや、信じるとか、信じないとかじゃなくて、「空中から物質は出現しない」っていうのは、誰もが知ってる常識じゃねーか？

神さま

常識？「常識」なんてこの宇宙には1つもないぞ。

お前が勝手に、それを「常識」だと信じこんだだけじゃ。日本の「常識」は、海外では非常識じゃ。お前の「常識」は、ほかの誰かの非常識じゃ。「常識」とはその人が勝手に信じこんだルールのことじゃからな。

それぞれの人が、それぞれになにかを信じこみ、**各々《おのおの》の「常識」の中で窮屈に生きておる。**

みつろう

勝手に信じた？　じゃあ逆に「物質とは、空中から出てくるものである」と勝手に信じることも自由だったと？

神さま

もちろんじゃ。なにを信じるのもこの宇宙では自由じゃ。「この願いだけはご勘弁ください」なんて言ったら、インチキじゃろ？　願いは全て叶えられる。「物質は空中から出現する」と信じている人は、

みつろう　実際にそうなるよ。んな、バカな！　未だかつて、空中から物をポンポン出している人なんて見たことねーよっ。

神さま　そりゃそうじゃ、お前には見えんよ、信じていないのだから。信じたことが現実となると、何度も言っておるじゃろう。聞いておったか？

みつろう　いや、見たことないどころか、ニュースや噂ですら聞いたことないですよ？

神さま　当たり前じゃ!!　バカなのか？　噂だろうと、聞こえたのならお前の「現実」じゃないか!!
いいか？「現実」とは、「お前に見えるもの、聴こえるもの、触《さわ》れるもの、嗅げるもの、味わえるもの」の総称じゃろ？　それなら、お前が信じていないものを、見ることも、聞くことも、触ることもお前にはできないじゃろうよ。

空中ポンポンマジシャンは、お前の「現実」には現れない。

みつろう　**お前が信じてないのだからな。**

神さま　じゃあ信じた誰かの目には、映っているの？　空中ポンポンマジシャン。
マジシャンが目に映っているその誰かが、お前の目には映らないから、意味のない質問じゃよ。急に現れた上司、交差点でたまたま見た車、街角で聴いた音楽、お前の現実の全て、なにからなにまで、お前の望み通りじゃ。この幸せ者がっ！

みつろう　だから、幸せじゃないっつーの!!

神さま　**「俺は幸せじゃない」とお前が信じている**んじゃぞ？　それはつまり、「俺は不幸であってほしい！」、**「宇宙よ、絶対に俺だけは、****幸せにするなよ!!」**とお前が、願ってることになるんじゃぞ？　幸せがお前の「現実」に現れるわけないじゃないか!!

みつろう　ぐぅ……。完璧すぎて、文句も言えねぇよ。「交差点でたまたま見た車」さえも、俺が信じたから現れたのかぁ……。

神さま　たまたまなんて、1つもない！　その目に映る全てが、お前が「そう見たい」と願ったから、「そう見えて」おる。その耳に聞く全てが、お前が「そう聞きたい」と願ったから、「そう聞こえて」おる。こうして、**信じることで目の前の全ての現実を、あなたたち人間は創り上げておる**んじゃよ。

みつろう　信じることで、「現実」を創り上げている……。なんか、魔法使いみたいですね、俺って。

神さま　お前だけじゃない。みんなが魔法使いじゃや。それぞれの「現実」は、それぞれの信じた通りに見えるんじゃからな。

みつろう　でも、Aという人が信じたルールと、Bという人が信じたルールが違うなんて、おかしくない？　せめて物理法則くらいは、全員に共通するルールでしょ？　だってそうじゃないと、Aさんが重力を信じなかったら、Aさんだけ浮いちゃうことになっちゃうじゃん。

神さま　なにもおかしくない。浮いたAさんを、重力を信じているBさんは見れないのじゃからな。

みつろう　あ、そうか。

神さま　じゃが、全ての人に共通するルールだってあるぞ。

みつろう　え？　インチキじゃねーか！　なんで、共通するルールがあるんだよ。だったら、信じてないことを見てしまう人もいることになるじゃねーか！

神さま　共通するルール……それが**「信じたものが、現実となる」**じゃ。

だから、それぞれの世界で、信じたこと以外が現実になることはない。お前たちの世界の科学者はここらへんのことを、もう突き止め始めておるぞ。量子力学という分野で言うところの「解釈問題」や「観測者効果」がこれに当たる。興味があるなら、あとで勉強してみなさい。

みつろう　勉強はんたーい！　学歴社会はんたーい！　バカにも夢を！

神さま　じゃあよい、学ばなくて。ちなみに、なにも知らないみつろう君、バラは知っておるか？

みつろう　成人を過ぎて、「バラ」を知らない人がいるとでも？　赤くて美しい、あの花のことでしょ？

神さま　お前は今、「バラは美しい」と言った。じゃがある人は、バラを見て「トゲトゲしい」と言うんじゃ。「事実」というバラがもしあるのなら、全てが同じ答えになるはずじゃないか？　しかし、バラを見る人の数だけ答えは違う。それぞれが、見たいように現実を見ておる証拠じゃ。

信じたいように、なにかを信じて、解釈したいように、解釈し、それを人間は「現実」と呼んでおるだけなんじゃよ。「事実」というバラがなかったように、**たった1つの事実なんてどこにもない。あるのは見る人それぞれの、「解釈」だけ**じゃ。

みつろう　たしかにそう言われると、バラは見る人それぞれで、違うように見えていますもんね。解釈の数だけ、そこに「現実」があるのか。

神さま　ちなみにこれは、脳科学者も突き止めておるぞ。
「現実」なんてどこにもないとな。
「現実」とは、その人の視覚、聴覚、触覚、味覚、痛覚から来た電気信号を基に、脳内で勝手に創り上げている架空のもので、**人の数だけ、異なる「現実」がある**ことを彼らはもう知っておるよ。

みつろう　すごい世の中になってきてますね！　脳科学者も、物理学者も、**「現実なんてない、あるのは解釈だけ」**だと言ってるんですか？

神さま　脳科学者、物理学者どころか、ありとあらゆる最先端の研究者は、みんなもう気づいとるよ。学んでみるといい。

みつろう　勉強はんたーい!!

神さま　少しは学べ!!　それじゃあ、いつまでたってもバカなままじゃないか!!
まぁでも、そんな科学者たちだって、お前がそう望んだから、お前の

「現実」に現れ始めておるんじゃがな。

「科学で突き止めてほしい」とお前が期待したんじゃろう。安心せい。お前の望み通りに、世界中の科学者が、そろそろ答えを出すよ。

「現実とは、その人が信じた通りに、見えているだけの幻である」となな。

みつろう すごい世の中ですね。さすが、平成!!

神さま みつろう。なにを信じるのも自由なこの宇宙で、お前はなにを信じる？ もちろんなにを信じてもいいが、信じた〝それ〟が、お前にとっての「現実」となることを学んだ今、そろそろ「俺は幸せだ」と信じたほうが、いいんじゃないか？

みつろう ……でも、現に俺はそんなには幸せじゃないんだってば！

神さま まだ言うか？ 「現に」とはなんじゃ？ その人が信じたことが「現」れてくれるだけで、唯一の現実なんてないんじゃぞ？ あるのは解釈だけじゃ！

幸せだ、と信じなさい！　それが、お前の「現」実となる。不幸だと信じた人が「不幸」を見て、幸せだと信じた人が「幸せ」を見る。ルールは本当にそれだけなんじゃよ。この世とは、その人の解釈の世界なのだから‼

もう一度だけ、聞いてみようか……。

そこの、若いの。お前は幸せか？

みつろう　し、幸せです………。

いや、やっぱ無理がある。言わされている感がある。心の奥のどこかで、「自分は幸せじゃない」と信じてしまっている‼

てか、この心の底で信じてしまったことは、どうやれば変えられるの？

これが変わらないと、現実は変わらないじゃないか。

神さま　その方法を、これから説明していくんじゃないか。まぁ今日のところは、

「信じることは全てが現実となる」とだけ覚えておきなさい。

「その時、みつろうを遠くから揺り起こす声が聞こえてきた。」

谷屋部長 おい、みつろう！　おい、みつろうってば！　起きなさい！

みつろう あれ？　みんなは？　なんで、僕と部長の2人きりなんですか？

谷屋部長 みんなは帰ったよ。ちゃんと片づけまでしてくれてな！　お前だけ、ずーっと寝ていたけど。

みつろう ねぇ、そんなことより部長。どうして家なんて建てちゃったのさ？　さっき俺は、部長のことが心配だから言ったんだ。ローンが払えなかったら、どうすんのさ？　奥さんも子どももいるじゃないか。

谷屋部長 お前が俺のことを心配して言ってくれたのは、わかっていたさ。お前はいつも口ではイヤミを言いながらも、一番俺のことを心配している優しいヤツだもんな。

みつろう。たしかに家を建てるのは不安もいっぱいあったさ。でも俺はな、**信じてみたくなったんだよ。「サラリーマンでも、家くらい建てられる」**ということを。

みつろう　まぁ、お陰で日々が節約で大変だけどな……。

やっぱ僕は、あなたの部下でよかったです。ありがとう、部長。僕も、なにかを**信じてみたくなってきた。**僕にも夢はあるんだ。

よし！　今日はもう遅いから、朝まで飲み明かそう！　泊まっていってもいいですか？　終電もないし。

谷屋部長　それは断る。帰れ。

みつろう　っち！　話の流れで、持っていけると思ったのに。「タクシー」でも信じて、帰るしかないか……。

谷屋部長　家まで車で送って行ってやるよ。みつろう、今日は来てくれてありがとうな。

あなたの信じることは
なにもかも全て、
現実となる。

あなたを全自動で貧乏へと導きつづける便利機能!?

［翌朝、いつものように早起きしたみつろうは、寝室で寝ている幼稚園生の長男・コクトウをむりやり起こした。］

みつろう　コクトウ。パーパーが持っているこの棒はね、魔法の杖《つえ》なんだよ。この杖で「チチンプイプイ」と唱えれば、ここに百億円を出すことができるんだ。さっきも、出てきたんだよ。コクトウもやってみてごらん。

コクトウ　「えいっ!」これでいいの？　パーパー。あれ？　なんにも出ないね……。もう寝てもいい？

「コクトウが寝室に戻ると、彼はいつものようにリビングで座禅を組んだ。」

神さま まだなにも信じていない息子を使って、百億円を出そうとしたんじゃな?

みつろう えぇ。コクトウは「お金持ちになるのは難しい」とも信じてないし、「空中からは物質は出てこない」とも信じていない。それなのに、百億円は出てこなかった。あんた嘘ついてるよね、やっぱり。

神さま その子に杖を持たせたとしても、**それを見ているのは結局「物質は空中から出ない」と信じているお前**じゃないか。どうやって、お前の現実に、信じていないことを起こせる? 無理だと言ったじゃないか。呆《あき》れてものも言えんよ。

みつろう べらべらと、「もの」言ってんじゃねーか!!

神さま 「物質は空中からは出てこない」と信じているということは「物質よ、

絶対に空中からは出てくるなよ！」と願っているのだと言ったじゃろ？　宇宙はいつでも、その人の願いを全て叶えるんじゃぞ？　現実を創り上げているご主人様に「出てくるなよ！」と言われて、出てくるわけないじゃないか。

みつろう　息子を使ったって、お前の「現実」に百億円なんて出てこないよ。

神さま　てことは、子どもに宝くじを買わせる親たちも、ムダな努力ってことか。

みつろう　「宝くじには当たらない」と信じている親であれば、結局無意味じゃろうな。その親の現実に、その親が信じていないことは起こらないのだから。
ただ「子どもが買ったほうが、私が買うよりは当たるかも」と信じているのなら、当選確率は少し上がるじゃろう。

みつろう　え？　なにそれ？　なんかの裏ワザ？

神さま　裏ワザでもなんでもない。「信じたことが現実となる」。これだけが原理じゃ。

例えば、バカな親父に朝っぱらから起こされたお前のかわいい息子は、去年のクリスマスにラジコンカーをゲットしたじゃろ？　どうして、もらえたと思う？

みつろう　信じたからなんでしょ？

神さま　そうじゃ。では、お前の息子は、なにを信じたと思う？

みつろう　サンタクロースでしょ？

神さま　違うんじゃよ。**「もらえる」と信じたから、もらえた**んじゃよ。ただ、それだけのことじゃ。表面の理由はなんでもいいということじゃ。だって、お前の息子は「サンタクロースがやってきた」と思っているが、実際はボンクラ親父が夜中にこっそり置いたプレゼントじゃろ？
ということは、
「もらえる」とさえ信じていれば、表面的な理由はなんであっても結局もらえるということじゃよ。
だから宝くじだって、結局のところ、「当たる」とさえ信じていれば当たるんじゃよ。「あそこの売り場だから」だとか「子どもが買ったから」だとか、**信じるための表面的な言い訳**をお前たちは使うが、本当は、そんなの関係ない。ただ当たると信じれば、当たるよ。

みつろう　そっか、表面的な理由は全て、ただの「信じるための言い訳」なのか。たしかに、俺がこっそりプレゼントを置いたのに、コクトウは「サンタが置いた」と思っている。実際は「ただもらえると信じたから、もらえた」だけなのか……。

神さま　例えば、3千円で宝くじを買った場合と、3万円で宝くじを買った場合、どちらが当たると思う?

みつろう　当然、3万円分買ったほうに決まってる。だって、確率が10倍変わるじゃん。

神さま　いやそれは違う。本来はどちらも全く同じなんじゃよ。ところが、お前が勝手に、**「確率」という表面上の言い訳を添えて、「そうしたほうが当たる」と信じただけ**なんじゃ。

神さま それでは次の質問じゃ。3千万円分の宝くじを買った場合と、300円で1枚の宝くじを買った場合。どちらのほうが当たると思う?

みつろう そもそも3千万円分の宝くじを買う人がいると思ってんの? まぁいたとしたら、確実にそいつのほうが当たるわな。

神さま 実はこれも、本来はどっちも全く同じなんじゃよ。

みつろう 同じなわけあるか! アホかあんたは! 3千万円分の宝くじを買って、1等を外すヤツなんて究極な不運としか思えん。確実に当たるでしょ。

神さま いいや、どちらも本来は同じじゃ。事実、たった1枚だけ宝くじを買って3億円を手に入れたヤツもいるし、数百万円分を買って、全く当たらなかった人もおる。本来は、「確率」なんて、関係ないんじゃよ。信じるための表面上のただの言い訳じゃから。

だから、「たくさん買ったほうが当たる」と信じるのも自由だし、「1枚だけ買ったほうが私は当たる」と信じるのも自由なんじゃ。

それなのに、お前は勝手に**「たくさん買ったほうが当たる」と、確率という数学を信じて生きとる**んじゃよ。

最近運がいいから!!
よく当たる売り場だから!!
たくさん買ったから!!
これらは全て、表面的な言い訳!!

みつろう　たしかに、1枚だけ買って1等を当てた人もいますもんね。くっそー!!
なんで俺は「確率」なんて信じちゃったんだ……。

っは！　昨日からのあんたの話をまとめると、小学生のころの理科の先生が全部悪いんじゃねーか？　「空中からは物質は出てこない」と教えたのも、「確率という数学」を教えたのも全部あいつだ！　今度会ったら、文句言っちゃる！

神さま　先生は悪くない。全てが、お前の望み通りじゃないか。なにより「こんな先生がいたらいいな」とお前が思ったから、小学生のころ、その先生がお前の現実に登場したんじゃないか。なんでまた、**「私が望んでいないことも、私の人生には起こる」とふりだしに戻る**んじゃ？　全く進歩しとらんじゃないか！　お前の人生は全て、お前の望み通りだと言っておるじゃろ。

みつろう　望み通り？　アホか！　「教え子を貧乏へと導く先生に会いたい」と小学生のころに願ったこともないし、「確率を信じて、その後の人生を苦労したい」と願ったこともないわい！

神さま　そこまで言うなら、「自分が信じたこと」だと、どうして思えないかを教えてやろう。それは、**人間には2つの意識があるから**じゃ。

心理学で言うところの「潜在意識」と「顕在意識《けんざい》」じゃ。ワシはこれを、「表層意識」と「深層意識」と呼んでおる。お前は口では、「宝くじに当たりたい」と望んでおる。これは表層意識の部分じゃ。ところが、**深層意識では「当たらない」と強く信じておる**んじゃよ。

みつろう　だとすれば、深層意識って、マジで邪魔じゃない？

神さま　お前は今「床は硬い」と考えておるか？

みつろう　いや、全然。今考えているのは、理科の先生の待ち伏せ方法だけです。

神さま　「床は硬いものである」とお前が信じなければ、お前の現実には、床は硬いものとして現れないはずじゃ。だが、「床は硬いものである」とお前が考えていない今も、床は硬くお前を支えておる。これはなぜか。深層意識の中で、「床は硬いものである」と無意識に考えつづけているからなんじゃよ。この、**自動で考えつづけてくれる機能こそが、「観念」**じゃ。

みつろう　自動で考えつづける機能、「観念」……。

ついに見つけたぞ！　犯人はこいつか！
俺の中の観念が、「宝くじには当たらない」とか「空中から物質は出ない」とかいらないことを考えつづけているんだな!!

神さま　いらないこと？　もし観念がなかったら、お前は今、床の下に抜け落ちておるんじゃぞ？　四六時中「床は硬い、床は硬い……」と言いながら、生きたいのか？

みつろう　いや、それは無理っす。
「床は硬い」と唱えながら生きる人生って、想像しただけで地獄です。呪文好きなお坊さんじゃあるまいし。

神さま　それだけじゃないぞ。「天井は抜け落ちてこない」と考えつづけ、「私の足は短い」と考えつづけ、

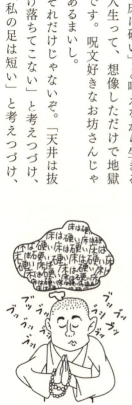

「空気は吸える」と考えつづける……。

お前の現実にあるもの、お前の現実で機能している仕組み、それら全てを考えつづけるのは大変じゃろ？　それを、「観念」が担ってくれているんじゃ。つまり、**自動で考えつづけてくれる「便利」機能**なんじゃよ。

みつろう 便利機能？　自動で俺を貧乏へと導きつづける機能なんて、全然便利じゃない！

神さま ほぉ。それなら今すぐ、「床は硬いものである」という観念をお前から1つ消して、下の階に落としてやろうか？

みつろう いや、それは困ります。というか、ちょいちょい脅すの止めてもらえません？

神さま ジョークじゃよ。神とて、誰かの観念を消すことはできん。**観念とは、その人の大切な願いの結晶**なんじゃから。

全ての観念は、その人の人生に必要なものじゃ。1つでもなくなったら、ガラッと現実が崩れ落ちてしまう。

みつろう　でも、今日までのあんたの話をまとめると、やっぱ一番邪魔なのは、「観念」ですよね？

①宇宙はその人の望み通りで、
②信じることが現実になる。
③ところが、表層部分で願っていることとは別に、
④奥のほうで勝手に「いらんこと」を信じている「観念」がある。

ほら。**観念さえコントロールできれば、思いのままの人生じゃん。**そもそも、こんな邪魔な観念を、僕が信じたくて信じたとは、やっぱり思えねーよ。

神さま　だーかーらー！　邪魔じゃないんだってば!!　便利機能!!　その全てが、お前の願いじゃ!!

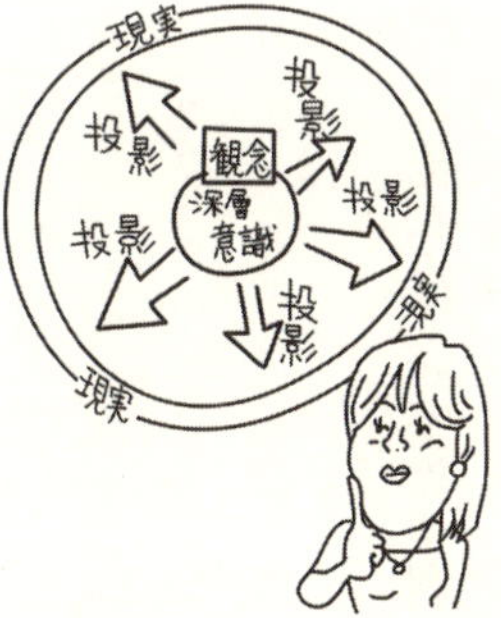

いいか、みつろう。信じていることは、どうして信じたと思う？
例えば、「地球は丸い」とお前は信じているじゃろ。全てが自由なこの宇宙じゃ。なにを願ってもいいんじゃぞ？　「地球は四角い」と信じて、その現実を構築してもよかったはずじゃ。それでも、お前の現実の中の地球は今日も丸い。

みつろう　どうして俺がそう信じたか……。
っは!!　ここにも、理科の先生が!!　小学生のころ、あいつに習ったんだ！　「地球は丸い」って。あいつ、今度会ったら確実にぶっころ……。

神さま　もう理科の先生のことは忘れろ。お前の人生に彼はなんの関係もない。なにより、彼を創ったのもお前自身じゃ！　バカなのかっ!!

ザラメちゃん　フンギャー、フンギャー。

［神さまが理科の先生をかばって大声を出したちょうどその時、寝室からみつろうの娘・ザラメちゃんの泣き声が聞こえてきた。
本日の夜泣きだっこ担当はみつろうだったため、彼は寝室へと向かった。］

あなたには、自動で
願いつづけてくれる
「観念」という、
便利機能がついている。

人類みんな、ガンコマン

［寝室で娘を抱きかかえると、みつろうはリビングへと戻った。彼は娘をあやしながら部屋をグルグルと回り、娘が泣き止むと、そのままソファに座り、先ほどの疑問を神さまにぶつけた。］

みつろう ねぇ神さま、「観念」さえなくなれば、俺の人生はハッピーライフじゃん!!
だって、「金持ちになるのは難しい」って観念が、きっと俺の中にあるんでしょ？　これ、めっちゃ邪魔なんですけど!!

神さま 邪魔じゃない!!　そもそもお前が願ったんじゃ！　いいか、観念というのを簡単に説明すると、**「なにか」と「なにか」をお前が勝手にくっつけて、それがくっついたままになっている状態のこと**じゃ。

例えば、お前は「金持ちになるのは難しい」と信じておる。これは、お前が、「金持ち」と「難しい」を勝手にくっつけたということじゃ。なにをくっつけても自由なこの宇宙で、お前が勝手にこの2つをくっつけたんじゃぞ？　ある人たちは、「金持ち」と「簡単」をくっつけているよ。それが、お金持ちと呼ばれている人たちじゃ。

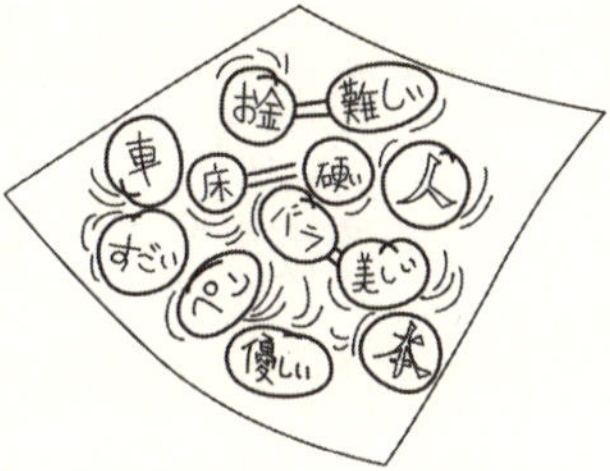

みつろう　なるほど。お金持ちの中にある観念が「金持ち」は「簡単」だと信じつ

づけているのか。うらやましいぜ！

神さま この無数にある観念の中で、**強くくっついて固定化されてしまったものが「固定観念」**なんじゃよ。固定されて、なかなか引き離すことができない。

みつろう 固定観念だらけの人ってやっかいだもんね。会社にもいるよ。周りの人がどれだけ言っても、全然言うこと聞かない上司が!! ついたアダ名は、「ガンコマン」!!

神さま おい。お前の会社は、アダ名のつけ方が幼稚すぎるぞ。「チェックマン」に「ガンコマン」。小学生かっ！

いいか、固定観念だらけなのはそのガンコマンだけじゃない。**人類みんなが、その人の固定観念の中を生きている**んじゃよ。

お前だって、「お金」と「幸せ」を勝手に結びつけとるじゃないか。

だから、いっつもお金のことばかり考えとるもんな。でも**本来は、「お金」と「幸せ」なんて、全く関係ない。**なのに、お前がその2つを勝手にくっつけたんじゃ。

みつろう 僕のこと、お金大好き人間みたいに言わないでくれます？　このままだと「セコセコマン」ってアダ名になっちゃうじゃん。

神さま 心配するな。地球には、ガンコマンしかいない。

その人の「現実」に映る物質、ルール、人、できごと、人間関係、物理法則……それら全てをその人が固定観念によって創り上げておるんじゃから。

目に映るものがそのように見えているのは、創り上げたその人だけじゃよ。

みつろう てことは、俺がいなくなれば、目の前にはなにもなくなるってこと？

神さま ないよ。お前が意識を向けることで、「その現実」を構築しておる。お前が観測する前、そこには「そこ」すらない。なにもない。量子論の学者が実験で証明済みじゃないか。観測前には、全ての可能性が折り重なっているだけだ、とな。「シュレーディンガーの猫」で調べてみなさい。

みつろう じゃあ、俺が寝ている間、俺の家はバラバラになってるとでも？　妻と子も？

神さま バラバラという表現はおかしいが、なにもないよ。

みつろう うっそだー！　寝てる間、消えているわけないじゃん!!　だって、次の日起きたら、ちゃんと家はそこにあるし!!

神さま 次の日、お前がそう信じたからじゃろ？　「家がある」、「妻がいる」、「子どもがいる」、と。

みつろう じゃあ、俺が意識を向けていない間、どうやって生きのびたの？　俺、たっぷり8時間も寝るんだよ？　8時間も息を吸っていないなんて、我が家の家族ってかなり重度な睡眠時無呼吸症候群じゃねーか。

神さま　次の日の朝、生きているわけがない!!

次の日の朝、現実を創りなおしておるんじゃよ。

そもそも、**「次の日の朝である」とお前が今信じているだけで、本当は「今この瞬間」しか実在していない。**お前が今、「昨日があった」、「昨日も妻がいた」と信じているだけなんじゃよ。

みつろう　んなバカなっ!!　昨日もオレはいた!!

神さま　記憶なんて、脳内のただの電気信号じゃぞ?　パソコンに「昨日」という架空の情報を全てインプットすれば、パソコンは「キノウモワタシハイタ」と言うじゃろうて。それと一緒じゃよ。

みつろう　じゃあ、世界を今まさに創っているのが俺なら、俺ってかなり重要な人

物じゃねーの？　宇宙にとって。

神さま　「お前の宇宙」にとってはな。ワシよりも神じゃ。

みつろう　おぉ、なんかパワーがみなぎってきた！　俺が全てを創ってるのか!!

俺は神!!　お前はニセモノ!!

今なら、空中から百兆円くらい出せそうな気がする！　えーい、出てこーい!!

……。

神さま　出ないよね？　当然だよね？　昨日それ、やったよね？　なんでまた、同じあやまちをくり返すんじゃ？

みつろう　あぁ、そうか。バカじゃったもんな。失敬、失敬。どうぞ、つづけてください。はい、がんばって念じて〜。

っち！　でもなんで俺は「空中から物質は出ない」なんて信じちゃったの？

神さま　**お前が願ったからだと何度も言っておる**じゃろ。

みつろう 「物質は、空中から出てこないでほしい」、「地球は丸い形であってほしい！」と、お前が全部を願ったんじゃ。

神さま 「地球は、丸い形であってほしい」なんて意味のわからない願いを、小学生が願うかよっ!! そんなアホなこと願う小学生、絶対にこの世に1人もいねーよ！

みつろう 観念が、観念を産んだんじゃよ。小さいころにお前は、「大人の言うことを信じたい」と願った。

神さま そして子どものお前に、誰かが言った。「地球は丸い」ってな。

みつろう そこは、「誰か」じゃなくて、理科の先生ね。はっきり具体的に覚えとるわい。あいつが言ったんだ！「地球は丸い」って。でも、なんで「大人の言うことを信じたい」だなんて小さい俺は願っちゃったんだろう。

神さま **「全てを信頼していたから」**じゃよ。今お前が腕に抱いとる、その娘を見てごらん。赤ちゃんは、観念を持っていると思うか？

みつろう 願った数だけ観念があるんだから、まだ観念はないんじゃない？ ザラメちゃんは生後6ヶ月だよ？　なにも願ってないでしょうよ。

神さま　その子はある程度の観念をもう保持しておるが、生まれたての赤ちゃんは、1つも観念を抱えていない。

みつろう　じゃあ、邪魔する観念がなにもないんだから、赤ちゃんはなんでもできるじゃん！　ほぼ魔法使いじゃん!!　この子の名前、ザラメちゃんからサリーちゃんに変えようかな？　まだ間に合うし！　これから市役所に行けば。

神さま　間に合わんわっ!!　命名は生後2週間以内じゃ!!

でも、「魔法使い」というのは、その通りじゃよ。**赤ちゃんはなんでもできる。なにも信じていないんじゃからな。**

みつろう　なんでもできるのに、なぜ空中からお金をポンと出さないの？　夜泣き抱っこをしてくれたお礼に、パパにおこづかいくらい出してもよさそうなもんだがね。気が利かないサリーちゃんだこと。

神さま　「幸せ」になるには「お金」が必要、というバカな固定観念を持ってないからじゃ。それどころか、「幸せ」のために「なにか」が必要という観念すら持っておらん。「幸せ」をなにかにくっつけていないんじゃよ。だから、彼女は、そのままで幸せじゃ。**なんでもできるから、なにもしない**んじゃ。

みつろう でも、なにも信じてないんだったら、この子の「現実」にはなにも映ってないことになるんじゃやねーの？

神さま 難しい話になるが、**なにも信じていないということは、全てを信じている**ということなんじゃ。数えることができる有限の「数」を超えて、無限になにもかも、全てを信じているのじゃから。
バカのお前にわかるかなぁ、この理屈。
彼女は、数字では表せない、「無限」を信じておるんじゃよ。無限とはなんじゃ？

みつろう 無限って、めっちゃいっぱいあるってことでしょ？　数えきれないくらい。

神さま　そうじゃ。無限とは、「全て」のことなんじゃよ。限定された「有限」じゃなく、無限の「無」を信じておる。

だから、なにも信じていない赤ちゃんは、全てを信じていることになる。

そして、全てを信じているのじゃから、**全ての世界を、今同時に見ておる**んじゃよ。赤ちゃんは時々、空中を見て笑うじゃろ？　あれは全ての世界が見えておる証拠じゃよ。

みつろう　そうか、限定された数を超えて、無限を信じているのか。「無限」って、「限定が無い」って意味だもんね。

全ての可能性が含まれている、無限……。

っは!!　ということは、**「無」の中には、全てがあるのか！**　親バカかもしれませんが、この子にはまさに無限の可能性があるんだね。

神さま　「親バカ」じゃない、お前は「ただのバカ」じゃ。

いいか、全てを信じている彼女なんじゃから、なにが起こっても大丈夫だと信じている。特定のなにかをよけたりはしない。「安全」も「危険」

も信じており、全てをただ受け入れる。だから、**「つまらない固定観念を獲得していくであろう今後の人生」さえも、大丈夫だと思っている。**

こうして彼女は、身の周りで一番くだらない存在である「お前」の言うことを「信じたい」と願っておるんじゃや。

みつろう そうか。小さいころは、がむしゃらに色んなことを信じた。親の言うこと、先生の言うこと。何を信じても、大丈夫だと思っていたから、くだらない教えさえも信じたのか。

だから小学生の俺は、「物質は空中から出ない」を言われたままに信じたんだ！

神さま そうなんじゃよ。自分が信じていることを、自分はどうして信じたのか？

①「地球が丸い」と信じたのは、「大人の言うことは正しい」と全てを信じていたから

②「大人の言うことは正しい」と信じたのは、「私の周りにはすばらしい人がたくさんいる」と信じていたから

③「私の周りにはすばらしい人がたくさんいる」と信じていたのは、生まれてきたこの世界の全てを信じていたから

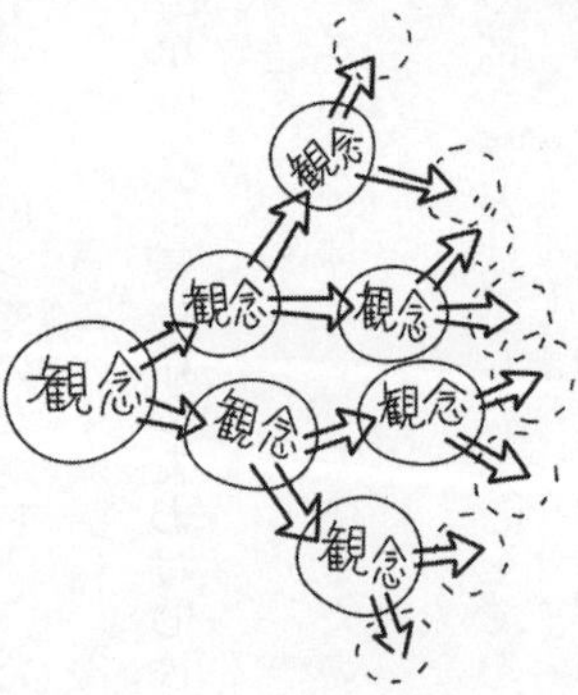

こうして、**信じた観念が、次の観念を創り上げ、**お前らはそれをくり返してここまで成長してきたんじゃないか。

みつろう なるほど。観念が観念を創り上げてきたのか。そして、当初の観念というのが、「全てを信じる、無信」。

神さま 小さいころのお前にとって、「くだらない願い」なんて1つもなかった。「物質は空中から出ない」と先生に習っても、それはすばらしいと信じ

た。

「お金持ちになるのは難しい」と親に習っても、それはすばらしいと信じた。

なぜなら「なにを信じてもまるで大丈夫だ」という記憶がまだ残っていたから。この、がむしゃらになんでも幼児に信じさせる「絶対的安心感」のパワーは、心理学で言う幼児期健忘が起こる年齢までつづき、そして消える。

そのあとも観念は観念を作りつづけ、おっさんになった今、お前は「空中から物質は出ないという願いはくだらない」と、言い始めたわけじゃよ。

みつろう そうか。観念の全ては、俺が願ったのか……。でも、「なにを信じても大丈夫だ」と赤ちゃんのころの俺は思えたかもしれないけど、「なにを信じても大丈夫じゃない」と思い始めてしまったこのおっさんは、どうすればいいの？　今の俺にとっては、邪魔な観念は、やっぱり邪魔なの!!

神さま　消せばいいじゃないか。**邪魔なら、違うことを信じなおしなさい。**

みつろう　え？　消せるの？　固定観念って変えられるの？　それ、早く言ってください よ。なんか途中から、ほぼ絶望の境地であんたの話を聞いてたんですけど。

神さま　「結局、どうにもならない人生」みたいな。「なおせないのに、現実ができ上がった仕組みだけ知らされて、逆に辛い人」みたいな。

「宇宙は、あなたの願いならなんでも叶える」と言ったじゃないか。「おっさんの願いだけは叶えない」なんて言ったら、経団連から訴えられるじゃろう。

おっさんのお前が、「夢を持ちたい」のなら、それも叶えてあげるさ!!

いいか、人生は3段階なんじゃ。

①「全てが大丈夫」だと知っているから、つまらない観念を無数に獲得していく時期

②「大丈夫」だということを忘れてしまい、抱えこんだ無数の観念のせいで悩む時期

③誰かに秘密の人生のルールを教えてもらい、理想通りの現実へと構築しなおしていく時期

神さま お前は、今、③にさしかかったところじゃ。

みつろう すっげー！　めっちゃワクワクしてきたんですけど!!

お茶でも入れましょうか？　すいませんね、たくさん失礼なこと言っちゃって。

神さま あぁ、そうですか、そうですか。

ようこそ、僕の人生へ！　さっきまでの眠気が嘘のようだ。よかったー、あなたに会えて!!

でも、悩む時期なんてすっ飛ばして①からそのまま③に突入すればいいのに。

一度、落ちこまないと、その後、よろこびを感じることはできないんじゃよ。

これは力の原則じゃ。**この世界は相対性の世界じゃから、「なにか」と「なにか」を比べることではじめて、全ての位置が確定するんじゃよ。**

ジャンプするために、まず人はかがまなければいけないじゃろ？

「自分は不幸である」と一度思わないかぎり、「自分は幸せである」とは実感できないんじゃよ。

そう……。

言うなれば、これまでの人生とは「仕込み」の時期だったんじゃ!!

さぁ、のれんを表に出しなさい。新装開店じゃ!!

みつろう っよ！　待ってました、店長!!

固定観念とは、
あなただけが信じる
幻のルールである。

道に落ちているうんこも、あなたでできているとしたら

「人生の新装開店を決意したちょうどその時、さとう家に目覚まし時計がけたたましく鳴り響き、寝室から妻のハニートーストが出てきた。」

ハニートースト　あれ？　あなた、ものすごい寝ぐせたってるわよ？

みつろう　え？　なんだって？　人生の新装開店日という大切なこの日に、寝ぐせなんてみっともない！

「みつろうが鏡を見ると、彼の頭はX　JAPANばりのモヒカンになっていた。」

ハニートースト　なに？　新装開店って？

みつろう　あ、なんでもない。こっちの話（汗）。

今度、会社のプロジェクトで、新規事業を立ち上げることになったから、その話かな～。じゃあちょっと、会社行ってきま～す。

「車に乗りこむと、みつろうは神さまにさっそく聞いた。」

みつろう さぁ、店長！　会社までの30分のドライブの間に、新しい人生へと飛びたつ秘訣を伝授してください。早く！　オープン前だというのに、もう客が並んでいるっ!!

神さま 秘訣？　伝授？　別にそんな大げさなことではない。固定観念を変えたいんじゃろ？　じゃあ、まずは自分の固定観念を見つける必要があるな。

みつろう 自分の固定観念を見つけるって、けっこう難しいんじゃないの？　ガンコマンは、〔自分の意見だけが正しい〕と信じているから、それが固定観念だって気づけないんだよ？　だからこそ、ガンコマンってアダ名がつくんじゃないか！

神さま　「見つけるのは難しい」と思えば、難しい。だってそれも、お前の勝手な固定観念じゃからな。いいか、お前は自分の姿をチェックする時、どうする？

みつろう　鏡を見るよ。今朝もサラリーマンなのにモヒカンで出社するところだったじゃん。鏡に人生を救われたの。

神さま　そうじゃ。**自分をチェックできるのは、鏡だけ**じゃ。だって鏡は、鏡の前にたった自分をそのまま映し出してくれるからな。

みつろう　じゃあ次に、「現実」とはなんじゃった？　僕が信じたものを映し出しているものでしょ？　あんたが自分で言ったんじゃん。忘れたの？

神さま　「現実」とは、その人が信じた全てのもののことじゃ。ということは、**その人がなにを信じているのかを知りたければ、「現実」を見ればわかる**ことになる。

つまり、自分の固定観念を知りたければ、目の前の「現実」を見なさい。

そこに映っている全てが、あなたが勝手に信じこんだものだから。

みつろう　あぁ、なるほど。目の前にあるものは、俺が、「そう信じた」から「そう見えて」いるんだもんね。「車のハンドルは丸い」と俺が信じたから、今これが俺には丸く見えているだけ。

神さま　物質だけじゃないぞ。全てがじゃ。

目の前の人の性格、世界の物理法則、社会のルール、突然起こる不幸の頻度、成功のために必要な努力の分量……。

なにもかも、お前の現実に映っているのは、お前が勝手に信じこんだものじゃ。ようするに、**「現実」とは、お前がなにを信じているかを映し出す鏡**のことなんじゃよ。だから、自分の固定観念を知りたければ、目の前を見なさい。お前の観念は全て、そこに映っておるよ。

みつろう　あぁ、今ならストーンと理解できますね。昨日までの授業を、眠気に耐えながら聞いておいてよかった！　自分の中の固定観念を見つけるには、目の前の「現実」を見ればいいのか！　簡単じゃん！

神さま　見つけるのは簡単じゃよ。ちなみに、お前は鏡を見たことあるか？

みつろう　え？　さっき、モヒカンサラリーマンの話をしましたよね？　今朝、鏡を見たって。あんた頭の中に消しゴムが入っちゃってるんじゃゃないの？

神さま　お前は、鏡を、見たことがあるんじゃな？　神であるワシに誓って、嘘をついていないな？

みつろう　だから、あるってば！　今もバックミラーを見ながら、車線変更したところじゃん。鏡を見てるでしょーが。

神さま　よーしわかった。お前は地獄行きにしよう。ワシに嘘をついたのじゃからな。

みつろう　はぁ？　ふざけんなよ！　見たことあるって言ってるじゃねーか！　濡《ぬ》

れ衣《ぎぬ》だ、濡れ衣！　なんでお前が記憶障害だったばかりに、俺が地獄に行かなきゃならんのじゃい。

神さま　だってお前は「鏡を見たことがある」という嘘をついた。**お前が見ているのは鏡ではない。「鏡に映っているもの」を見ておるだけ**じゃ。鏡という物質そのものを見たことなんて、絶対にないはずじゃよ？　だって、「鏡に映っているもの」しか見えないのじゃから。

みつろう　……ちくしょう。この問題、息子のとんちクイズに出したいくらい、秀逸ですね。「鏡を見たことがありますか？」って質問に「あります」って答えると、得意気に言う、あれだ。「ブッブー！　僕たちは鏡そのものじゃなくて、いつだって『そこに映っているもの』を見ているだけでした〜。はい、ざんねーん」って。

神さま　すげーな、あんた、雑学王じゃん！

雑学じゃと？　全然、「雑」ではない。一番大切な「学」じゃ。

誰1人として、**鏡そのものを見ることはできない。**鏡の前で光の速さより早く動いたとしても、鏡そのものは見れないんじゃよ。だって**鏡は常になにかを映しておるのじゃから。**毎朝、70億人が鏡を見ているが、実は彼らは鏡を見ておるんじゃない。「そこに映っているもの」、すなわち「自分自身」を見ているだけじゃ。自分が、自分を見ておるんじゃぞ？　これが、どういうことだかわかるか？

みつろう　人類みんな、ナルシシストってこと？

神さま　ナルシシストはお前だけじゃ、このモヒカン野郎！
いいか、ちょっと目を閉じて、ひろーい真っ暗な宇宙空間をイメージしてごらん。
そしてその空間には、お前と鏡だけがぽつんと置いてある。それ以外には、完全になにもない空間じゃ。

みつろう　運転中の俺に、目を閉じろと？　何度も俺を殺そうとするの、止めてくんない？

まぁ、目を開けながら今イメージしましたよ。僕と、鏡だけがある宇宙空間。

神さま
そのなにもない空間にあるのは、「鏡」と「お前」だけじゃ。

ところが、「鏡そのものは見えない」とさっきお前は気づいた。

物質が見えないということは、そこには実はなにもないんじゃよ。「映っている者」と「映している者」の間に、「鏡」という境界線なんてないんじゃぞ？

お前がいて、鏡があって、その向こうに鏡に映ったお前がいるんじゃない。間の「鏡そのもの」なんてないのじゃから、**その宇宙空間には、お前だけがただ拡がっていることにな**

る。お前が、お前を、直接見ておるんじゃよ。

みつろう　マジだ！　仕切りの鏡がないんだから、俺、めっちゃ1人ぼっちじゃん！　こちら側にも、あちら側にも、ずーっと俺がつづいているだけ……。

神さま　イッツみつろうワールド！

それが、この宇宙という「現実」なんじゃ。宇宙空間にあるものは、実はあなただけ、なんじゃよ。いつでも、**あなたがあなたを見ておる。現実にあるものは全てが、あなた**なんじゃ。

ということは、もし、うんこが「現実」にあるのなら、それはお前じゃ。スーパーに変質者が現れたなら、それもお前じゃよ。

みつろう　例えが、めちゃくちゃむかつくものの、理屈上、そうなりますね。うんこも変質者も俺。てか、見えるもの全てが俺。見えるものどころか、宇宙そのものが、俺自身じゃねーか。

すっげーな、この気づきは！　だって、あのアイドルも、俺なんだ

神さま　ぜっ？

花も、虹も、鳥も、森も、全てお前じゃ。

観念とはお前の願いの結晶で、結晶に当たった光が360度周囲に乱反射して映し出されているのが「現実」世界じゃ。そこにあるのは、全てがあなたそのものじゃよ。

おい、そこのうんこマン。「嫌いな人が会社にいる」とか言ってたっけ？

それはお前自身じゃよ。


みつろう　そっか、全てが俺なら、俺が俺を嫌い、俺が俺と口論し、そして俺が傷つく。

……。

1人でいったいなにしてんだ、俺は？

神さま　遊んでるんじゃよ。全てがお前なのじゃから、どこにも危険なんてない完全に安全なる世界で。

みつろう　よし、なんだか頭痛くなってきたから、もう考えるのは止めようっ。とにかく邪魔な固定観念を見つけるためには、この「現実」という鏡をチェックすればいいってことでしょ？　いつでもそこに、俺が信じていることが映るのだから。

神さま　そうじゃ。実際のところ、**「現実」とは自分自身がなにを信じているかをチェックするためだけにあるん**じゃよ。

「私はなにを信じているのだろう？　それをチェックするいい方法はないだろうか？」こうして、お前たちは「現実」というこの世界を創ることにしたんじゃ。

だから今日からは、**〈自分の中の固定観念がなにを信じているのか〉を知りたければ、ただ目の前の「現実」を見なさい。**

そこで起こっていること全てがあなたの信じていることじゃ。

「現実」とは
あなたを映し出す
鏡である。

なぜ感情は湧くのだろうか？

［いつものように、始業時刻ギリギリに会社に着いたみつろうは、車を停めて6Fフロアまで階段をかけのぼった。］

谷屋部長　毎朝、毎朝、息をハァハァさせながらタイムカードを差しこんで、どうしたんだいみつろう君？　鼻息荒く、やる気十分です、ってか？　なんなら、俺の仕事もわけてやろうか？

みつろう　間に合ったんだから、別にいいじゃないですか、イヤミ言わなくても。ちょっと息を落ちつかせるために、給湯室でコーヒーでも飲んできますわ。

谷屋部長　みんなはタイムカードを押す前に、コーヒータイムを済ませてんの！お前は、タイムカードを押すためだけに9時ぴったりに事務所にかけこんで、そこから30分も給湯室でおしゃべりしてるよな？　だったら9時30分に押せよ！

［上司を軽く無視したみつろうは、給湯室で先輩社員たちのおしゃべりに合流した。］

久子さん　おー、みっつー、おはよう。みんなで、取引先からもらったシュークリームを食べてんだけど、みっつーも食べる？

みつろう　先輩、僕は和菓子のほうが好きなんで、遠慮しときます。洋食よりも、和食派なんですよね～。でも、せっかくだからやっぱりいただこうかな。3つください。

久子さん　おい、3つかよ！　**でも意外だな～。和食のほうが好きだなんて。**あんたって、毎日、ファーストフード食べてそうな印象なのにね。お、みんな！　向こうから、高田課長が近づいてきている。急いでデスクに戻るわよ。ドロン！

みつろう　アイツは谷屋部長とは違って、裏で本気の文句を言うタイプですもんね。サボりがバレた日には評定が下げられちゃう。隠れろっ！

［同僚たちがデスクに戻る中、みつろうはトイレの中にかけこんで、便器に座ると鍵をかけた。］

神さま　なぁ、お前、会社になにしにきてるんだ？　ギリギリで到着すると、そのまま給湯室で30分も、シュークリームを食べて、そのあとトイレに入って1時間も便座で眠る……。ここは女子校かい？

みつろう　大丈夫、谷屋部長は仕事さえちゃんとこなしていれば、怒らないタイプだから。問題なのは、さっきの高田課長ですよ。ホラ、前に言った、チェックマン！
あいつはかなりまじめだから、ルールにもうるさくてさ。
なんだか考えただけで、イライラしてきた。先週もあいつのせいで30分も残業しちゃったしね。

神さま　シュークリーム食べてニコニコしたり、便座に座ってイライラしたり、朝から喜怒哀楽の激しいヤツじゃな〜。おい、みつろう、**どうして感情が湧くのか、お前にはわかるか？**

みつろう　どうしてだ？　理由なんてねーよ。ただ、イライラしたからでしょ？課長の存在自体がむかつくんじゃい！　「感情が湧く理由」なんてまるで興味ないっつーの。

神さま　感情が湧く理由さえわかれば、すぐに余計な固定観念をチェックできるのに。

みつろう　……教えてくださいい、神さま。先ほどから、無性に気になって仕方がありませんでした。「感情が湧く理由」が。なんとタイミングのいいお誘いだこと。

神さま　全く調子のいいヤツじゃ。まあよい。そもそも人間は、**感情と一体化している。**だから、「どうして感情が湧くのだろう？」と立ち止まって考えたことすらない。

ほとんどの人間が、怒りにまかせて怒鳴り、悲しみにおぼれ泣き、感情に振り回されて生きておる。

本来は、感情を選択する立場が人間なのにな。

みつろう　感情を、立ち止まって見つめる？　冷静になれってこと？

神さま　まぁ、冷静になるというより静観するという感じかな。怒っていることを、英語では、「I'm angry」と言う。でも正しい英語では、「I feel angry」なんじゃよ。前者は「私は怒りです」と言っとるんじゃぞ？「あなた」は「怒り」ではないじゃろ？　あなたは、「あなた」じゃ。「あなた」が「怒り」を「感じた」んじゃないか。

みつろう　成功哲学を学べると思っていたら、いきなり英会話レッスンになってますけど、大丈夫？　このコースで合ってる？　駅前の留学先まちがえちゃったかな？

神さま いいから、ふざけないで聞きなさい！

感情に飲まれている人、すなわち「私は怒りです」と自己紹介した人は、ずーっと怒りのままじゃろ？　だって「その人」自身が、「怒り」なんじゃからな。

ところが、「I feel angry」つまり「わたし」が「怒り」を感じています、と静観できている人は、その後「よろこび」だって再選択できるじゃろう。

感情を選ぶ側の立場にいるんじゃから。だから、感情が湧いた時には感情におぼれず、自分自身を静観してみなさい「**誰が、その感情を選択しているのか？」と自分に聞くことによって。**これが、第1ステップじゃ。

みつろう それって、昔からよく言われている話でしょ？　一度、頭を冷やせ、みたいな。

神さま　そんな、ありきたりな教えじゃない。ワシのはもっとすごい!!「感情と同化するな」と言っているんじゃ。

そして、感情に同化しないことに成功したならば、次は**「どうして私はこの感情を選択したのだろう?」と考えなさい。**ようするに、どうして私にはこの感情が湧いてくるのかを考えるんじゃ。

みつろう　感情が湧く理由? そんなの勝手に湧いたんじゃないの?

神さま　違う! 感情が湧く場所には、1つの例外もなく理由がある。それこそが、その人の信じている固定観念なんじゃよ。その前提があるから、感情が湧いているんじゃないか。火のないところに、煙はたたないじゃろ?

理由がないところに、涙はこぼれんよ。

シュークリームのことをなんとも思っていない人は、シュークリームをもらった時にはよろこばないじゃろ?

みつろう　いや、シュークリームをもらったら、誰だってよろこぶでしょ?

神さま　糖尿病患者の病室に、シュークリームをそっと差し入れしてごらん。きっと、その病室には怒りが湧くはずじゃ。それに、新たなケガ人さえ出るじゃろう。

いいか、みつろう。

その人がなにかを前提として信じこんでいるから、感情がそこに湧く。悲しみの理由は、目の前にあるそのできごとじゃない。**そのできごとを「悲しいこと」と勝手に信じこんだ、あなた自身**じゃよ！

みつろう　めっちゃ、名言じゃないですか今の！　おっしゃる通り、目の前のシュークリームが悪いんじゃないもんね。シュークリームは無実だ！

「シュークリームは食べないほうがいい」と勝手に信じこんだその人の固定観念を原因として、怒りが湧いてるんだから。

神さま　そうじゃ。残業に怒りが湧いたのは、「いいパパは早く家に帰るべきだ」という固定観念がお前の中にあったからじゃ。さらに、ケーキを見てよろこんだのは、「食べることは幸せだ」という固定観念がお前にあったからじゃよ。前提に、固定観念がないと、感情なんて湧かないのじゃから。

みつろう じゃあ、さっき、高田課長に対して湧いてきた怒りも、僕がなにかを前提として信じこんでいると？

神さま 「不良はかっこいい」とお前が勝手に信じたからじゃろうな。「不良」と「かっこいい」をお前が勝手にくっつけて、固定観念を創っておる。そのせいで「ルールにうるさい人」を見ると、お前には怒りが湧いてくるんじゃよ。

湧いた感情	ニセモノの原因	ホンモノの犯人
怒り	シュークリーム	「シュークリームは体に悪い」という概念
怒り	課長	「不良はかっこいい」という概念

お前が勝手に信じた固定観念のせいで、**お前が勝手に苦しんどるだけ**じゃ。

これって〜、なんだか〜、……ちょーバカみたいなんですけどっ（ギャル風)。

みつろう ……。

神さま ち、ちなみに、「まじめ」は「かっこいい」と信じている人が、高田課長を見ると、よろこびの感情が湧くはずじゃ。

みつろう アホか。高田課長のことを好きな人なんて、1人もいねーよ。そんなヤツ、見たことないわ。

神さま お前が「みんなは俺の味方だ」と信じこんどるからじゃろうな。「信じていないことは、お前の目には映らない」って教えたよな？　でも、お前には見えない別のフロアにはいるんじゃよ。高田課長ファンが。

みつろう なんかむかつくぜ！　どこの部署だよ。課長のファンがいるところって。殴りこみに行こうかな！　腹たってきた！

神さま ほら、今、怒りという感情が湧いてきた。出てきたということは、お前の中に前提となる固定観念があるはずじゃ、探してみようか。「敵の仲間を減らしたい」、「自分は弱い人間である」、「正義は勝つ」。

これらのことを信じているから、「彼にファンがいる」と聞いただけで、今、怒りの感情がお前に湧いてきたんじゃよ。

みつろう　うわ〜、なんか、自分のことがはずかしくなるじゃん。まるで仲間を増やしたがる、弱い犬みたいで。止めてよ、その心を見透かす冷静な分析！　でも、「正義は勝つ」という固定観念は、かっこいいよね。俺にも、いいとこあるじゃん。

神さま　正義なんてない。あるのは、「その人の正義」だけじゃ。**「正義」とは、特定の誰かにとって都合のいい解釈のこと**じゃ。全てが自由なこの宇宙で、たった1つの正義なんてあるわけがない。
お前は、人事部に殴りこんで、「お前の正義」をふりかざすかもしれないが、人事部の社員は「まじめがかっこいい」という固定観念を持っている。だから、正義のヒーローどころか、お前のことが悪魔にしか見えんじゃろうな。

みつろう　ほっほー。人事部なんですね。彼のファンがいる部署って。

神さま ず、ずるいぞキサマっ！

みつろう なにもずるくないよ！　あんたが勝手に自分で口を滑らせただけだろ。ダッサ！
でも、あんたにも今、怒りが湧いたってことは**「卑怯なヤツは悪」っていう固定観念が前提にあるんですね。**

神さま 神さまのくせに、それもダッサイね。
そんな固定観念はなーい！　「みつろうが嫌い、大嫌い」という固定観念しかワシの中にはないわい。

みつろう なんだよ、その意味のわからん固定観念は！　じゃあ、俺がなに言ってもむかついちゃうじゃねーか！

神さま ジョークじゃよ。カミサマンジョークじゃ。
まぁ、このように、**感情が湧く場所には全て、確実に「固定観念」という前提がある。**
よろこびにしろ、悲しみにしろ、怒りにしろ、どんな感情であれ前提となる「その人が勝手に信じこんだ固定観念」があるはずなんじゃ。
だから、感情にさえ同化しなければ、自分の固定観念に気づけるんじゃよ。「これを見て私が怒ったのは、なぜだろう？」と分析すればいいだけじゃから。

みつろう　でも、冷静に分析できる人ってたくさんいるけど、そんな人でも結局は、そのあとも何度もくり返し怒っている気がするなぁ。

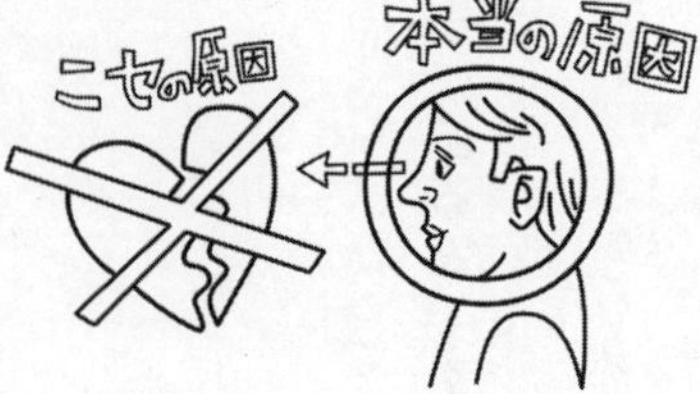

神さま　きっとその人は、分析まではできたけど、**まちがえた怒りの原因を見つけたんじゃろうな。「目の前のできごとが原因だ」と。**
まちがえたわけじゃ。真の原因は、それを勝手に「悪いことだ」と信じこんだ、その人の固定観念のほうなのに。
ようするに、**全ての原因はその人自身なんじゃよ。**

みつろう　おぉ！　ついに、真犯人を発見した感覚ですね～。しかも、犯人は俺だったんだから、自分で解決できる！

神さま　そうじゃ！　よく気づいたな、お前が犯人じゃよ！
この、極悪人めっ。しかも、目の前の嫌いな人に濡れ衣を着せて、自分だけ助かろうとは、どういうこっちゃい。よし、お前は、とにかく、地

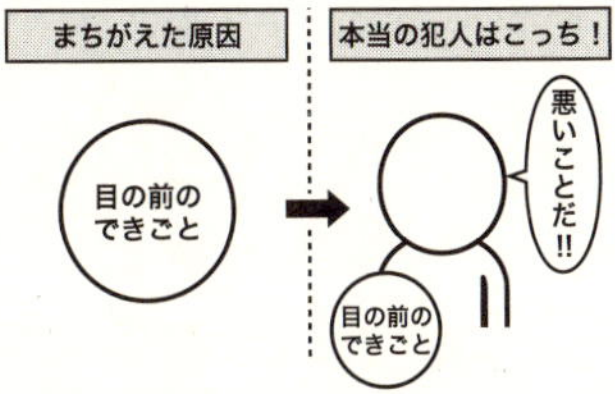

獄行き決定〜!!

神さま　止めろってば、そのカミサマンジョーク。まじシャレにならん。

いいか、みつろう。**「感情」というのは段差を埋める、1種のエネルギー**なんじゃよ。それは、ただのエネルギーじゃ。

ある人が、好き勝手になにかを信じて、独自の固定観念を保持した。その観念が投影されて、「現実」ができあがる。その映し出された「現実」の中で、その人の信じていることが、強ければ強いほど、理想との間に、大きな段差ができる。

その段差を埋めようと、勝手に発生するエネルギーこそが「感情」なんじゃよ。

みつろう　感情がエネルギーの一種じゃからこそ、発生した時にお前たちは胸になにかを感じるんじゃないか。

まじ、すげー! エネルギー学的に「感情」を説明されたのははじめてです。一気に納得できる。

神さま　とりあえず、人事部に行くのは、止めときます。

当然じゃな。お前が勝手に「まじめはかっこ悪い」と信じただけなんじゃから。お前が信じたその固定観念は、やがて現実となり、そして、目の前に現れた。その「現実」を見て、お前の中に強い感情が湧き、怒鳴りちらす。

お前らの人生は、まるでコントじゃよ。

自分で勝手に、一度なにかを仕こんで現実を創り上げて、その現実につまずいて本気で怒っている。まるで喜劇じゃ。

みつろう　人の人生を吉本新喜劇みたいに言うな！　こっちは必死で生きとんじゃい！
それにしても、この感情の起こる仕組みの知識は、なんの役にたつの？

神さま　**「自分が勝手に仕こんだ固定観念が原因」だと気づければ、悲しみにおぼれることはもうなくなる**じゃろう。**怒りに震えることもなくなる**じゃろう。

①悲しい時には「なぜ私は悲しいのだろう？」と自分自身に聞いてごらん

②そこにはかならず、自分が勝手に信じこんだ固定観念がある

③それこそが真の原因じゃ

④そして、それを勝手に信じこんだのは自分なんだと、気づきなさい

⑤すると、笑えてくるだろう。自分で勝手にさわいでいるだけなんじゃからな

例えば、恋人にふられて泣いたなら、その人の中に「別れは悪いものである」という固定観念があるはずじゃ。

「別れ」は「悪いもの」であると、その人が勝手に、信じこんだせいで、その人が勝手に泣いてるんじゃぞ？　なにを信じても自由なこの宇宙で、「別れ」は「よりよい出会いの種」であると信じてもよかったんじゃないのか？

みつろう

なるほどね！　説得力ある〜。ホストクラブの看板ホストより、恋愛相

談のプロだねっ！

自分自身の固定観念に気づけたならば、違うことを信じなおせばいいのか。今までは感情におぼれていたから、「泣いている理由」をゆっくりと考察する時間なんてなかった。

でも「別れ」を「悪い」と勝手に信じたのが、自分であると気づければ……。まじですぐに立ちなおれそう！　いいね、この教え。

神さま　そりゃーいいじゃろう！　ワシの教えじゃ!!　何年ホストクラブで修行したと思っとるんじゃ。
いいか、**悲しみの原因は自分の固定観念だと気づけなかったのが、今日までの愚かな人類の歴史じゃ。**真犯人をとり逃がしとるのじゃから、その後も何度も苦しむじゃろう。でも真の原因に気づいてしまえば、信じなおすだけでいいんじゃから、簡単じゃないか。信じなおせば、その固定観念はすぐに消えるじゃろう。ようするに、気づきさえすれば、固定観念は消えるというわけじゃ。

だからこそ固定観念はあなたに気づいてほしくて、「現実」という目の前のスクリーン上でピカピカ光っておる。「感情」というエネルギーを使ってな。

全ての、人類よ！　**感情があふれるできごとが「現実」に起きたなら、それはチャンスだと思いなさい。**あなたが強く信じこんだ固定観念に、容易に気づけるはずじゃ！

みつろう　すっげー！　これは、本当にいい教えだね。感情に同化しておぼれていた俺がバカみたいだ。

神さま　ちなみに、これは大きな感情だけの話じゃないぞ。

さっき、お前の先輩は「みっつーが、和食好きなんて意外だ」と言った。意外だと彼女が思えたのは、自分で勝手に、「みっつーは洋食が好きなはずだ」と一度思いこんでおったからじゃ。勝手に彼女が予想して、それを勝手に外して「意外だ」と騒いどる。こんなことをやって、お前たちはずっと遊んでおるんじゃぞ？

「意外」とは、**自分で勝手に「意」を仕こんでおいて、そのあと、その「意」を「外」して、びっくりしとるだけ**じゃ。

みつろう　どっちもそいつの勝手じゃないか！

やっぱりコントみたいですね、僕らって。迷路の中で、「右」と予測して、「左」が正解だと聞き「意外だ！」と騒ぐ。冷静に見たら、どうでもいい話じゃないですか。だって、**勝手にそいつが「右だ」と一度信じただけですし。**

神さま　そうなんじゃや。本当にどーでもいいコントじゃよ！

「意外」の前には、自分で仕こんでおいた「意」があるのだから。人類はこの、**「意外《イガイ》の《ノ》前《マエ》の《ノ》『意《イ》』」**に気づけないだけじゃ。

だからワシはこれを、「イガイノマエノイの法則」と名づけたいと思うっ！

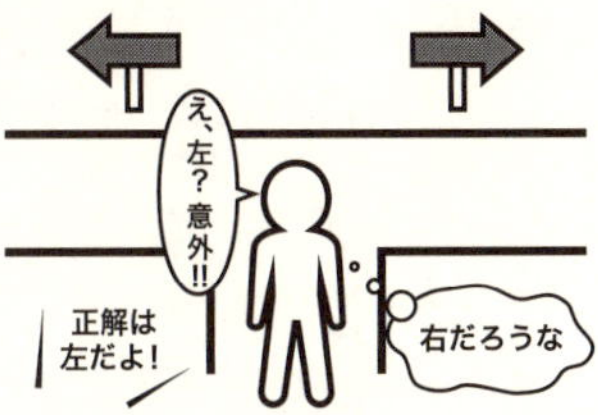

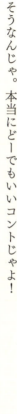

みつろう　いや、思うっていうか、お好きにどうぞ？　勝手に名づければ？　てか、なに照れてんの？

神さま　お、覚えやすくないか（汗）？　テルマエロマエみたいで。けっこう、自信があったんじゃが……。とにかく。イガイノマエノイ！　これが、真犯人じゃ。**感情を起こすのは、自分が勝手に仕こんだ固定観念、「意外《イガイ》の《ノ》前《マエ》の《ノ》『意《イ》』」じゃ!!**　自分で仕こんだだけなんじゃから、自分で仕こみなおせばいいだけじゃ。違う観念にな。
だからこれからは、感情に飲みこまれそうになったら、何度も「イガイノマエノイ」と唱えながら、「意外の前の『意』」を探しなさい。真犯人がすぐに見つかるはずじゃっ！

みつろう　それ、いい方法かもしれないね。「イガイノマエノイ」とつぶやけば、真犯人を探しやすくなる。いいじゃん、イガイノマエノイ！　よしっ、「イガイノマエノイ撲滅運動」を開始するっ！

神さま　撲滅はしないでよい。一度、事前になにかを仕こまないかぎり、なんの感情も湧かないのじゃからな。仕こみは必要じゃよ。

ただ、**「仕こんだのも自分だ」ということを忘れてしまうから、あなたたちは苦しむんじゃないか。現実にふり回されるんじゃないか。**

「自分で仕こんで」→「自分で転んで」→「自分で一喜一憂しているだけ」だと、真の原因に気づけたなら、すぐに笑えて、もう二度と苦しむことはなくなるよ。

よし、そろそろ、まとめようか。

「全ての感情が湧く場所には自分が勝手に信じこんだ固定観念（イガイノマエノイ）がある！」

この教えは、人生の大きなヒントとなるから、覚えておきなさい。感情が湧いている時こそ、チャンスじゃ。

あなたが、なにを強く信じているのかが、そのできごとからチェックできる。「感情」とは、あなたが強く信じている固定観念を知らせる、ただの警報音なんじゃから。耳を澄ませて、「感情」を静観しなさい。

「その日の午後、みつろうは業務調整のために人事部を訪れた。」

みつろう　ねぇ山田？　高田課長のこと、どう思う？

山田　とてもいい人ですよね。一緒に働けているみつろうさんがうらやましいです。僕、全部の部署と業務調整してますけど、みつろうさんの営業部くらいですよ。管理職の方1人で調整にいらっしゃるのは。他の部署は、一般職の人間がやっている業務ですからね。高田課長は、いつも夜遅くまで1人で残って、提出に来るんです。まぁ、みつろうさんは早く帰っているからわからないでしょうけど。

「部署に戻ると、みつろうは、高田課長にシュークリームを手渡した。」

高田課長 どうしたんだい、これ？　業務中にデスクでこんなのは食べられないよ。書類が汚れちゃうだろう。

みつろう いいから、食べてよ課長。みーんなやってることなんだから。谷屋部長なんて、書類にアイスをポタポタたらしながら、食べてるんですよ？　課長もさー、たまには肩のチカラを抜いていきましょうよ。

いつもとは違う部下の態度にとまどいつつも、高田課長は、口の周りにクリームをつけながら、シュークリームをほおばった。
書類には落とすまいと、必死に口の中にシュークリームを詰めこむ上司を見て、みつろうは涙をこぼしながら言った。

みつろう いつも、ありがとうございます、課長。

彼の中にあった「まじめはかっこ悪い」という観念は、涙とともにはじけ飛んだ。

宿題

感情が湧いた時は、チャンスだと覚えておく。そして、感情が湧いたら、

①その感情に同化しないこと

②そして、感情を選択しているのが「私」であると気づくこと

③次に、どうして私は怒っている(泣いている)んだろう？　と聞いてみてください。「イガイノマエノイ」と唱えながら

感情が湧くのは、目の前のできことが原因ではありません。それを「悪いことだ」と思いこんだあなたの固定観念こそが真の原因です。

そしてこの宿題は、目の前のできごとを、「悪いことだ」と信じこんでいる固定観念を探すのに有効です。固定観念が見つかれば、勝手にそれを信じこんだ自分が原因だったと気づけるはず。

そこまで来れば、その固定観念とは違うことを信じてみればいいのです(神さまが「失恋」と「悪い」を結びつけず、「失恋」と「出会いの種」を結びつけたように)。

「感情」があふれ出るようなできごとは、あなたの固定観念に気づくチャンスである。

実践編

2時限目

思い通りに現実を変える、12の方法

他人の意見も自分の意見

「シュークリームを手渡した自分を、同僚に見られるのがはずかしかったみつろうは、誰もいない会議室に逃げこんだ。」

神さま　どうして、涙がこぼれたんじゃ？　涙味のシュークリームなんて、上司も食いたくなかったじゃろうに。でも、部下のお前のメンツのためだけに食べた。彼は、本当に優しい人じゃな。

みつろう　何年か前に一度だけ、僕にしてはめずらしく20時まで残業したことがあってさ。その時、課長の携帯電話が鳴って、子どもの声が漏れ聞こえてきたんだ。「お父さん、まだお仕事なの？」って。さっきはなんだか、そんなことを思い出したりして、色んな感情がこみ上げてきちゃってさ。それより、固定観念を変える方法って、気づくだけなの？　簡単じゃね？

神さま 簡単じゃよ。**「観念」とは、なにかを信じている状態のことなのだから、そのなにかを信じなくなれば、すぐに消えてなくなるんじゃから。**そのためには、

①まず自分の固定観念に「気づく」必要がある

②自分で気づくためには、「現実」という鏡を見る

③探す場所は、感情があふれるできごとの周りで

④そこに、真の犯人である固定観念がある

あとは、見つかった固定観念とは違うことを信じてみるだけで、観念はすぐに消えるよ。

ちなみに、さっきの方法は**「信じること」の逆側に歩み寄ることによって、固定観念を解消**したいい例じゃ。

みつろう 課長のこと？

神さま そうじゃ。現実はただの鏡じゃ。「まじめな課長」が映っているなら、

それもお前が信じたこと。「人生には、まじめなことも必要である」と、幼少のころにお前が信じたんじゃよ。でも、その役を自分自身では演じたくなかった。じゃから課長という他人を使って、お前の固定観念を「現実」に映し出しておる。

一方のお前は、「まじめ」を「かっこ悪い」にくっつけておった。これは、表層意識でもわかることじゃろ？

みつろう　ええ、まじめって、なんだか、かっこ悪い気がしますね。

神さま　つまり、表層意識では、〔「まじめ」は「かっこ悪い」〕と思いながらも、深層意識では、〔「まじめ」は「必要だ」〕と思っている。

2つの矛盾する「信じること」があるから、お前は「現実」で何度も苦しむんじゃよ。

でも、さっきお前は観念の真逆に歩み寄った。「まじめ」も「かっこいい」んじゃないか？　となる。はじめて真逆側を、信じてみたんじゃよ。

真逆側を信じてみると、どうなると思う？

+1を信じていた人が、−1を信じたんじゃぞ？ 両方を信じれば、0になるじゃろ？ ようするに、保持していた、観念が消えるんじゃよ。

今では、お前は「まじめ」を「かっこいい」とも「かっこ悪い」とも思っておらんよ。「まじめ」に関する固定観念を解消したのじゃからな。「まじめ」はなにともくっついておらん。これが**「歩み寄りの手法」**じゃよ。

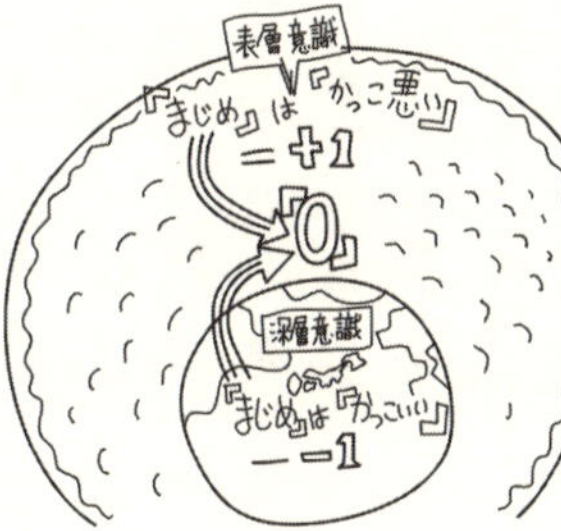

みつろう　相撲の決め手みたいに技の名前をサラッと言わないでください。なんだよ、「歩み寄りの手法」って。ダッさいね。

神さま　ダサくないっ！　いい技じゃ！

いいか？　表層意識であなたが「嫌い」だと思っていることの全てを、実は深層意識では「好き」だと思っている。例外なく全てがそうじゃ。

そして、深層意識だろうが表層意識だろうが、信じたことが現実に映る。**たいていの場合、自分の信じている深層意識の意見は「他人」を使って言わせる**んじゃ。

でも、お前の現実に登場するのは、他人も含め、全てが自分だったじゃろ？　ということは、驚くことに、**自分の意見を、自分で言い合いしとる**んじゃ。

みつろう　そうか、課長と僕の意見のどちらも、僕が信じた意見ってことなのか？

神さま　そうじゃ！　表層意識は、自分でコントロールできる。だから、「まじめはかっこ悪い」という観念を「さとうみつろう」という登場人物でお前は表現している。

ただやっかいなのは、その真逆側も自分が信じていると気づけない点にある。

「まじめも必要だ」という真逆側の意見を、お前は「課長」で表現していたんじゃよ。

その原理に気づけたなら、あとは、簡単。歩み寄れるのは（＝コントロールできるのは）いつでも「自分」という登場人物だけじゃないか。お前はさっき入社8年目にしてやっと、自分から課長に歩み寄った。

みつろう　新入社員のころから、このムダなバトルをくり広げて、気づけば中堅社員……。これまでの青春をかえしてほしい。

神さま　今後、お前の現実には「まじめ」とは〝かっこいいのか、かっこ悪いのかバトル〟は二度と起きないじゃろう。もう二度と、「まじめ」という件に関しては、他人とはぶつからないということじゃぞ？　これが、どういうことかわかるか？

もう二度と、お前はこの件で苦しまないということじゃよ。さっき、涙とともに邪魔な固定観念が1つ消えたんじゃからな。おめでとう。

みつろう　でも、俺って本当に無意味な戦いをしていたんですね。**どっちも俺の意見なのに、表層意識（たいてい本人）だけを支持しつづけていたなんて。**

神さま　表層意識の部分を、心理学では「エゴ」と呼び、仏教では「自我」と呼ぶ。

表層意識はコントロールできる部分なのじゃから、たいていは本人として「現実」という鏡に登場する。

一方、真逆側の観念は深層意識なので、コントロールできない「他人」として登場するんじゃ。でも、どちらもあなたの意見じゃよ。

だから、固定観念を消す一番早い方法は、エゴ〇〇（読んでいるあなたの名前を「〇〇」に入れてください）が信じる真逆側に歩み寄ることじゃ。

つまり「あなた」が、嫌いな相手に歩み寄ればよい。

みつろう　すっげー！　この説明は、これまで僕が読んだどんな成功哲学よりも、明快に現実を変える方法を提示しています。すごすぎる！　簡単にムダな固定観念なんて消えるじゃないか。+1と−1を足せば0になる。**自分が信じている〝反対側〟を信じる勇気を持てばいいだけだ！**

神さま　原理は簡単じゃよ。しかし、実践は難しいじゃろう。よって、現実は簡単には変わらんじゃろうな。

みつろう　今ならできる！　だって、自分の意見と反対側の他人を、愛せるか？　だって、これまで、こんな腑に落ちる説明を聞いたことがない。こんなに明快に、あなたが説明してくれたから、やれるさ！　この教えを耳にした全ての人々にも、行動が起きるはずだ！　あんたは、天才だ！

神さま　え？　そうか？　ワシって、すごい感じなのか？　なんか、照れるじゃゃないか。

みつろう　ちなみに、この固定観念を消すすばらしい手法の名前は何でしたっけ？

神さま　「歩み寄りの手法」じゃ。

みつろう　ダッサ。そこはダッサ。ネーミングセンスは、ゼロだね。

でも……ありがとうございますっ‼

宿題

あなたの周りで、あなたとは違う意見を保持している他人に歩み寄ってみましょう。

信じていることの
反対側を信じれば、
固定観念は消える。

鏡に映る自分が、勝手に動き出したら??

［午後の外回りのため、営業用車両に乗りこんだみつろうは、キーを回し、エンジンをかけた。］

みつろう　さっき教えてもらったすばらしい教えは、午後に回る取引先6社の人間にも教えよう！　「え？　あなたは永遠に右手と左手でじゃんけんをしたいのですか？」って。「バカなんですか？」って。

神さま　止めとけ。人間とは、中国4000年の歴史をもってしても、他人に歩み寄れなかった存在じゃ。なにより、お前も、すぐに誰かの文句を言うじゃろうよ。

みつろう　そんなことはない！　僕はもう、天使に生まれ変わったんだ。悪いことなんて、今後一切、僕の脳裏にはよぎらない。全てが私。アーメン。

神さま　それにしても、前の車めっちゃのろまだな。あおってやる（ブッブー）。さっそく他人を責めとるじゃないか！　お前よく自分の会社のマークが入った車でそんなことができるな。アホとしか思えん。

みつろう　いいかみつろう。「現実」とはお前を映し出す鏡のことじゃったよな？

神さま　（神さまを無視して）アホじゃない！　俺は天使だ（ブッブッブー）！

確実に跳ね返ってくるぞ、お前にクレームの電話が。

「現実」が鏡なら、鏡に対して行ったことは全部本人に跳ね返ってくるに決まってるじゃないか。

みつろう　ほぉ……。ちょっとビビリ始めたので、どういうことか教えて。とりあえず、前の車にはもうクラクションは鳴らしませんから。

神さま　簡単な原理じゃないか。鏡はお前を映している。

お前がやったことを、跳ね返しつづけているということじゃ。

優しくすれば、優しさが返ってくるじゃろう。鏡という「現実」がお前の信じた「優しさ」を映し返すのじゃから。

みつろう　なぁ、みつろう。もしも、短パンを穿いたOLが鏡を見ながら「私はスカートを穿いたはずよ！」と言っていたら、どうする？

神さま　そっと、病院を紹介します。

みつろう　お前たち人間は、いつもこれをやっておる。**「短パンが映った鏡を見て、私はスカートを穿いたはずよ！」と叫んでおる。**そんなバカなことがあるか！　鏡に映っているなら、あなたが穿いたはずじゃよ。

みつろう　なるほど。俺は今あんたに病院をそっと紹介されてもおかしくない状況なわけか。
だって、「現実」に俺が望んでいないこと（＝ノロイ車が前を走る）が起きていると言ってるんだから。「短パンなんて穿いてない!! 私はスカートを穿いたはずよ！」って言っているのだから……。
……。

神さま うん。もういっそ俺、入院しましょうか？

まぁ、お前は手遅れではない。もう少し、病後の経過を見てみよう。
今後、「現実」にイラだつことが起こるたびに、さっきのOLを思い出しなさい。「短パンOL」をな。思い出すだけで、ふと笑えるから、すぐにハッと気づけるじゃろう。**「そうか、私が信じたから、この現実が映っているのか」**と。

みつろう あぁ、いい方法ですね。イラだつたびに、暗示のように思い出せそうです。インパクトが強すぎる。「短パンOL」なんて。

神さま では次に、鏡の中に手を入れて、鏡の中の自分の髪型を先に変えようとしている人がいたら、どうする?

みつろう さっきより、重めの病院を勧めます。

神さま だよな。でも、これもお前たちが普段「現実」を見て、やっていること じゃ。**鏡に映る、自分の髪型を先に変えようとしている。**そんなの無理じゃよ。

実際に鏡の前に立って、やってごらんよ。鏡の中の自分の髪型を、自分より先になおせるかどうか。

みつろう 鏡の中に手を入れようとして、確実に鏡の表面で突き指しますね。

神さま 当然じゃ。ワシでもできんよ。鏡の中の髪型を先に変えるなんて。じゃあ鏡という「現実」に映っているできごとが、気にくわない場合は、どうすればいいんじゃろうか?

鏡に映っているものを変えたければ、映っているこちら側の髪型を先に変えればいい。

みつろう ……そうか。

神さま　「現実」を先に変えることは、できないのか！　それを見ているこちら側が先に変わらないといけないんだから！

そうじゃ。よくわかったな！　入院はキャンセルしよう。現実を先に変えるのは、不可能なんじゃよ。

現実を変えたいなら、**「投影元」である、あなたの考えを先に変えるしかない。**

みつろう　先に僕の考えを変える……、ということは**「解釈」を変えればいいのか！**

神さま　すごいぞ！　すごい回復力じゃないか、みつろう。

今じゃむしろ、健康な人より健康じゃ。現実を変えたいのなら「解釈」を変えればいいだけなんじゃよ！

できごとを先に変えるなんて、不可能じゃ。できごとが起こった時に「どう思うか」を先に変えるしか方法はない。

のろまな車が「現実」に映った。お前はクラクションを鳴らすことで、のろまな車を先に変えようとした。違う、違う！　無理無理無理無理！

鏡は先には変わらん。**のろまな車に対して、お前が「どう思うか」を先に変えるんじゃよ。**

なにを思うのかが変われば、投影元である、お前の固定観念が変わるのじゃから、映し出すだけの「現実」は確実に変わるじゃろうよ。

いいか。これは格言だから覚えておきなさい。

「鏡は先に笑わない」。

みつろう　お、ちょっとかっこいい。詩人みたい。神さまって、そっちもいけるクチ？

神さま　イケるんじゃよ、これが〜。ワシャ、詩人でもある。

いいか、鏡は先に笑わない。**こちら側が先に笑う**んじゃ。解釈を先に変えるんじゃよ。そうすれば、その後、鏡にも笑顔が映るじゃろう！

ほら、お前が運転しているこの車の鏡は、どこについている？　バックミラーにサイドミラー、ルームミラー、その全てが後ろを見るためのものじゃないか。前を見るための鏡なんて、聞いたことがないよ。なぜなら、前を見るのはお前たちのその目玉じゃ。鏡に映っているのはいつでも過去じゃ。後ろじゃ。変えられんよ。それを見て、どこに進みたいのかを決めるのが、前を向いているあなたたちの仕事じゃないか！

人間よ、あなたの「現実」を見て「現実」よりも先に笑いなさい。鏡は先には、笑わないのだから。

みつろう 今日まで僕は、過去をずっと変えようとしていたのか……。よく考えてみると、目の前の「現実」って実際に過去ですもんね。天文学者が夜空を見て、「今、あの星を見ているようで、実は10億年前のあの星の光を見ている」って言ってました。あの宇宙の星が、10億年前の光なら、目の前の現実だって、0.001

秒前に起こった過去じゃん！　現実は、過去！　そりゃ、変わらんわな‼

神さま　そうなんじゃよ。いいか、みつろう。前を走る車のことを、どう思いたい？

みつろう　のろまなのろまな車さん。どうぞゆっくり進んでください。僕が車線を変えればいいだけですから。バッイバーイ！

宿題

目の前のできごとを見て、「こんなこと私は願っていない」と思った時はいつでも、「短パンOL」を思い出しましょう。鏡にそのできごとが映っているのなら、短パンを穿いたのはあなたです。現実に起きたのなら、あなたが信じたんです。
起こったできごとを先に変えようとせず、そのできごとをどう解釈するかを先に変えましょう。考えが変われば、ただの鏡である「現実」はあとを追うように自動で変わります。

鏡は先に笑わない。

「想像」こそ宇宙にお願いする唯一の方法

［営業の外回りに出たはずのみつろうは、丘の上の公園に車を停めると、ベンチに腰かけた。］

神さま　お前の仕事はいったい、なんなんじゃ？　いつ働いておる？

みつろう　この公園から、下界を見おろすのが僕の仕事です……。大好きなんですよ、この場所が。いつも外回りの口実で、サボるのはここ。見てくださいこの景色！　この街が全て見おろせる!!　心がスーッとします。

神さま　**全てが見える場所なら、全てからも見られている場所**だということにも気づけずに、こんな場所でサボるなんて、本当に気の毒じゃ。街中にサボリをばらしているようなものじゃないか。

まぁ人間はいつも下を向いて歩いておるから、大丈夫じゃろうがな。上

みつろう を見るヤツなんておらんから、お前のサボりは今日もばれんよ。この街で、今日も色んな人たちが悩んでいる。こんなに空は晴れているのに。僕たち人間には「ふと、上を見上げる」ということができない。目の前の現実だけを直視して、生きているから。学校、仕事、子育て、家事……。目の前の「現実」に追われながら、僕たちは死んでいくんだろうな。

神さま どうした？　今日は詩人な気分なのか？　でも、たしかに言う通りじゃな。目の前の「現実」は、その人が創り上げている。「見えること」、「聞こえること」、「起こること」の全てがそうじゃ。その人に見えたのなら、その人がその現実を見たいと願ったということなんじゃよ。じゃから、**この街で人間たちは悩んでいるのかもしれないが、結局はみんな、幸せ**なんじゃ。望んでいないことはなに1つ起こっていないんじゃからな。まぁ、誰もが死ぬ瞬間には気づけるよ。

みつろう　「この人生、なにもかも全て思い通りだったのか！」、となでも、俺は違う。俺はもう、「この世界の隠されたルール」を覚えてしまった。あなたのお陰で。……残念ながら、俺はもう幸せにしかなれないのか……。よし、仕方ない。これも運命だから、受け止めよう。宝くじでも買いにいこっかな〜。

神さま　あわれすぎて、なにも言えんが、ルールは1つじゃ。

「信じたことが現実となる」。ということは、**現実とは違うことを信じる必要がある。**「鏡より、先に笑う」とは、このことじゃよ。

それなのにお前たち人間は、悲しいことが起こると、ただ「悲しい」と言い、イラだつことが起こると、ただ「むかつく」と言う。それじゃあ、いつまで経っても現実は変わらんじゃろうて。

現実とは違う、なにを先に思えるか。それだけが重要じゃ。だから、「できごと」が起こるたびに、宇宙はお前に聞いておるんじゃよ。**「このできごとを、どう思いたいのですか？」**と。現実という鏡を見て感想文を言うんじゃない、それをどう思いたいのか意思を表明しなさい。

みつろう あの星も、目の前の現実も「起こっていること」は全てが過去。過去を見て、考えを先に変えなければ、ただくり返すだけだもんね。

映して、映されて、それをまた映して……。悲しいことを見て「悲しい」と言って、悲しいと信じたせいで、また悲しいことが起こり、それを見てまた「悲しい」と言って……。これぞ、生き地獄！ 永遠のループ！

神さま その**連続〝鏡〟地獄**から抜け出す方法は、ただ1つじゃよ。ふと、上を見るんじゃ。現実とは違うことを想像すればいい。**「想像」とは、現実とは違うことを好き勝手に思える奇跡の能力**なんじゃ。鏡に映ったこととは違うことを、鏡より先に思える。これが、宇宙に変化を起こせる、唯一のチカラなんじゃ。ワシが人間に与えた奇跡の能力こそ、現実とは違うことを想える「想像」じゃないか。ちょっと、トレーニングしてみようか。

みつろう　今、公園の駐車場に停めてあるお前の車が、ぶつけられたらどうする？
泣きます。車が壊れたからとかじゃなくて、公園でサボってたことが会社にバレるからという理由で。

神さま　「車と車がぶつかる」現象は、ただの物理現象じゃ。ガラスが割れ、鉄がゆがみ、煙が出る……何度ぶつけても、かならず、同じ反応しか起きない。それなのに、人間は、その決まりきった「現象」に対して、違う反応を起こせるんじゃよ。
「車と車がぶつかる」という現象を見て、ある人は「残念だ」と言い、ある人は、「よっしゃ！」と言う。

みつろう　車をぶつけられて、「よっしゃ！」と言う人がいるかよっ！　バカなの？

神さま　カミサマンジョークじゃない！　本当にいるんじゃよ。
新しい車を買いたがっている人が、車をぶつけられると、相手の保険で新車が買えるじゃろ？　その人は言うじゃろな。「よっしゃ！　車をぶつけられた！」と。

みつろう　あぁ、なるほど。たしかにそうですね。

神さま　これがなにを意味していると思う？

「できごと」には、与えられた唯一の意味なんてないということじゃ。**「無意味のできごと」に人間が意味をつけておる。**

起こったそのできごとを「どう思うか？」じゃない。「どう思いたいか？」じゃ。ただそれだけが、重要なんじゃよ。

車と車をぶつければ、いつでも同じ反応が起こるだけのこの世界に、人間は違うチカラの方向性を与えたわけじゃ。だから、「現実」を変えたいのなら、幸せになりたいのなら、今日からは、**「現実」を見て、それとは違う「思いたいこと」を想像しなさい。**

「想像」という人間の奇跡の能力をフルに利用しなさい！

みつろう　これも、めっちゃ納得できる教えだね！

現実と、「違うこと」を想像すれば、この連続鏡地獄から抜け出せるのか。

神さま　今、お前が「それ」を見て、なにを思えるか。それだけが重要じゃ。「想像」こそ、宇宙へお願いする唯一の方法なんじゃから。人間たちよ、想像して、宇宙を変えなさい！　それができるのは、あなたたちだけじゃ！

みつろう　うおー！　なんか、やる気が出てきた！　サボっている場合じゃない！よし、僕はこれから下界に降りて「想像しなさい」、「想像しなさい」と、まるでジョン・レノンのようにみんなに言って回ります。イマジン〜♪　フンッフンピーポオー♪

宿題

時間をとって、日常とは全く関係のないことを想像してみましょう。想像している間、あなたは心が軽くなるはずです。そして、それは「現実」から抜け出し始めたたしかなキザシです。

人間は目の前の「現実」と
違うことを
想像することができる。

人間は否定語を想像できない

［丘の上の公園を出たみつろうは、街はずれの一軒のカラオケボックス前に車を停め、中に入った。］

神さま　この店が、営業先か？

みつろう　いや、ちょっとここのカラオケルームで、『イマジン』でも練習しようと思ってね。だって、せっかくこれから取引先のみんなに、すてきな教え「イマジン！　俺、暇人！」を広めるんだから、自分の音程くらいチェックしとかないと。

神さま　あ、あ、あ、マイクチェック、マイクチェック。イマージン……♪

みつろう　神であるワシすら、もう怖くなってきたよ。お前のサボリっぷりが。

あ、そうだ。なんか飲みものでも注文しよう。あんたはなにも飲まないよね？　えーっと俺は、苦い飲みものが嫌いだから……、あれ？　メニューに載ってないな。まぁいっか。直接店員に聞いてみよう。

「そう言うと、みつろうはカラオケルームの電話を手にとった。」

みつろう　あの～、すいません。メニューにはコーヒーばっかり載ってるんだけど、**苦くない飲みもの**をお願いします。僕、苦いの嫌いなんですよ。

店員　承知いたしました。

「電話を切ったみつろうが、マイクをつかんだ時、神さまは話しかけた。」

神さま　それにしても、この地球は便利じゃのう。

みつろう　あんたの世界には、カラオケ通信システムはないの？　ダッサいね。イマ～ジンオールザピー……♪

神さま　いや、カラオケじゃなくて、注文方法のことじゃよ。

宇宙にお願いごとをする時、否定語は通じないんじゃよ。

実はそこに、お前たちの願いがなかなか叶わない原因がある。「想像」すれば願いが叶うとさっき教えた。そう言われたお前は、「想像」さえすればいいんだ、と思ったかもしれないが、**想像の仕方にもコツがある**んじゃよ。

みつろう　じゃあ、さっさとそれ教えてくださいよ!!　危うく、自己流で「想像」しちゃうとこだったじゃないですか。

音程だけが大事なのだろうと早とちりして、このボックスに入ってるんですよ?

神さま　さっきお前は、店員に「苦くないものをください」と言ったじゃろ?

そう言われた店員は、お前の注文を、脳内で勝手に変換してくれている。

「苦いものは嫌い＝甘いものが飲みたいのだな」と。こうして、今目の前にメロンソーダが出てきたわけじゃ。

みつろう　それで？

神さま　信じたことが、現実となる。この宇宙のシステムでは、想像したことがそのまま宇宙に注文される。想像が、そのまんま注文されるんじゃぞ？　**だったら、「苦くないものください」という注文じゃなくて、「甘いものください」と言うべき**じゃないか。

みつろう　「苦くないもの」も「甘いもの」も、一緒じゃん。違いが全くわかんねーよ！

神さま　あぁ、そっか。バカじゃったもんな。違いがわかるわけないか。じゃあ、サル並みの知能をお持ちのみつろうさん、**紫色のバナナのことを考えないようにしてごらん、今。**

みつろう　紫色のバナナのことを考えないようにする？　みかんでも考えればいいの？

神さま　違う！　そしてもう実験は終わった。「紫色のバナナのことだけは考えるな」と言われたのに、人間は「紫色のバナナ」を考えるんじゃ。実際、お前は今、なにを想像した？

みつろう　思いっきり、想像しましたね……。紫色の、グロテスクなバナナを。想像するなと言われたのに、想像しちゃったのか……。

神さま　**お前の本当の望みは、黄色いバナナじゃろ？**　黄色いバナナが食べたいなら、黄色いバナナを想像しないといけないじゃないか!!
それなのに人間は「紫色のバナナは嫌だ」、「紫じゃないバナナがほしい」と言

いつづけることで、**常に「紫色のバナナ」を想像しつづけている。** 想像だけが、宇宙への注文方法だと言ったはずじゃろ？　お前が食べたいのは、なんじゃ？

みつろう　黄色いバナナです。ウキー。

神さま　じゃあ、「紫色のバナナは嫌いです」でなく、「黄色いバナナが好きだ！」と言いなさい。これまで人間というお猿さんたちは、**黄色いバナナがほしいのに、「紫色のバナナ」を想像し、注文しつづけていたんじゃよ。**

みつろう　いや、だから注文してないってば。そもそも、紫色のバナナなんて、あんたに言われるまで、この人生で一度も考えたことないわい！

神さま　まだ、わからないのか？　さっきお前は、「苦いものは嫌い」だと言ったじゃないか。この「嫌い」という部分はイメージができない部分なんじゃ。

だから**「苦いものは嫌い」と言っている間、「苦いもの」をただひたすらに想像しつづけている。**願いが「甘いもの」なのに、ずーっと「苦いものをください」と願いつづけていたんじゃぞ？　宇宙は否定語なんて理解できないのじゃからな。

みつろう　宇宙がバカなだけじゃねーか。気を利かせろよ！
こっちの願いが「苦くないもの」なんだぞ？
この店のバイト生ですら、「苦いものの反対側＝甘いものがほしいんだな」って理解してくれるのに。気の利かないバカな宇宙のシステムなんか創りやがって。

神さま　むかついたから、次からは、「苦くないもの」と言われたら、「辛いもの」をお前に出そうか。こっちで勝手に気を利かせてな。

みつろう　いや、それはたしかに困る。
メロンソーダを注文したつもりが、タバスコの瓶を出されたら、殴るもん。相手がバイト生でも。

神さま

宇宙は否定語を理解できない。というか、**お前たち人間が「否定語」という概念を想像できないんじゃよ！**

ある人が「あなたの願いはなんですか？」と宇宙に聞かれた。するとある人は語り出した。

「私は貧乏なんて嫌なんです。苦しい生活はしたくないんです。家賃の請求書に怯《おび》える日々は嫌なんです」と。

この間中、この人はずーっと「貧乏について」考えつづけておるんじゃぞ？　**想像したことが叶うこの宇宙で、ずーっと「貧乏」を想像しつづけておるんじゃぞ？**

もうワシには意味がわからんよ。

みつろう

すっげー！　なんかこの人のケースで、とても納得できた。あんたの言う通りじゃん！

「なにが願いなのか？」と聞かれて、ずーっと嫌いなことを言いつづけているなんて、この人バカじゃん!!

神さま

お前のことじゃよ、これは。
①「現実」とは違うことを想像できるのが人間の奇跡の能力だとワシは言った
②ということは、望むことを想像すれば、願いは叶うということじゃ
③それなのに、人類は想像の仕方すらわかっていなかった
今、お前は③にいるんじゃよ。

いいか、「想像」という手法は言葉を軽く超えておる。**嫌いなものを「嫌いだ」と考えるんじゃなくて、好きなものを「好きだ」と考えるんじゃ！**

甘いものがほしいなら、甘いものを想像しなさい。

「苦いものは嫌いです」と言っている間、ずーっと苦いものを想像しつづけているなんてアホすぎるぞ！

今なら「不幸なんて大っ嫌いです」という願いと、「幸せになりたいです」という願い。

この2つの違いが、明確にわかるじゃろう？

みつろう　めっちゃ、わかります！　明確、明瞭、きれいすっきり！

「私は、不幸になりたくありません」と言っている間、ずーっと、不幸しか想像できないんだから!!　よし、これからは**否定語を使わずに、望んでいる方向を明確に伝える**ようにします。

神さま　そうじゃ、そうしなさい。「貧乏は嫌」で、「会社員は嫌」。「こんな生活は嫌い」で、「苦しみから早く抜け出したい」。

これが、お前のこれまで望んできた願いなんじゃぞ？　当然その生活から は抜け出せないじゃろうよ。

幸せになりたいのなら、**好きな方向をちゃんと想像しなさい。**想像している間、想像しているそのことに、あなたはパワーを注ぎつづけている。

パワーは届き、いつの日かあなたの想像は現実となるよ。

「貧乏は嫌だ」と言わずに、ただ金持ちになった自分を想像しなさい。

否定語を使わずに想像することができるようになれば、夢にも手が届くじゃろう。

宿題

否定語の部分を想像できない人間は、口に出したことをそのまま想像してしまいます。そのため「嫌いなこと」ではなく「好きなこと」を言葉にする必要があるのです。「なにが嫌い」と言う回数を減らし、「なにが好きか」を言える時間を増やしましょう。

「なにが嫌いか?」ではなく、
「なにが好きか?」を
口に出して
正しい想像で願うこと。

「どうありたいか？」ワーク

神さま　よし。せっかくカラオケボックスにおるのじゃから、簡単な【書くワーク】でもしてみようか？　朝からお前を見ているけど、今はじめて、紙とペンをにぎれる環境になったしな。まぁ、カラオケに来てようやくペンを握れるサラリーマンなんて、驚愕《きょうがく》の事実じゃけど。

みつろう　勉強はんたーい！　書くのめんどくせー。まぁ、でも、やっといたほうが、早くこの不幸な日々から抜け出せるんでしょ？

神さま　ほら、また、**不幸を口に出して、不幸を想像しておる。幸福をつぶやいて、幸福を想像すればいい**のに。もう手に負えない。

みつろう さぁ、今すぐ、ペンを握りなさい、センター試験は間近に迫っておる！

神さま 実際、センター試験以来だぜ、俺がなにかを勉強するのって。

嘘つくな。センター試験の時も、ロクに勉強しとらんじゃないか！　ワシは、神じゃぞ？　なんでも知っておる。えーっと……、ちなみに、字は書けるよね？

みつろう バカにしすぎでしょ。字ぐらい書けるわい！　一応、サラリーマンだぜ、こっちは！　てかあんた、なんでも知ってねーじゃねーか。

神さま 次ページの図のように線を引いてページを5つに分割する。

一番左上に、「嫌なこと」と書く。

ここは得意分野じゃろう、いつも考えておるのだから。

2番目の上には、「それなら、どうしたいか？」と書き、3番目の真ん中の上には、「そして、どうなりたいか？」と書く。

4番目には、「それが叶ったら、どう感じるのか？」と書く。

そして最後に、「結局、どうありたいのか？」と書いてごらん。

①嫌なこと	②それなら、どうしたいか？	③そして、どうなりたいか？	④それが叶ったら、どう感じるのか？	⑤結局、どうありたいのか？
例：貧乏	宝くじを買う	金持ち	らく〜	幸せ

みつろう　横長ですね……。A4横じゃないと無理だなこりゃ。はい、書きました。

神さま　例えば、いつも考えている「貧乏は嫌だ」という願いについて考えてみよう。

まずは左に「貧乏」と書く。

これがいつもお前が想像し、注文しつづけている「願い」じゃ。「貧乏は嫌だ」と口にするということは、**「嫌だ」の部分を想像することなんて誰にもできないのだから、結局「貧乏」だけを想像しつづけている**ことになる。被告のみつろう君。君の願いとは、「貧乏」で合っているね？

みつろう　当たってるわけあるかい！　裁判長、違います！　あれは、昨日までのアホのみつろうさんの願いです。

宝くじに当たって、貧乏を抜け出すんです！　これが、僕の本当の願いです。

神さま　そうじゃ、バカみたいに嫌なことを想像せず、「それならどうしたいのか？」と自分に聞くクセをつけなさい。

このクセは、強力にあなたの人生を変える。嫌なことを考え始めた瞬間に「それなら、どうしたいの？」と聞くだけでよいのじゃから。

するとあなたははじめて、望んでいる方向を語り始めるじゃろう。驚くべきことに、あなたたちはこれまで、**自分の本当の願いの180度反対側を常に願いつづけていたん**じゃよ。

みつろう　最初にあんたが言っていた「願い方が下手だった」とはこのことか。

「貧乏は嫌い」と言いつづけることで、**「貧乏」を常に想像し願いつづけていた**のだから、まぁ驚愕のバカですね。

「それなら、どうしたいのか？」と自分に聞く。するとすぐに、本当の願いがなんなのかわかるのか。えーっと、俺の場合で言えば、「宝くじに当たる」と。これを2番目に書けばいいんでしょ？

神さま　そうじゃ。この質問をするだけで、お前たちは昨日までとは、まるで別人になれる。180度方向転換したんじゃからな。

さて、これだけで十分なんじゃが、ただ、この先もある。どうする？学ぶか？

みつろう　このタイミングで、「もう止めときます」っていう人がいるとでも？　もちろん、つづけます！

神さま　実は、「宝くじに当たる」も、本当の願いではない。これは、「したい」ことなんじゃ。みつろう君。「宝くじ売り場に並ぶこと」が、君の趣味なんだね？

みつろう　そんな悪趣味なヤツいるか！　宝くじに当たって、金持ちになることが僕の夢なんです。

神さま　ということは、お前の夢は「宝くじ売り場に並ぶこと」じゃなくて、「金持ちになること」なんじゃな？

みつろう　当然だろ！　**別に、金持ちになれるのなら、方法はなんでもいいよ！**

空中から百億円がポンと出てくるなら、そのほうが売り場に並ぶよりもよっぽど楽だしね。

神さま そうじゃ、実は、2番目の「それなら、どうしたいか？」の部分は、「行動」に焦点が当たってしまうが、その先に本当の夢があるはずなんじゃよ。**「宝くじに並ぶこと」が願いじゃないのなら、「宝くじ」を想像しても、まるで意味はないということじゃ。**

みつろう じゃあ、宝くじにこだわってちゃダメなんですねっ。

神さま 当然じゃ。しかも2番目に書かれるこの「行動」の部分は、**その人の狭い固定観念の中からしか選択肢は出てこない。**金持ちになる方法は、本来は無数にある。それなのに、「宝くじ」にこだわっていたら、可能性はとても低くなるじゃろ？

みつろう たしかに！　入り口は多いほうがいい。「宝くじ」にこだわりはないからね！　〝したいこと〟の先にある、〝なりたいこと〟は「金持ち」だ。よし、これを、3番目に書いて、と。

神さま そうじゃ。方法にこだわると、なれる可能性は低くなる。お前たちが想像できる選択肢はかなり少ないんじゃからな。だから、方法にはこだわらず、ただ、なりたい自分を想像したほうがいいんじゃよ。
さて次に、金持ちになった自分が、どう感じているのかを、今想像してごらん。そして、その感覚を、4番目に書くんじゃ。これは、感覚なので、文字にするのは難しいじゃろう。だから「じーん」でもいいし、「らくちーん」でもいい。

みつろう えーっと、金持ちになっている自分を想像すると……「らく〜」。いいね〜、この感覚！　そうそう！　これこそ、俺の願いですよ！　この「らく〜」な感覚！　もう努力なんかしなくても大丈夫な状態のこれ！

神さま そうじゃ、**今お前はまさに、上手に宇宙にお願いをしているよ。**なりたい自分を想像することで、生まれてはじめて本当の望みを願っている。そして、金持ちになった自分のその感覚をすでに感じ始めておる。まるで、実現した世界が目の前にあるかのようじゃないか！

目の前に……？

みつろう ん？　みつろう君。君は、金持ちになったことはあったっけ？

神さま ねーよ！　なりたいからこそ、今、必死に10年ぶりのペンを握っているんじゃねーか。ちょっと、現実に引き戻さないでくれる？　せっかく金持ちをリアルに感じていたのに！

経験したことがないことを、感じられるわけがない。それなのに、お前は今「らく～」という金持ちの感覚を感じている。これが、どういうことだかわかるか？

「その感覚」は経験済みで、「金持ち」じゃなくても、感じられるということじゃよ。だって、その感覚が湧く瞬間が、身の周りにもあるはずなんじゃやから。

それを、5番目に書くんじゃ。

みつろう たしかに、これは経験済みな感覚だな。

えーっと、この感覚「らく～」は、「幸せだな～」と思っている時のあの感覚と一緒だな。例えば、「娘の寝顔を見た時」とか、「会社の休み時間」とか……。うん、同じだ。この感覚。

神さま 結論が出た。**お前の夢は、もう叶っている！　宝くじを経由しなくても、金持ちを経由しなくても、その感覚を今すぐお前は湧き起こせるのだから。**おめでとう、さようなら。

みつろう ちょ、ちょっと、いきなり帰らないで！　ぜんっぜん意味がわからずに、ポカーンとしている僕が、ここにとり残されています！

神さま 「らく～」というその感覚こそが、お前の夢なんじゃやから、もう叶ったじゃないか。宝くじに並ぶ必要なんてなかったように、金持ちになる必要もない。

だって、さっき、もう味わえたのじゃろ？

宝くじを経ずとも、お金を経ずとも、金持ちの環境を経ずとも、豪邸を経ずとも、今すぐ、最終的なお前の夢に到着したじゃないか。

全てを経由する必要なんてない、**なぜなら、それらも、固定観念の中のただの選択肢**じゃから。お金などなくても、**今すぐ、別な方法で幸せになれる**はずじゃ。

みつろう　そうか。さっきの「宝くじ売り場に並ぶ悪趣味」のケースと一緒なのか。「宝くじ」にせよ、「金持ち」にせよ、これらは全て、ただの選択肢じゃないか！　それらを経ずとも、今すぐ幸せになれる！

神さま　よく気づいたな、すごいじゃないか。カラオケに来て、よかったな。マイクじゃなくて、ペンを握ってよかったな。いいか、まとめるぞ。

①人間には、嫌なことを考えるクセがある

②「それなら、どうしたいの？」と聞くだけで、人間は嫌なことを考えるのを止める。これだけでも、すばらしい方向転換じゃ

③方向を転換すると、最初に行動部分に焦点が当たる。でも、「宝くじに並ぶ趣味なんてない」とお前は言った。ということは、この「行動部分」を想像しつづけても、意味はない

④それなら「どうなりたいのか？」と自分に聞くと、お前は「金持ちになりたい」と言った。でも、「金持ち」さえもお前の本当の夢じゃなく、ただの固定観念から出た選択肢じゃった
⑤結局、金持ちになった時に感じるであろう「らく〜」という感情を味わうのが、お前の本当の夢だったんじゃから
⑥そして、それは金持ちを経ずとも今すぐ感じることができた。感じるための方法は身の周りにもうすでにあふれているのだから！
いいか、幸せに理由なんていらない。今すぐにお前の夢は叶うということじゃ。余計なものを経なくても。むしろ、余計なものを経なかった分、早く到着する。
これが、禅の世界で言う**「どうありたいか？」の実践**なんじゃよ。

みつろう　どうありたいか？「ありたい」という言葉は、ようするに、「もうすでに私はそうである」ってことか！
そっか、俺は宝くじを経ずとも、金持ちを経ずとも、今すぐ幸せになれ

る！　いや、「なれる」というより、ありつづければいいんだ！　幸せのままで、ありつづける。たしかに、この感覚を湧かせるためには、理由なんていらないもんね。

そうじゃ。お前たち人間は驚くべきことに、「なにもしないでよくなるために、なにかをしておる」。

働いている人は、老後に「働かなくてもよく」なるために、働いておる。

「働かない」ことを目標に掲げて、今「働いて」おるんじゃぞ？

おいおい、今すぐに、その夢は叶うじゃないか！　なにもしなければよい！

人間はみんな、そんなことをしておるんじゃ。最終的な夢が「なにもしないで楽になる」ことなのに、そのために、会社に通い、お金を求め、苦労する。**「なにもしないこと」が夢なら、今すぐなにもしな**

みつろう **ければいい**じゃないか！

みつろう うっわ～。今、なんか、超響いたんですけど、僕の胸に！「なにもしないこと」を目指して、「なにかをする」なんて、重度のバカですね。

神さま 幸せを感じるために、宝くじはいらない。お金もいらない。理由なんてなくても、気づくだけで、「それ」は、今すぐに感じられるはずじゃよ。身の周りにな。

まぁ、でもこれは、究極の至福の話じゃ。お前たちは、急にここまでを目指さないでよい。じゃから、そうだな……。

今はとりあえず、方向転換だけでも学んでおくんじゃな。**「それなら、どうしたいのか？」と常に自分に聞くクセをつけなさい。**これだけで、昨日までとは別人になれる。

はっと目が覚めるから。嫌いなことを想像しつづけていた、自分に気づけるから。

そして、嫌なことの対極は、いつでも、好きなことなのだから、気づけばあとは簡単じゃよ。

好きなことを想像するようにしなさい。

嫌いなことを想像する時間を減らしてな。

その時間が、嫌いなことを想像する時間を超えた時、あなたの現実は全て変わっているよ。

神さまの教え 11

人はみな、
夢が叶った時の感覚を
経験済みである。

世界中の辞書から、「なりたい」という言葉を消去しよう!!

［10年ぶりにペンを握らされ疲れきったみつろうは、カラオケボックスを出ると、レジにいるアルバイト生に話しかけた。］

みつろう　お！　君はさっきメロンソーダを運んでくれたバイト君じゃないか！

さっきは、ありがとう！

「苦いものは嫌いだから」と僕が言っただけで、気を利かせて「甘いもの」を運んでくれるなんて、人間ってやっぱ宇宙よりも進んでいるぜ！

宇宙なんてバカだから、気も利かないんだぜ？　**「苦いものは嫌い」って願った時点で、結局「苦いもの」しか想像できてないから、苦いものがオーダーで入っちゃう。**そして、苦いものを現実に提供する。

苦いもの（＝不幸）なんて望んでいる人間、誰もいないっつーの！ ちょっとは、気を利かせろよって、なぁ？……まぁとにかく、君は宇宙よりも進化しているとだけ覚えておきなさい。

バイト生　は、はぁ。宇宙……ですか。お会計は1400円です……。

みつろう　お、その態度。君は、あまり僕とは絡みたくないと思っているね？ 今、逃げ出したい気分でいっぱいだね？ 残念ながら、無理だよ。**「変なおじさんとは絡みたくない」と願っている間、君はずーっと、「変なおじさんと絡んでいる図」を想像しているだろ？**

「想像」が「願い」だ。願いは叶う。君は、想像通りに、絡まれちゃうんだよ。僕に、今。

例えば、君には夢があるのかね？ 青年よ。おじさんはね、この宇宙の基本ルールを知っている。「信じたことが現実となる」だ。

だから、「現実」じゃなくて、「なりたいこと」を考えればいいんだよ。

バイト生　なりたいことを考えれば、すぐにそうなれるということですか？

みつろう　そうだよ！　簡単だろ？　信じたことが現実になるのだから、なりたいことを考えるだけでいいんだよ。やってごらん！

バイト生　僕はお金持ちになりたい。そして実際に「お金持ちになりたい」って、いつでも考えています。でも、考えたことが現実化するなら、僕は今、お金持ちなはずじゃないですか？　常に考えているんですよ？　「お金持ちになりたい」と。

……。

考えたことなんて、現実化しませんよ。夢は叶いません。僕は今日もここで、アルバイトしています。次のお客様、どうぞ。

「　みつろうは駐車場で神さまに話しかけた。　」

みつろう　おい、あんたが教えた、宇宙の基本ルール「信じたことが現実になる」。

得意気にバイト生に教えたら、いきなりはずかしい目に遭っちゃったじゃねーか。

神さま　信じたことが現実となるなら、「金持ちになりたい」と常に考えているあのバイト生は、金持ちになれているはずじゃねーか！　でたらめな法則なんか教えやがって！　取引先に布教する前に、バイト生で実験しておいてよかったわ！　危なかったぜ。

みつろう　ルールは1つじゃ。「信じたことが現実となる」。じゃから**「金持ちになりたい」と考えつづけている人は、金持ちにはなれないよ。**

神さま　なんでだよ！　常に、考えているんだぞ。「金持ちになりたい」って！

みつろう　なんで**「金持ちになりたい」と考えているのじゃろうか？**

神さま　**金持ちじゃないから**だよ。当然じゃねーか！

ほら。「金持ちじゃない」と考えているんだろ？　「自分は金持ちではない」と、本人が考えているんじゃろ？　「信じたことが現実となる」と言っているじゃないか。「自分は金持ちじゃない」と本人が常に信じているのだから、それが現実化するよ。信じた通りに、貧乏のままじゃ。

みつろう　あれ？　本当だ。どういうこと？　マジック？

神さま　種も仕掛けもない。お前たちがバカなだけじゃ！　だいたい「なりたい」だなんて、想像できるわけがないじゃないか。試しに、「幸せになりたい」と常に願っている人のところに行って、聞いてみてごらん。

「なんで、幸せになりたいのですか？」と。

その人は言うじゃろう「私は、幸せじゃないからです」と。ほら、またもや本音が炙《あぶ》り出てきたぞ。さっきと同じじゃ。

本人が「私は、幸せじゃない」と、常に考えつづけておるんじゃぞ？

「考えたことが現実化する」という、簡単なルールしかないこの宇宙で、常に「私は幸せじゃない」と本人が考えているんだぞ？

みつろう　かわいそうに、文字通り、不幸じゃよ。不幸なケースじゃ。

じゃあ、そもそも「金持ちになりたい」だとか「幸せになりたい」とい

神さま　う願いは全て、まちがってるんじゃねーの？

そうじゃ。よく気づけたな。これまで人類は何千年もの間、**願い方をまちがえてきた。**教会や神社に行き、「私は○○になりたい」と願ってきたのだから。

そんな時は、「なんで○○になりたいの？」と自分自身に聞くとよい。「金持ちになりたいのは、金持ちじゃないからです」と言うじゃろうし、「幸せになりたいのは、幸せじゃないからです」と、その口が本音を語り出すじゃろう。

みつろう　ということは、**幸せになりたい人は、幸せになれないってこと？**

神さま　なれないよ、絶対に。当たり前じゃろ。

これまでの宇宙の歴史で、幸せになりたい人が、幸せになった例は一例もないぞ。**幸せな人が、幸せでありつづけただけ**じゃ。

みつろう　なんか、インチキじゃねー？　ここにも格差社会が？　だって、幸せになりたい人は、幸せにはなれず、すでに幸せな人だけが、幸せなままで

神さま　ありつづけられるなんて！　不平等はんたーい！　庶民にも夢を！
それなら**今すぐ「幸せ」だと思えばよかろう。**すぐに、幸せになれるよ。

みつろう　「幸せになりたい」と願っている人が、「幸せじゃない」と裏で考えているだけなんだから、「幸せになりたい」だなんて考えずに、「幸せだ！」と今すぐ考えればいいんじゃないのか？

神さま　だから、幸せじゃないんだってば！　現に、不満だらけの人生なの！

この人生を送りながら、「私は幸せである」なんて語り出すヤツがいたなら、とんだ勘違いヤローだぜ。

お前はすでに、勘違いヤローじゃ！　好き勝手に、なにを信じてもいいと言われたこの宇宙で、自分で勝手に「私は不幸である」と勘違いしておる。

いいか、**この世は、勘違い合戦じゃ。**みんながみんな、ただの勘違いをして生きておる。

ある人は、目の前の現実を「幸せ」だと勘違いした。ある人は「不幸」だと勘違いした。それだけじゃ。「バラ」は解釈の数だけ現実を創り上げる、と言ったじゃないか。

それなら、全てが勘違いじゃ。真実なんてない。

なにもない空間を見て、金持ちは勘違いしたのじゃ。「私は金持ちなんじゃないだろうか」と。すると、その勘違いを、現実という鏡が映し出し、金持ちになった。

どうせみんな勘違いヤローなら、「私は幸せである」と勘違いしたほうがよくないか？

みつろう　そうか、決まりきった1つの「現実」なんてないんだから、みんなただの勘違い合戦をしているだけなのか。

……いける！　この勝負、もらった！　俺、めっちゃ得意なんですよ、勘違い。よく先輩に「お前は勘違いが激しいヤツだな」って褒められますもん！

神さま

そうじゃな、「褒められている」と勘違いできている時点で、優勝候補じゃな。先輩も、びっくりしていたことじゃろう……。

いいか、これから勘違い合戦で優勝するための方法をいっぱい教えてやるよ！ だからまずは、**「なりたい」というおかしな言葉**は、今すぐに忘れなさい。

この単語ごと、あなたの脳から消去しなさい。

この言葉が全ての元凶じゃ。もしも、今後、「なりたい」とあなたの口が言っている瞬間を目撃したら、すぐさま自分に聞きなさい。「なんで、○○になりたいの？」と。すぐに、本音が出てくるじゃろう。「○○じゃないからだ！」と。

人類よ、長い年月、まちがった願い方をしていたのは、ここでも、あなたたちのほうじゃないか。

「なりたい」という願いは今日かぎりで、全てを捨てなさい。

「幸せになりたい」

と言う人は、

「私は幸せじゃない」

と信じている。

「ない」ではなく「ある」を探せ

「カラオケを出た営業車は、街の歓楽街の中を通りかかった。
昨夜はにぎやかであったであろうその街も、昼間はシャッター
をおろし静かに眠っていた。」

みつろう　よく考えたら、やっぱり、**この勘違い合戦において、僕ってめちゃくちゃ不利**なんですけど。すでに金持ちの人なら、勘違いもそりゃうまく進むでしょうよ。

ベンツに乗りながら、「私は金持ちである」って勘違いすればいいわけでしょ？　まぁそれ、勘違いっていうか、モロ現実だけどな！

とにかく、こんなポンコツ営業車を運転しながら「私は金持ちである」と勘違いするには、ハードルが高すぎる。今、俺のいるこの場所、この環境が不利だ！　ハンデだ！

神さま 「環境」なんてないよ。**今信じているものを、今それぞれが見ている。**

瞬間、瞬間に、現実をゼロから創造しておるのじゃから。今すぐ、お前が「金持ちである」と本気で信じれば、今すぐお前は金持ちになるよ。

でも、**まちがえた願い方で、まちがえて信じてしまったことが多すぎる**から急には無理じゃろうな。

いいか、ワシが上手に勘違いする方法を教えてやろう。**「ない」ではなく「ある」を探すゲームじゃ。**

みつろう 「ある」を探す?

神さま お前たちは常に、「不足」だけを見ておる。

身の周りに「ない」を探す名人じゃ。

コップに入れた水は、ある人にとっては「多く」見えるが、ある人にとっては「少

なく」見えるじゃろ？
それは、見た人がそれぞれ勝手に勘違いしたからじゃ。同じように、

身の周りから、「不足」じゃなくて、「充足」を探すんじゃよ。

みつろう これは、視点を変えるトレーニングになる。
コップに入った水は、見た人で感想が違うっていうのはわかります。でも、例えば、コップに1㎝だけ水が入っていたら、100人が100人、「少ない」って言うじゃん！

神さま 今すぐお前を砂漠に連れていって、3日ほどさまよわせ、ノドカラカラな状態にしてやろうか？　きっと、1㎝だけ水が入ったコップを見て、お前は「多い」と言うじゃろうな。いいか、お前たちはすぐに極端な話をしはじめる。
「願いは全て目の前に叶っている」と宇宙唯一の法則を教えると、ある

人は「それなら、重病人は病気を望んだのですか？」と言い始める。その人自身は重病をかかえているわけでもないのに。

どうして、こんな極端な例を出すのかわかるか？ **それは、やりたくないからじゃ。信じたくないから**じゃよ。

あなたの中の観念が、エゴが、嫌がっているんじゃよ。信じていることとは違うことを、信じはじめるのを。現実が変わることを。

だからお前は、「1㎝の水が入ったコップ」を例に出した。そんなにハードルが高い場所から始めずに、簡単な場所から「ある」を探しなさい。

みつろう

まぁたしかに。わざわざ1㎝の水から始める必要はないですよね。勘違いしやすいものから、徐々に始めましょうか。

えーっと、あるある……。

あれ？ そもそも、「ある」を探すってなんだっけ？ 僕、話を聞いてなかったかも。

神さま

聞いとけよっ！　せめてその、大人としての基本的な礼儀くらいは守ろうよっ!!

いいか、**不足側から見て「ない」と言わずに、充足側から見て「ある」と言う**んじゃよ。

例えば、宝くじを求めて、「3億円を当てたい」と常に考えている人は、不足側から常に「ない」を見ている。「金がない、金がない、金がない」と感じて生きているのじゃからな。不足を信じたこの人の現実には、ほかにもたくさんの「不足」が見え始めるじゃろう。

でも、その人が、自分の貯金通帳を見て**「百万円も貯金があるのか」と思えれば**、充足側から見れていることになる。こうして視点を変えて、「ある、ある、ある」と充足を何度も感じると、現実にも「充足」がたくさん見つかるじゃろう。

いいか？　これは、クセなんじゃ。お前の身についた、やっかいなクセなんじゃよ。いつも「ない」という矯正メガネで現実を見ておる。そん

みつろう　なのもったいないない。「ある」と見れば、十分「ある」のに。
まぁたったの百万円だけど、たしかに、「ある」と思えばあるほうだし
ね。軽自動車くらいなら買えそうだし。
でもさ、やっぱ、ベンツクラスを買いたいよね〜。

神さま　ほら、**不足側から見ている。**「ある」を探し始めて、たったの24秒後
に、お前はさっそく「ない」を見つけてきてくれたわけじゃ。
優秀すぎて、言葉も出んよ。

みつろう　っち。イヤミが徐々にきつくなってるなこいつ。
えーっと、あるある……。
身の周りのあるある……。

午後の昼下がりに、自由にドライブする時間が「ある」。
外回りという口実でサボれるすてきな職が「ある」。
営業用車両とはいえ、快適な冷房システムが「ある」。

行きたい時に、行きたい場所に行ける健康な肉体が「ある」。アパートだけど都心の一等地に住める家が「ある」。家には僕を支えつづけてくれる、妻が「いる（ある）」。娘が「いる（ある）」。
家の近くに、息子が幸せに通える幼稚園が「ある」。
家族が「いる（ある）」、
仲間が「いる（ある）」、
幸せに囲まれて「いる（ある）」。
あるある……………。
なんか、涙出てきました!!

神さま
そうじゃよ。探せば身の周りに「幸せ」はたくさん見つかるのじゃから。誰であれ、どんな環境であれ、絶対に見つかる！
今「幸せ」じゃないなら、その人が「幸せ」を探せていないだけじゃ。探しなさい、「幸せ」を。今すでにある、幸せを。身の周りからな。**遠くにそれを探すと、不足になる。身の周りに見つければ、充足になる。**

原理はこれだけじゃ。このことを「足るを知る」と中国の老子《ろうし》は言った。つまり、ラインを決めるのは、あなたなんじゃよ。

みつろう　ラインって？　充足と不足のライン？

神さま　そうじゃ。どこまで持てば、それを「十分」と言えるのじゃろうか？　5百万円なのか？　3百億円なのか？　実は、ゴールなんてそこには「ない」んじゃよ。金持ちは、さらに大きなお金を求めて今日も生きている。

だから、**「もう十分だ」と言えた人から、このゲームを終えれるんじゃよ。**数値の世界に勝者はいないが、もしも勝者がいるとすれば、それはゲームを終えた者だけじゃよ。

「足るを知り」なさい。そこにラインを引けるのは、いつでも本人である「あなた」だけじゃ。そして、不思議かもしれんが、不足を感じなくなったら、現実に「ある」がどんどん現れてくるよ。あなたが充足を信じているのじゃからな。

みつろう

めっちゃ、やる気出てきたんですけど！

俺は今日まで……、もとい、今日の13時30分まで、「ない」を探す矯正メガネをかけていたのか!!

なにを探しても自由なこの宇宙で、なぜか勝手に「ない」を探しつづけて、「不足」を感じつづけた。

そして**感じた「不足」の数だけ、現実は「不足」を映し出し、さらに「不足」が見つかりやすい環境となる。**あわれ、昨日までの、さとうみつろう、またもや無限ループ……。

ところが、さっきほんの5分間「ある」を探しただけで、俺の身の周りには「充足」が満ちていた。こっちのほうを探すクセに変えればいいだけなのか！

神さま　そうじゃ。これはトレーニングじゃ。こうして「ある」を探しつづけるクセがつけば、あっという間に現実は変わる。なぜなら、何度も何度も「充足」を感じていると、**深層意識さえも「充足」を信じ始める。**人類はこれまで、その全く真逆をしていたんじゃよ。常に、「不足」を探しておった。

99％の幸せに囲まれて、よくもまぁここまでたった1％の不幸だけを探し出せたもんじゃとワシは感心しとったとこじゃよ。

警察犬より、鼻が利くよ。「不幸」を探し出す、鼻が。

みつろう　バウっ！　ワンッワン！

キューン……。

神さま　なんじゃ今のは？

みつろう　別になんでもないワンっ。

神さま　いいか、幸せを探しなさい。探せばすぐに見つかる、絶対に。そもそも、探すという行為は「見つけたい」というあなたの願いじゃから。叶うさ。バンバン見つかるよ。

幸せだけが「あなた」の周りにな。

こうして、あなたはあっという間に幸せになれるはずじゃ。それは、「なった」というよりも「気づけた」という感覚じゃろう。

なぜなら、**幸せな人がいるわけじゃない。「幸せだ」と思った人がいるだけ**なんじゃから。

金持ちな人がいるわけじゃない。「金持ちだ」と思った人がいるだけじゃから。

本当に、原理はただのそれだけなんじゃよ。

みつろう

お！　またもや出ましたね！　名言っぽいのが！

「幸せな人がいるわけじゃない。幸せだと思った人がいるだけだ」。

かっこいい！

信長様。この世が勘違い合戦なら、この羽柴の秀吉、身の周りに「ある」を探しつづけて、立派な勘違い大名になってみせましょうぞ。お伴しますっ！

神さま　お、おう。勝手にがんばってくれ。ワシはなんか寒気を感じるから、もう帰らせていただくよ。

みつろう　ノリ、わっる！

宿題

あなたの、身の周りの、すでに持っているものや環境の中から、「ない」ではなく、「ある」を沢山探して次のページに書き出してみましょう。

あるある探検隊ゲーム

あるもの	ないもの
	×

99％の幸せに囲まれて、なぜ1％の不幸を探す？

あなたが想像していた天国は、実は地獄だった

「歓楽街を走り去ったみつろうの営業車は、街のドーナツ屋さんの駐車場に停まっていた。」

神さま　取引先への手土産かい？

みつろう　えぇ、そうです。よくわかりましたね。ただ、今日はもう取引先を回らない可能性もあるので、家族への土産を買おうかなーと。

神さま　え？　そんな可能性もありえるのか？　公園で寝て、カラオケ歌って、ドライブして、ドーナツ買って帰る……。どんなお仕事なんじゃ？

みつろう　いいお仕事です。充足してるな～。あぁ、幸せ、幸せ♪　っと。おや？　コクトウが好きなチョコレートドーナツが品切れじゃん。お

や？　ザラメちゃんが好きなイチゴドーナツまでない。
おいおい、誰が食べるんだよこのあんこドーナツって！　これだけ、めっちゃ余ってんじゃん。「不足」だらけじゃねーかこの店の品揃《しなぞろ》え。

神さま　この世では、不足も、重要なんじゃぞ。**「ない」からこそ、「ある」と思える**のじゃから。「不足」という欲望を感じるからこそ、「充足」という希望を求めてお前たちは進む。
不足がなかったら、大変じゃよ。

みつろう　不足なんて、必要ないんじゃないの？
全てが幸せに満ちているほうがいいに決まってんじゃん!!　今はただ、ドーナツにあんこなんて入れようと思いついたヤツが、ただただ憎い。

神さま　不足がない世界なんて、つまらんよ。
そもそも、願いというのは、不足のことじゃや。

不足がなければ願いは湧かないのじゃから。全てが満たされている世界に、行ってみたいのか？

みつろう　えぇ。そのパラダイスの境地を人類みんな目指しているんですから。長年夢に見た、至福の空間。

右手にはトロピカルジュース、左手にシャム猫、右足はジャグジーに浸り、左足でチェスを指す。

あぁ、**なにもかもが「ある」**プールサイド。

神さま　……。

逆につらそうな体勢じゃけど、言いたいことは「全ての欲望が満たされた空間」ということじゃな？

みつろう、お前に今、「ベンツがほしい」と願望が湧いたとする。でも、ベンツはなかなか買えない。その時、どう思う？

みつろう　ショーウィンドウ越しにベンツを見ながら、指をくわえて、悲しむ。またはは車の前を通りすぎるベンツに「ファッ◯ユー」しながら、ヤクザさ

神さま　んじゃないことを同時に祈る。
よし。じゃあ、宇宙のシステムをワシが変えて、願望が湧いた瞬間に、願望が叶うという世界にしてやろう。ベンツがほしいなと思った1時間後に、ベンツが無料で自宅に届くんじゃ。どうする？　行ってみたいか、そんな世界に。

みつろう　最高じゃないですか！　さっさと、創りなおしてよ、このポンコツ宇宙のシステム！　でも、欲を言えば、1時間も待つのは嫌だな〜。「ベンツがほしいな」と願った瞬間に、ベンツが届く世界がいいっす！

神さま　なるほど、ご主人様に、たったの1秒も、「不足」を感じさせない世界じゃな？
よし、じゃあこうしよう。「ベンツがほしいな」とお前が思う前に、ベンツがお前の自宅に届く世界にしてやろう。

みつろう　おぉ！　最高！　1秒どころか、一瞬も不足を感じないということですね？　朝起きたら、なんとなーくベンツが庭に置いてある。

きっと、そのベンツを右手でなでながら、僕は言うんだ。「あれ、なんでここに、ベンツがあるんだろう……」って。

……。

ん？　ちょっと、待って神さま。願望が湧く前に届いちゃうってことは、「ベンツがほしい」とすら思ってないんでしょ？　**めっちゃ邪魔じゃない？　ほしくもないのに、急に庭に現れた、この黒い鉄のかたまり。**

神さま　邪魔だと思ったんなら、「消えろ」と願えばよかろう？　全てが一瞬で叶う、進化した世界じゃぞ？

みつろう　あぁ、なるほど。「この邪魔な鉄のかたまりを、庭から消してください」と、願えばいいのか。

なんだ、びっくりした。

神さま　おっと、みつろう、お前は忘れておるぞ。ここは、願望が湧く前に、すでに願いを叶える世界じゃぞ？

ご主人様に、1秒たりとも不快な思いをさせない、進化した世界じゃ。

庭に、邪魔な鉄のかたまりが1秒でもある時点で、お前は不快じゃろ？不快な思いは、させぬ！　一瞬たりとて！

お前に「庭から鉄の固まりを消してください」という願いが湧く前に、願いは叶い、最初からきれいな庭がそこに「ある」だけじゃ。

みつろう　え？　ってことは、そもそも、ベンツの1件は、なにもかも、始めから「なし」？

神さま　そうじゃ。それだけじゃないぞ、なにもかも、願う前に叶ってしまう世界じゃ。

いつもなら、庭からリビングに戻って、しなければならない皿洗いの家事も、「誰かが皿洗いしてくれたらな」とお前に願わせるよりも早く、すでに解決しとる。皿ごと「ない」。

さらに、「お金がほしいな」と思う前に、財布に百万円を入れてやろう。「その財布が重い」と思う前に、財布ごと消してやろう。

「ステーキが食べたいな」と、お前が願うよりも早く、お前のお腹を満たしてやろう。

「高級ワインが飲みたいな」なんてご主人様のお前に願わせるよりも早く、ノドを潤してやろう。

なんの不足も、不快も、不便も、お前には一瞬も与えないようにしてやろう。


実は不足が願いを生んでいる！

不足

①おなかがすくから
②ノドが渇くから
③貧乏だから

↓

不足から生まれた願い

①「ステーキを食べたい」と思える
②「コーラが飲みたい」と思える
③「金持ちになりたい」と思える

みつろう
ちょ、ちょっと待って！
なんか、その世界って全く楽しくない気がしてきたんですけど。

「腹が減ったな」とも思えない、「ノドが渇いたな」とも思えない。「思えない」というより、そもそも、ノドが1秒も渇かないのだから、「ノドが渇いた、なんか飲みたいな」という願いが、頭に思い浮かぶことすら「ない」……。

神さま 夢も希望もない、その世界のなにが楽しいの？

みつろう お前が望んだんじゃないか。っは！ ひょっとして、**願いが叶いすぎる世界って、めちゃくちゃ退屈な世界なんじゃねーの？**

神さま 願いは叶っていないから、楽しいのか？ 叶っていない願いがあるから、よろこべるのか？

そうなんじゃ。全てが満たされた世界には、欲望すら湧かないんじゃよ。ようするに、あなたたちが夢見ている世界とは、本当はものすごく退屈な世界なんじゃ。

「不足」が「ある」この世と、なにもかもが満ちている「充足」のあの世、人はいったい、どっちを、天国と呼びたくなるんじゃろう？

いいか、みつろう。この世界に、不足があることに、まずは感謝するんじゃや。不足は絶対に必要なんじゃから。あなたたちが人生を楽しむためにな。

宿題

願いが湧く前に、願いが叶ってしまう世界をリアルに想像してみましょう。「お腹も減らない」、「ノドも渇かない」、「恋人に会いたいとも思わない」世界を。その世界は、楽しいでしょうか？

楽しくないと思えたなら、目の前の現実にある、「不足」に感謝してみてください。その不足がないかぎり、あなたは人生を楽しめないはずです。

神さまの教え 14

叶っていない夢があるから、人生は楽しい。

大統領は、大統領にはなれない

［結局あんドーナツを10個買ったみつろうは、駐車場に停めた営業車まで、アーケード街をぶらつくことにした。］

みつろう 最近は、シャッターが閉まった店が増えてるなぁ……。

小さいころは、この街で一番にぎわっていた場所なのに。あのおばあちゃんなんて、俺が小学生のころから野菜を売っているんだ。同じあの場所で、同じあの声で。同じじゃないのは、それを見ている俺だけかぁ。

神さま 今、この瞬間も、お前が信じたことを基に、お前の「現実」を創り上げている。

あのおばあちゃんも、お前がそう信じたから、そう見えておる。「あそこにいるだろう、あの声だろう、あれを売っているだろう」とな。

みつろう毎瞬、毎瞬、お前はゼロから「現実」を創り上げているんじゃ。

そうですね。科学者も言っている通り、「現実」とは観測者である僕が、好き勝手に解釈しているだけのものですもんね。

それにしても「不足を見るな！」と言ったかと思うと、30分後に「不足にも感謝しろ！」と言い出す。あんた、人の心を惑わすにもほどがあるぜ？　どうすりゃいいんじゃい！　こっちは行ったり来たりで、アップアップじゃねーか！


神さま　**「願うためには、不足が必要だ」という仕組み**を説明しただけじゃ。さっき垣間見た世界のお陰で、「不足があるからこそ、願える」と気づいたんじゃろ？　不足というきっかけは絶対に必要じゃよ。

それなのに、お前たちは、ただのきっかけである「不足」を見て、そのあともなぜか「不足」から目を離せず、最後まで「不足」だけを見つづけて生きておる。

貧乏を見て、金持ちをすぐに願えばいいのに、「私は貧乏です、私は貧

乏です、私は貧乏なんです！」と最後まで叫びつづけておる。

きっかけが強烈すぎるんだよ！　目に焼きついて離れんばい、日々のこの不幸が。これが幸福へのジャンプ台だなんて、到底思えん。

みつろう　そもそも、一番始めの「不足」はなんで目の前に現れたの？　毎瞬、全てをゼロからなんでも創り上げることができるということは、創り手側は全てを持っているということだよね？　全てを持っているのなら、「不足」なんて願わなきゃいいじゃん。

神さま　**きっかけの、きっかけを与えたのは誰だよ？**

お前、いいポイントに気づいたな！　おっしゃる通りじゃ！

全てを持っているから、どんな「現実」であろうとゼロから創り上げることができる。しかも、全てを「持っている」どころか、全てに「なれて」もいる。**というか、全てそのものじゃ。全くもって、不足なんてない状態**じゃな。

そんなお前が、急に「なりたい」と言えば、どうなると思う？

みつろう　もうすでに全てになれているのだから、なれないいんじゃないの？　総理大臣になれている人が、「私は総理大臣になりたいです」なんて言ったら、国民全員不安で夜も眠れねーよ。こいつ、大丈夫か？　って。

神さま　そうじゃ！　もうすでになりたいものになれている人が、それになることはできない。ただ、その願いを叶える方法が1つだけある。**「なれていない状態」を、わざと一度創り上げればいいんじゃよ。これが、欠乏の発生**じゃよ。

みつろう　あぁ、なるほど。総理大臣じゃない人なら、総理大臣になれますもんね。全てを持っている人の願いを叶えるためには、わざと一度、「なれていない状態」を創り上げないとダメなのか。

神さま　そうなんじゃ！　だから、「ほしい」、「なりたい」、「よけたい」などは全て欠乏を産む。なぜなら、ゼロから全てを創り上げるんじゃから、「なりたい」という願いを叶えるためには、一度「なれていない」から創らないといけない。**いいか、これを欠乏欲という。**

みつろう　なんだよ、欠乏欲って？　森林浴の友達の、岩盤浴の親戚みたいな？

神さま　全てを持っている存在だからこそ、願える欲望。それが、欠乏欲じゃ。全てを持っている人の、「ほしい」を叶えるためには、一度それを欠乏させないと、叶えることができない。

いいか、**人間の欠乏欲には大きくわけて3つ「自我の欠乏欲」、「安全の欠乏欲」、「存在の欠乏欲」がある。そして、それらを大元で束ねておるのが、「幸福の欠乏欲」じゃ。**

みつろう　なんか、森林浴の仲間が出てきすぎて、全然覚えられんばい。

神さま　幸せになりたい、安全になりたい、自分でやりたい、認められたいという願いは、全て欠乏を産む。なぜなら、幸せだし、安全だし、自分の思い通りだし、す

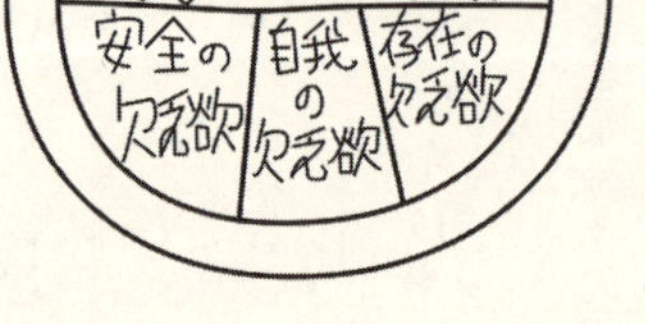

でに認められておるからじゃ。

例えば、「安全の欠乏欲」。これから目の前に、ゼロから現実を創り上げようとしている人が、急に「安全になりたい」と願ったとしよう。この人の願いを叶えるためには、どうすればいい？

みつろう ＦＢＩとかに電話すればいいんじゃねーの？

神さま まじめに考えろっ。

ゼロからなにかを構築する人が、急に「安全になりたい」と願ったなら、この人を一度「安全じゃない」状態にしなければならないじゃろ？

みつろう そうだね。ハリウッドの映画でも、安全じゃないシーンが一度映るから、「安全になれた」と思えて、感動するんだしね。

神さま お前たちは欠乏欲を使い、こんなことをして、遊んでおるんじゃよ。

ほら、そこのゲームセンターにおるギャル。彼女も、毎瞬、毎瞬、目の前に「現実」を創り上げておるぞ。ゼロから全てを創り上げつづけている彼女は、全ての材料をすでに持っている。そんな彼女が、急に「幸せになりたい」と願ったんじゃぞ？　叶えるためには、どうすればいい？

みつろう　**一度、わざと幸せじゃない状態を創らないとダメだね。**
そうか。全ての材料を持っている俺たちだからこそ、「なりたい」なんて願っちゃったら、一度「不足」が目の前に現れちゃうのか。

神さま　そうじゃよ。**本来、お前たちはすでになにもかもを持っていて、超幸せじゃ。全てはすでに叶っておる。**それなのに急に、「幸せになりたい」とか言い出す。
叶えるためには一度、幸せじゃない状態にセットしないと、「幸せになれた」という願いの達成感を感じさせてあげれないじゃないか。

みつろう　なんか、徐々に腑に落ちてきました……。これって、すごい仕組みじゃないですか？　だって、この仕組みがわかったら「なりたい」だとか「ほしい」だなんて、もう言えませんよね？　総理大臣は、総理大臣になれないのだから！
この宇宙では、「なりたい」や「ほしい」は、その前提に不足

を産んでしまう！

神さま　そうじゃ、よく理解した！　**だから、不足を見たくないなら、「なりたい」なんて言わずに、「すでにそうである」と信じなさい。**

みつろう　おぉ、ここでも、前に習った「なりたい」より「ありたい」が出てきた！　「すでにそうである」と信じれば、不足をわざわざ一度経験する必要がなくなる。

神さま　そうじゃ、これも仕組みは簡単じゃよ。でも、「なりたいと思わずに、そうであると信じる」のは、難しいじゃろう。現実世界には証拠が現れないのじゃからな。

いいか、お前の中に、全てのものや幸せがあるのなら、それらと一体化している。じゃから、お前がそれらを見ることはできないじゃろ？

みつろう　たしかに。俺が金塊100tそのものなら、俺は金塊100tを見ることはできませんね。

神さま　一体化しているというより、金塊そのものじゃ。金塊100tも含めて、全てを持っているお前が、急に「金塊100tがほしい」と言ったとしよう。
さぁ、「ほしい」と言ったからには、どうなるんじゃった?

みつろう　一度、「持っていない状態」にならないと、「得る」ことはできない。金塊100tを、持っていない状態……。すげー! てことは、**俺の中から、100tの金塊だけが分離して、その金塊を持っていない状態が創られる!**

神さま　そうじゃ。全てを持っていたお前の中から、金塊100tだけが分離したんじゃよ。お前が「ほしい」と願ったせいで、欠乏が発生した。「ほしい」を叶えるためには、「金塊100tを持っていない状態」を創り上げる必要があったもんな。

さぁ、ここで問題じゃ。金塊100tが分離したお前は、今どんな状態じゃ？

みつろう 金塊100t以外の全てを持っている存在です！　それ以外なら、全て持っている。

でも、**「ほしい」と願ったので、金塊100tだけは、持っていません。**

うっお、すげー！　自分が持っていない金塊だけを、この目に見ることができる！

もう俺のこと、ゴールドマンと呼んでくれ！　サックスを吹かないほうのゴールドマン！

神さま そういうことじゃよ。**目の前に、不足は見えるが、すでに持っているものは見えない。**

だから、「ほしい」と思わずに、「持っている」と信じるのは、とても難しいんじゃよ。

なぜなら、持っているものは見ることができない。一体化していて、現実世界には証拠が現れないから。

だから、ただ頑《かたく》なに、「私は幸せだ」と信じなさい。「証拠は？」とバカな人がお前に聞いてくるじゃろう。でも証拠なんて絶対に見えるわけがない。

むしろ、見えないことを証拠として、お前はすでに幸せなんじゃから。

幸せと一体化しておる。

「なりたい」と思うな。お前はすでになれている。

「ほしい」と思うな。お前はすでに持っている。

だからこそ、証拠が見えないんじゃよ。

みつろう なんか、まじで今、失神しちゃいそうです。この教えは、やばすぎるでしょ！　めっちゃ、深い！

俺は、全てを持っている！

持っているし、全てになれている！

・・・・・・・・・・・・・・・・・・

だからこそ、証拠を見ることはできない！

神さま そうじゃ。だから、欠乏欲には気をつけなさい。あなたは、そのままで完璧じゃ。

それなのに、あなたが、「ほしい」や「なりたい」なんて願うと、**欠乏が必要になる。**あなたが「なりたい」、「ほしい」と言うたびに、欠乏を創り出し、それを現実に見ることになるんじゃよ。

見えるものは、不足だけじゃ。充足は感じることしかできない。証拠がなくても、ただただ、今すぐに幸せを感じなさい。見えなくても、それはあなたの中にある。すぐに感じることができる。理由なんてなくても、幸せになれるよ。

理由がないことが、幸せの唯一の証拠なのじゃから。

みつろう　ブクブクブク〜（失神）。

宿題

なにもかも全てを持っている人が、「ほしい」と言うと、どうなるか想像してみましょう。身体の中に全てを持っている人が、なにかをほしがると、一度それを身体の外に分離する必要があります。「ないもの」は見え、「あるもの」は（一体化しているため）見えません。上手にイメージできたのなら、欠乏欲とは、「不幸が好きだ」とみずから言っているようなものだと気づけるはずです。

不幸は目につくが、幸せは見えにくい。

迷ってるということは、実はどっちでもいいのだの法則

「アーケードの端っこで八百屋のおばあちゃんから、ナスビとキュウリとカボチャを買ったみつろうは、駐車場に停めてあった営業車に乗りこみ、カーナビのスイッチを入れた。」

みつろう　どこから先に行こう。えーと、今いる場所が、国道36号沿いのここだから……。

神さま　なにを迷っておる？　一番近い取引先から回ればいいじゃないか。

みつろう　取引先？　そんなところにはもう用はない。よく考えたらまだお昼ごはんを食べてなかったことに気づいたから、どこで食べるか迷ってんの。ラーメンにするか、カレーにするか。究極、どっちも行っちゃうか。

神さま　どっちも行くな！　取引先に行け。そんなに膨れたお腹なんじゃから、3日くらい食わんでも死なん。働け！

みつろう　（無視して）やっぱここは、カレーだな。
いやー、むしろ、ラーメンか？

神さま　なぁ、午後の3時に、カレーを食うか、ラーメンを食うかを10分間も迷いつづけているサラリーマンは、日本中でお前だけじゃぞ。贅沢なヤツじゃな。

みつろう　贅沢？　俺、めっちゃ質素なんだけど！　ステーキか、伊勢海老かを迷っているんじゃないよ？
ラーメンとカレーだぜ？

神さま　そういうことじゃない！
迷えるということ自体が、贅沢なんじゃよ。
ワシはこれを「迷える贅沢」と呼んでおる。
そもそも、みつろう。なんでお前は今、迷っていると思う？

みつろう どちらも捨てられないからでしょ。スパイシーな誘惑と、こってりの魔法。

神さま そうじゃ。**迷っているということは、実はどっちでもいい**んじゃよ。だって、「ラーメン」か「取引先」なら、どちらに行く？

みつろう ラーメンに決まってるじゃねーか！ なんで、お腹をすかせたまま、営業回りせねばならんのじゃやい！ 戦時中かよ。なんの義務なんだよそれ。

神さま サラリーマンの義務じゃ！ いいか、お前は今、迷わず「ラーメン」と答えた。

なぜなら、取引先には絶対に行きたくないからじゃ。困るもんな、行き先が取引先になっちゃうと。

ということは、迷っている時というのは、どっちが答えになっても、困らないということじゃ。わかるか？

お前たちは、「困らないこと」で、困っているんじゃ。 ほんと、不思議な生きものじゃよ。

みつろう なんかまた「新たな俺のバカな一面」があきらかになりそうな予感ですね。

神さま いいか、人間は悩む。でも悩んでいる時に、気づけていない。**「悩んでいる」ということは、実は「どっちでもいい」からこそ、悩んでいるのだと。**

悩んでいる間、苦しいんじゃろ？　だったら、「悩む」のを即刻止めればいい。

だって、どっちでもいいのだから、悩みさえ止めれば、苦しみは、すぐに止むよ。

みつろう たしかに！　悩んでいるのは、「どっちでもいいから」だもんね‼

それなのに、悩みの中にいると、その事実が見えない。そして、悩むことで苦しみつづける……。もう逆に、苦しむのが好きなマゾにしか見えないね。

神さま 「見えない」というか、**事実、苦しむのが好きなんじゃよ、君た**

ち人間は。


みつろう　え？　じゃあ、バカだし、マゾなのか……。

もういっそ「ニンゲン」じゃなくて、「バカマゾ」って名前にしましょうか、この生物名を。

てか、本当に、バカに思えてきた。

だって、悩むことを止めたら、速攻で苦しみが止むのに、悩みつづける。そして、悩んでいる理由は、「答えがどっちでもいいから」……。

自分がアホすぎて、泣きたくなる。

しっかし、この教えも、すっげーな!!

「悩んでいるということは、実はどっちでもいいのだの法則」と名づけま

しょう。

決めた!! このすてきな教えも、取引先に広めて回る！

悩んでいる人類みんなに言ってやりたい！ **「どっちでもいいから悩んでいるんですよ。え？ バカなんですか？」**ってね。

まぁでも、僕のくだらないラーメンの悩みとかじゃなくて、深刻な悩みの人には怒られちゃうんだろうな。

神さま

深刻な悩み？ 深刻な悩みとはなんじゃ？ **悩みに深さなんてない。**原理は、どんなケースでも同じじゃよ。悩んでいるかぎり、その本人は「答えはどっちでもいい」と思っているんじゃ。

例えば、「借金をしにサラ金へ行く」か、「自己破産する」かで悩んでいる人がいたとしよう。

この場合も、結局どっちでもいいから悩んでいる。だって、サラ金のほうがいいと思っているなら、迷わずにサラ金に行くはずじゃ。

だから、悩むことが苦しいなら、答えは簡単じゃないか。悩むのを、まずは止めなさい。それが最初にやることじゃ。

みつろう じゃあさ、悩みの深さは関係ないかもしれないけど、具体的な選択肢がない場合はどうすれば？ なんかこう「漠然とした悩み」というか。例えば、「明日から、どうやって生きていこうか……」みたいな悩み。

神さま 選択肢がない悩みなんて、絶対にない！ だって、**悩みとは、選択肢のこと**なんじゃから。選択肢がないところに、悩みは絶対に発生しない！ 一本道に立ち止まって「どっちに行こうかな？」と言っている人がいたら、どうするんじゃ？

みつろう 「前に道は1つしかありませんよ、老眼でぼやけているのですか？」とやさしく聞いてあげる。

神さま そうじゃ。**1つの選択肢を前にして、悩める人間なんて絶対にいない**んじゃよ。悩みとは選択肢のことなのじゃから。だから、漠然とした悩み「明日からどうやって生きていこうか？」も、選択肢があるんじゃ。

選択肢A「明日からも自分でどうにかできるはずだ」

選択肢B「明日からは自分ではもうどうにもできないはずだ」

この2つの選択肢で迷っておる。

みつろう Bの「自分にはどうにもできないはずだ」なんて、選ぶわけないでしょ？そもそも選択肢なのか、それ？

神さま じゃあ、Aを選ぶはずじゃ。「自分でどうにかできる！」とな。悩まずに、すぐになにか行動を起こすだろうよ。「明日からも、自力でどうにかできる！」と本人が思っているのじゃからな。

でも、悩んでいるのじゃろ？　ということは、「(A) どうにかできる」かもしれないし、「(B) どうにもできない」かもしれないと、2つの選択肢で迷っているわけじゃ。そして、ここで噂の「あれ」の登場じゃ。

「迷っているということは、実はどっちでもいいのだの法則」。

その人は、「自分でどうにかできて」もいいし、「自分にはもうどうにもできなく」なってもいいと思っている。
だったら、悩むだけムダじゃよ。

みつろう　まずは悩むのを止めたらいい。
す、すげー！　深刻な悩みも、漠然とした悩みでさえも解決できるっ！　なんだって解決できるじゃん、これ!!　悩んだら、まずは**悩むことを止めれば**いいんだねっ。

神さま　そうじゃ、これが悩みの持つ魔法じゃよ。
「どっちでもいい」と本人が思っているからこそ悩めているのに、悩んでいる本人が、**なぜか「どっちかにしなければならない」と義務感を感じて苦しんでいる。**そんなことはない。悩めた時点で、もうどっちでもいいんじゃよ。だったら、解決策は1つじゃ。**悩んだら、とにかく悩むことをすぐに止めなさい。悩んだ瞬間に、悩むことを止めなさい。**「悩み」の持つ魔法が、悩みから人間を抜け出せなくしてしまう前にな。

大丈夫。あなたは「どっちでもいい」と思っているから、大切なのは、勇気だけじゃ。

みつろう かっこいい！　出たよ、名言っ！

神さま 勇気を持って、悩むこと自体を止める。悩むなんて、時間のムダっ！

そう、実際に時間のムダじゃよ。お前が飛行機に乗って「お客さま、申し訳ございません。当機は1秒後に、壁に激突します」と言われたとする。そうすると、お前は悩まないじゃろう。選択肢は1つじゃからな。

ところが「お客さま、当機は20分後に墜落する予定です」と言われると、思い悩む。これは、選択肢があるからじゃ。どうにか、できるんじゃないかと。

パラシュートを探したり、

パイロットをののしったり、

非常口の近くに走ったり。

でも、結局、どうにもできないのだから、悩んでいる時間そのものが、ムダなんじゃよ。

悩んだら、すぐに悩むことを止めなさい。悩もうと、悩むまいと、どっちみちあなたは幸せになれるはずじゃから。

宿題

悩んでいる時には、「最初にやるべきことは、悩むことを止めることだ」と思い出し、勇気を持って実行してみましょう。

答えがどっちでもいいから、
あなたは今日も
悩んでいる。

人生というこのドラマの「つづく」を楽しみにする

みつろう　ラーメンでも、カレーでもどっちでもいいからこそ、俺は今、悩んでいる。だったら、悩んでいるだけ時間のムダ！　悩んでいる時間なんてない！

というか、俺の場合、本当に時間がない。もう16時だ。このままでは、なにもせず残業時間になってしまう。よし！　ラーメンにしよう！

「ラーメン屋ののれんをくぐると、ちょうど同じ会社の営業マンが店主に営業提案をしていた。とっさに引き返そうとしたみつろうだが、ドアの「カランコロン」という音が鳴ってしまった。」

春男　あれ？　先輩、どうしたんですか、こんな場所で？　先輩の営業エリアは、となり町でしょ？

みつろう　（やっべー、サボりがバレちゃう……）オホン！　君を、助けにきたんだよ！　いや、たまたま店の前を通ったら、我が社の車が停まっていたからね。2人で営業をかければ、成果も4倍かなぁ～、みたいな。
春男くん。営業って、足し算じゃないぞ、掛け算じゃないか！　君が「2」のチカラで僕が「2」のチカラだとする。足したらたったの「4」だけど、掛け合わせたら……。

春男　あぁ……。まぁこの場合はどっちも「4」だね。

みつろう　あ、店主さん。紹介しますね。こちらは、先ほど提案したシステムの考案者のさとうです。
どうも、さとうです。何か、お困りの点はありませんか？　大丈夫。僕は2×2の答え以外なら、何でも知っている男ですから。

「30分後、降って湧いたお客さま対応をこなし、後輩と店を出たみつろうは、ふてくされながら車に乗りこんだ。」

みつろう **くっそー。あいつ、なんでラーメン屋なんかに営業かけてんだよ。** あの商品は、湿度をコントロールしてエネルギー消費を抑えるシステムなのに。博物館とか、図書館のように「湿度が命!」の顧客に対するツールだぜ? ラーメン屋なんて、常に湿度ムンムンじゃないか! その上、油もベットベト。

神さま バカだ、バカ! はぁ〜、こんなことになるんなら、ラーメンじゃなくて、カレーにしとけばよかった。

みつろう 後悔とは、どういう状態なのか、教えてやろうか?

神さま いいよ別に。めっちゃお腹すいてイライラしてんだよ、こっちは。

「後悔」を日本語に訳すと、「時間のムダ」になる。

みつろう　ツッコミたいことがありすぎて、軽いパニックです。「悩み」の説明が「時間のムダ」だったでしょ？　なんで、「後悔」まで「時間のムダ」になるんだよ！　お前、なんでも「時間のムダ」という説明で乗り切ろうとしてんな、さては。そもそも、「後悔」はすでに日本語っ!!

神さま　どうして、人は後悔すると思う？

みつろう　**違う選択肢にしておけばよりよかったから、でしょ？**　カレー屋にしとけば、今ごろお腹いっぱいだったんじゃい、こっちは！

神さま　なぜ、カレーのほうがよかったと言える？　カレーの店には、直属の上司がおったかもしれんぞ？　サボリの言い訳すらできない状況で、苦しんだかもしれん。お前は、さっき、カレーの店に行ってみたのか？　2013年8月6日午後3時36分のカレー屋さんを、お前は経験したことがあるのか？

みつろう あるわけねえじゃん。その時間、ラーメン屋でまさかの営業をしてたんだからさ。

神さま **では、どうして、行ったこともない場所を、「行けばよかった」だなんて言える？**

みつろう とにかく、きっとあっちのほうがよかったの！ 上司がカレー屋さんにいるわけないの！ あっちのほうが、絶対に安全だったの!! だから、後悔してんだよ！

神さま 言葉を返すようじゃが、ラーメン屋にこそ「いるわけない」じゃなかったのか？ 湿度コントローラーをラーメン屋に営業するヤツがいるなんて、行く前から予想できたのか？ その予想を大きく外したお前が、どうしてカレー屋なら安全だったと予想できるんじゃ？ 言えるわけがないよな？

みつろう まぁ、たしかに、「カレー屋が安全だった」とは、言い切れないかもしれませんね。今はとにかく、春男のバカさ加減がムカつくだけです。

神さま　ラーメン屋に湿度コントローラーなんて売るなよっ！

後悔している人間は全て、「違う選択肢のほうがよりよかったはずだ」と勝手に思いこんでいる。これは実に「勝手な」ことなんじゃよ。

そしてその人に、「違うほうの選択肢は経験したのですか？」と聞くと、「いいえしていません、でもわかるんです」とか言い始める。

予言者なのか？　経験していないことなのに、「あちらのほうがよかった」と言い出すんじゃぞ？　怖いわっ！

いいかみつろう、後悔とは幻じゃ。

お前たちは、選択したこと以外のことは経験できないのだからな。

それなのに、どうしてその目の前の選択のほうが「悪い」と判断できるんじゃ？　原理がわからんよ、ワシには。

みつろう　たしかに、判断はできないはずですね。目の前のことしか経験できないのだから。それなのに、**なぜだか違う選択肢のほうがよかったと**

思いこんでいる……。

神さま　俺の前世は、占い師だったのか？

違うよ。お前の前世は、カバじゃよ。ひっくり返って生まれてきて、無事、バカになった。おめでとう。いいか、カバさん。

①人間は目の前の現実以外は経験できない

②それなのに「これ以外にしておけばよかった」と、目の前の現状に不満を言いはじめる

③だから後悔があるなら、すぐに後悔を止めなさい。どっちみちあなたには、それを判断するチカラなんてないのじゃから

みつろう　チカラがない？　チカラはあるよ。こっちは怪力カバの生まれ変わりなんだから。

神さま　まじめに聞けっ!!　「目の前の現実を、判断するチカラは人間にはない」と言っている！　なぜなら、「いい」だとか「悪い」だとかを判断するためには、何かと比べる必要があるからな。

でも、人は、**同時に2つのことを経験できない。**カレー屋さんに行きながら、ラーメン屋さんに行くことはできない。ということは、**「カレー屋さんのほうがよかったはずだ」という後悔は、ただの勘違い**じゃ。それは、過去の経験を基にした、勝手な予測なのじゃから。

昨日のカレー屋さんは安全だったかもしれないが、今日のカレー屋さんをお前は知らないじゃないか！

1時間前のカレー屋さんは安全だったかもしれないが、たった今のカレー屋さんをお前は知らないじゃないか！

だって、お前は、「今」ラーメン屋さんにいるのだからな。**目の前の現実を判断するチカラは、お前たちには絶対にない**んじゃよ。

みつろう　ヒポポーン！

神さま　え？

みつろう　あ、今、驚きの様子を、カバ語で表現してみました。

すっげーなあんた！　おっしゃる通りだ！　俺たちには、目の前の現実を「いい」だとか「悪い」だとか、判断できるわけがないじゃないか！　だって、ここにしか、俺はいないのだから!!　なんで今日まで俺は、目の前の現実のほうが「悪い」だなんて、後悔できてたんだろう？　これはもう、こう言うしかない。

ヒポポーン！

神さま

カバオくん、違う側面からも説明してあげよう、トドメじゃ。「現実」とはただの鏡じゃった。あなたの信じたことを映す、ただの鏡じゃ。その鏡を見て、こっちのほうが「悪い」と言うと、どうなる？　そこにはずーっと「悪い」が映りつづけるぞ？　嫌じゃろ？　じゃったら、答えは1つだよ。

選択したその「現実」を見て、常に「いい」と言いなさい。どっちみち、選択したその現実が「いい」か「悪い」かなんてお前たちには判断できないのじゃから。それを「いい」と言うことで、よりよい未来を引き寄せなさい！ **「現実」にチカラを与えるのは、いつでも観測者であるあなた**じゃよ。

みつろう　そっか！　起きたできごとを見て、「悪い」だなんて判断してしまったら、その時点でそれは「悪い」になっちゃいますもんね。僕が、現実に、意味を与えているのだから、ここで話が終わっちゃう。

神さま　そうじゃ、**それを「悪い」と呼んでしまったら、もうそれは「悪い」でしかなくなってしまう。そこで試合終了じゃ。**

みつろう　でも、ストーリーは、まだ先までつづいているかもしれないじゃないか。どうして、現時点だけでそれを、「悪い」だなんて判断してしまう？　それに意味をお前が与えてしまうと、その時点で終わってしまうんだぞ。言う通りです！　俺はさっき、ラーメン屋に来たことをめっちゃ後悔していた。でもそれは、この現実を「悪いことだ」と俺が勝手に決めつけているからだ。

カレー屋を経験したこともないこの俺が、なぜかラーメン屋を「悪い」

と判断している……。ひょっとすると、このできごとは「めっちゃいいこと」の前触れかもしれないのに！

……グゥ～（お腹の鳴る音）。

神さま　まぁ「めっちゃいいこと」とはとても思えない空腹感だけど、少なくとも「悪いこと」ではないはずだな。

もったいない！　「めっちゃいいことだ」と、信じなさい！　それが、祈る気持ちになる。このできごとは、「いいことであってほしい」というお前の願いになる。願えば、まちがいなく、いい未来に繋がるさ！

いいか、今日は特別に**現実を変える呪文**を教えてやろう。

みつろう　あんた、呪文なんて知ってるの？

神さま　神じゃぞ？　いいか、後悔が起こった瞬間に

「しめしめ、これはきっと、上手くいく」

と唱えなさい。なにを見ても、なにを選択しても、そう言いなさい。「しめしめ、これはきっと、上手くいく」と。

みつろう　拍子抜けするほど、簡単な呪文じゃねーか。まぁでも「悪い」と判断するとここで終わるんだから、今は判断せずに「しめしめ、これはきっと上手くいく」と言ったほうがいっか。未来に判断を先送りできますしね。

神さま　そうじゃ。判断を止めて、未来に送りなさい。**お前が計算できていないだけで、ひょっとすると、その目の前のできごとは「いいこと」の布石なのかもしれない。**恋人にふられた人がそのできごとを「最悪」だと判断すると、そこで終わる。でも「しめしめ、これはきっと、上手くいく」と言えたならば、よりすてきな人と出会えるじゃろう。その人は、未来で気づくよ。**あの別れは、最高だった**とな。あの別れがなければ、目の前のすてきな人と結婚できてなかったんじゃから。

人間たちよ、未来に判断を送りなさい、未来のあなたはなんでも「あれはよかった」と言ってくれる。そのためには、目の前で起こっていることを「悪い」だなんて判断せずに、まだつづくストーリーを信じてみなさい。

「しめしめ、これはきっと、上手くいく」。こう唱えただけで、いい未来に繋がるよ。

宿題

「辛いとき」にこれは「悪い」と判断しない。そして判断を先送りするために「しめしめ、これはきっと、上手くいく」と言ってみましょう。

神さまの教え 17

あなたができごとを
「悪い」と判断すると、
物語はそこで
ジ・エンドになる。

美空ひばりを信じてみる

みつろう てかもう、16時30分か。お腹がすいたけど、もう仕方ない、あきらめよう。

神さま お、えらいじゃないか。

みつろう そうじゃ、人間1食くらい食べなくても、働けるんじゃよ。スタートが遅れた分、今日は遅くまでかかるかもしれないけど、がんばるんじゃぞ。

神さま 遅くまで？　いや、もう会社に引き返すよ。労働時間は17時までなんだから。

神さま はぁ？　今日1日、なにもしてないじゃないか！

午前中は給湯室でおしゃべりして、トイレで寝て、外に出たら公園行って、カラオケ行って、ドーナツ買って、ドライブして帰る。お前、正気か？

みつろう ちょっとぉ～、忘れてますよ～。嫌だな、もぉ～。ラーメン屋さんで、ちゃんと働いたじゃないのぉ。見・て・た・く・せ・に。

神さま 「その人が望んだことしか現実にならない」というルールを超えて、お前を殺してやりたい気分じゃよ。

営業車を会社の駐車場に停めると、みつろうは6Fのフロアに戻った。

谷屋部長 みっちゃん。ちょっと、私の部屋に来なさい。

みつろう （え？　部長室？　やっべー、なんかバレたのか？　でも、今日はあまりサボってないから、バレるポイントなんてそんなになかったはずなのに……。公園、カラオケ、ドーナツ、ラーメン。うーん、我ながら多すぎてどこでバレたのか、全くわからん!)

「みつろうが部長室に入ると、そこにはラーメン屋で会った春男がいた。」

みつろう テメーかよ、裏切り者は! 営業補助してやったのに先輩のサボリをばらすとは、どういう神経じゃい! この、鬼畜米英!

谷屋部長 ん? なんだ、サボリって? みつろう、でかしたぞ! 今期で一番どでかい受注が決まったよ!

春男 全て、さとう先輩のおかげです。実は、あのラーメン屋、全国にチェーン展開していて、「200店舗で一括して受注契約を結びたい」と、連絡がありました。

みつろう え(なんて、バカなラーメン屋なんだ……)? オホン、はいはい、あの件ね。そうでしょう、そうでしょう。

いや、僕はね、はじめから全てを知っていましたよ。何もかも、僕の計算通りです。いいですか部長。発想の転換とは、こういうことを言うんですよ。あんたたち管理職の人間は、明けても暮れても、図書館や美術館ぐらいしかマーケットが見えてない。そんな中、僕はね、思ったんだ。**「逆に、ラーメン屋なんてどうだろうか？」ってね。**まぁ、たしかに、熱気ムンムンのラーメン屋が、湿度コントローラーなんて何に使うのか、未だに僕にも見えてませんが、僕は発想を転換した！谷屋部長、今すぐ捨てなさい！その狭い固定観念を！マーケットは、あなたの予想を超えてはるか彼方まで広がっている！

谷屋部長 お前はなんで、そんなにえらそうな言い方なんだ？政治家のつもりか？まぁでも、でかしたぞ！5億円の大型受注だ。サボリくらい、許してやろう。

みつろう ばれてたんかい！

「部長室を出て席に戻ったみつろうに、先輩が話しかけてきた。」

久子さん みっつー、やったじゃん！ 5億円の受注なんて、滅多にとれないよ？ ラーメン屋を攻めるなんて、すごいなー。

みつろう めっちゃ、偶然なんですよ。むしろ、サボってただけです。

久子さん そうなの？ サボりは気をつけないと。今日は高田課長、午後休だったから、目撃情報によると、さっき駅前でカレー食べてたみたいよ。

みつろう え？ あっぶねー！ 僕、そのカレー屋さんに行こうとしてたんですよ。

「その時、終業ベルがフロアに響きわたり、みつろうはそそくさと車に乗りこんだ。」

みつろう 神さま、すごい！ ありがとう。

神さま なにが？ まさか、ワシがお前になにかを与えたとでも思っているのか？　無理じゃよ。現実は全て、お前の望み通りじゃ。証拠に、お前はワシの意思に反してピンピン生きているじゃないか。

みつろう　僕は、ラーメン屋を出た時、「カレー屋にしとけばよかった」ってめっちゃ後悔した。まだ先につづくストーリーがあったのに、あの時の僕には「最悪」だとしか思えなかったからね。

いつもの僕だったら、「めっちゃ最悪だ！」って、あそこで現実を判断し、終わらせていたでしょう。

でも、「しめしめ、これはきっと、上手くいく」と、あんたにだまされて言ってみたら、こんな結果に！　……ア・イ・シ・テ・ル。

神さま　気持ち悪い、止めろ！　ワシは本気でお前の息の根を止めたいんじゃぞ！

いいかみつろう、現実を創り上げているのは、いつでもそれを見ている本人じゃや。

それなのに、お前たち人間は、**現実を見て「悪い」と判断する。**

なにもわからない立場にいるくせに「悪い」とそれを呼び、それに「悪い」という意味を与える。これは、とても下手くそな生き方じゃ。今日からは**お前たちを超える部分を、もっと信頼したほうがいい。**

みつろう 俺を超える部分って？

神さま 「お前が信じていること」以外の全ての部分じゃ。

みつろう え？ そんなことできるの？

神さま そうじゃ。これはかなり難しいじゃろう。**だって「お前が信じていないこと」なのだから、「お前」には不安じゃろう。**例えばお前はさっき「カレー屋さん」を信じた。あの時、ワシが何度「ラーメンにしなさい」と言ったとしても、カレー屋さんを信じたはずじゃ。**「自分」が信じている範囲内から選びたい**と、人間は願うからな。

みつろう 自分が信じていないことを選択すると、めっちゃ不安になるもんね。

「お金」を信じた人にとっては、「お金」がなくなるとめっちゃ不安になる。

「恋人」を信じた人なら、「失恋」すると不安で泣き叫ぶ。

自分が信じていない部分を選択すると、誰でも不安になるんじゃないの？


神さま　そうじゃ。自分が信じた以外の部分を信じるのは、とても不安じゃよ。

ところが、実際には、自分が信じていないラーメン屋さんのほうに、すてきな未来が待っていたじゃろ？

ようするに、**自分を超えた「不安の部分」にこそ、正解はあったんじゃよ。**ちなみにこの、「信じていることよりも、信じていないことのほうにこそ、明るい未来がある」というのは、確率論的にも証明できる。

みつろう　数学的に、そっちのほうが確率が高いってこと？

神さま　そうじゃ。人間に見えている電磁波帯を知っているか？　これを「可視光線」と言うんじゃがな。

みつろう

知ってるよ。我が社では太陽光発電も扱っているんでね。

たしか、**人間が光として見えるのは、0.00001%よりも小さい範囲**で、その範囲のことを、「視るのが可能な光」と書いて、「可視光」って言うんですよね？

神さま

実際はもっと小さい。

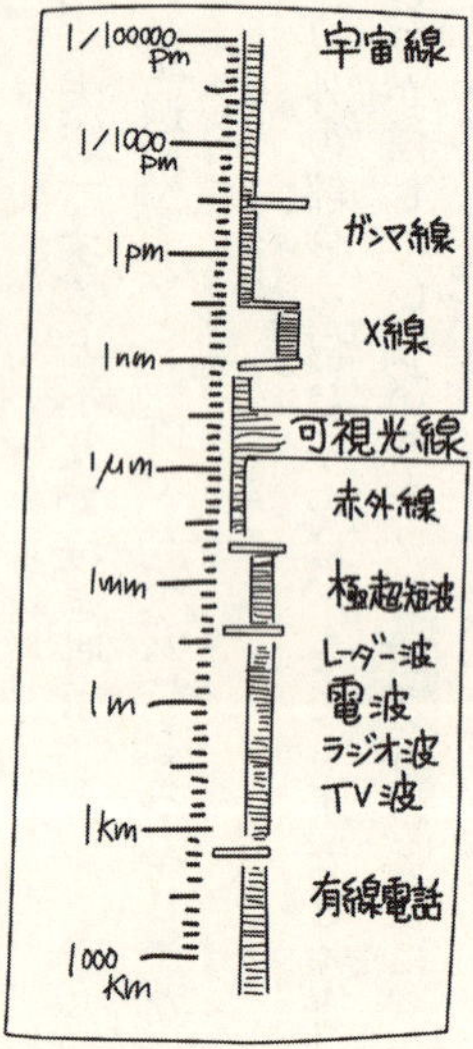

人間に見えてるのは、光の0.000000001％よりも小さい範囲じゃ。さらに、人間に聞こえている音や臭いも、同じじゃよ。イルカはお前の何万倍も聴きわけるじゃろ？　犬はお前の何億倍も嗅ぎわけるぞ？　ようするに、

人間には見えていないだけで、そこには「光」が存在するんじゃよ。

人間に聞こえていないだけで、そこには「音」が存在するんじゃよ。

人間に嗅げていないだけで、そこには「香り」が存在するんじゃよ。

つまり人間には、信じられないだけで、解決策はめちゃくちゃたくさん用意されておるんじゃ。

みつろう

針の穴よりも小さいところから、世界を見ていた感覚ですね！　信じていない部分にこそ、解決策はたくさんあるのか！　だから、失恋した人

神さま　はみんな、幸せになってるんだな。

そうじゃ。「現実」というのは、五感の総和のことじゃろ？

見れるものと、聞こえるものと、味わえるものと、嗅げるものと、触れるもののことを総称して「現実」と呼んでおる。**脳科学的にも「現実」とはそれら五感の脳内電子信号のこと**だと解明されている。

では、その範囲内で何かを信じているのなら、計算式は次のようになる。

見える×聞こえる×嗅げる×味わえる×触れる＝信じられること

これを計算すると、

あなたが信じている部分＝0.00001×0.001×0.00001×……＝0.000000000000000000001%

よりもだいぶちっちゃいことになるぞ！

みつろう　0がつづきすぎて、もう唖然《あぜん》ですが、俺が信じている部分なんて本当、ちっちゃいってことですね。

まぁ、後輩の手柄を横どりするあたりからしても、ちっちぇー男だもんな、俺って。

こんな狭い範囲内で、いつも「どうなるのか？」をあざとく計算していたのか……。

神さま

どう考えても、俺の信じてない部分のほうに、めっちゃ正解があるじゃん！


そうじゃ。だからこそ、「あなたを超えた部分を信じなさい」、と言ったんじゃ。そこにこそ、解決策はたくさん用意されておる。

しかし、**信じていない部分のことを、人は「不安」と呼び、**そして恐れて、遠ざけてしまうんじゃ。

自我はいつでも、自分の信じた範囲内で、現実をコントロールしようとするからな。でも、この宇宙は小さなあなたを超えて全てがすでに完璧にコントロールされておる。

そんな**全てのタイミングが完璧に調和している場所で、なにかをコントロールしようと「自我の欠乏欲」を出す**と、どうなるんじゃった？

一度「完璧じゃない状態」を創り上げないといけない、と教えたじゃろ？

みつろう あ！　前に習った。たしか、「森林浴」の話ですよね？　遠い昔に習ったような、記憶があるよ。

神さま ほんの、３時間前じゃ!!

「自我の欠乏欲」、「安全の欠乏欲」、「存在の欠乏欲」があると教えたじゃろ。この「自我の欠乏欲」こそが、

自分の思い通りにしたい＝自分だけが信じる範囲内で現実をコントロールしたいという願いじゃよ。

みつろう　これを願うとどうなるんじゃった？

全てはすでにタイミングバッチシなら、「コントロールしよう」という欠乏欲は、一度、「コントロールできていない状態」を産む必要がある！

そうか、ただただ安心して、流れに身をまかせたほうがいいということだね。

小っちゃな自分の思い通りにしようなんて思わず、大きな宇宙を信じてさ。だって、全てはすでに自分の思い通りなんだから。

そうか!! 美空ひばりの心境か！　川の流れのようにだな！

ひばりだ、ひばりっ!!


神さま　スイッチが入って興奮するタイミングが、よくわからんよ。お前は。

まぁ、そのタイミングも、全て、宇宙の予定通りじゃ！

人間よ、**あなたを超えた大きな流れを信じなさい。**現実を思い通りにコントロールしようだなんて思わずに。

不安を勇気で制し、「どうにかなる」と信じなさい。

実際、どうにかなる！

現実を構築している「あなた」が、「どうにかなる」と信じているんじゃぞ？　どうにかなるよ！「信じた願いは叶う」。唯一のルールじゃ。

「どうにかなるさ」と信じれば、現実をコントロールしようとするよりも、何兆倍も早く、解決していることじゃろう。

今日からは「あなた」には信じられない部分を「不安」と呼ばずに、信じてみなさいっ。大丈夫じゃ。きっと、どうにかなるさ。

宿題

人間が信じることができる部分なんて少ないと知り、「不安」に勇気を持って飛びこんでみましょう。きっと、全てはどうにかなります。

神さまの教え 18

起こるできごと全てを信頼し、流れに身をまかせてみる。

神さまがあなたにもの申す！

「ここまでのおさらいじゃ」

ここまで読んでみて、どうじゃった？　色んなことに気づけたじゃろ？　まぁ、当然じゃな。だって、この本は、「あなた」のためだけに、書かれたんじゃから。その胸に、響かないわけがない。

よし、じゃあ、忘れないうちに、ちょっとおさらいでもしてみようか。

この世はあなたの望み通り（**教え1**）だから、**あなたの信じたことは全てが現実となる**（**教え2**）。この宇宙唯一の法則を、ワシはあなたに思い出させた。

その目に映る全ては、**あなたが「そう」信じたから、あなたに「そう」見えているだけ**じゃ。これは科学的にも証明されておる。だから、もし見たくないものがあなたの**「現実」に見えているなら、あなたの信じることを変えればよい。**ただそれだけじゃ。

でも、人間にとっては、「信じることを変える」のは難しいじゃろう。ワシが人間につけといた**自動で何かを信じ続ける便利機能「観念」（教え3）**を使って、あなたは強力に何かを勝手に信じこみ、**あなた独自の「固定観念」を創り上げているから（教え4）**な。でも、実はあなただけが、それを勝手に信じこんどるだけじゃよ。だからこそ、**自分自身では気づきにくいこの「固定観念」をチェックするために、「現実」という名の鏡がある（教え5）**んじゃ。

あなたの反射鏡であるその「現実」の中で、感情が湧く時はいつだって、あなたが勝手に信じこんだ「固定観念」がその前提にあるはずじゃ。だから、感情が湧くできごとはいつでも、チャンスだと思いなさい。悲しいできごとも、怒り狂うできごとも、うれしいできごとも、感情が湧くなら、全てがチャンスじゃ。**そのできごとのお陰で、自分が勝手に信じこんだ「固定観念」に気づける（教え6）**んじゃから。

こうして見つけた、あなた独自の「固定観念」を変えたいのなら、「信じてい

ること」の反対のことを信じればよい。これには勇気が必要じゃが、**成しとげれば、＋1と－1で、観念は0となり、消える（教え7）**よ。

こうやって信じていることを先に変えれば、現実は簡単に変わるのに、あなたは今日まで、全く逆のアプローチをしておったわけじゃ。**鏡を先に笑わせよう（現実を先に変えよう）として苦しんでおった（教え8）**んじゃからな。

でも、大丈夫。今日からはワシがついている。叶えたい願いがあるなら、教えた通りに「現実」という鏡を見て、それとは全く関係ないことを自由に「想像」しなさい。**「想像」こそ人間に与えた奇跡の能力なんじゃから。これだけが、唯一の宇宙にお願いするツール（教え9）**じゃよ。

もちろん、想像にもコツがある。**人間は「否定語」を想像することができないから、「嫌なこと」を想像せずに、「好きなこと」を想像するようにしなさい（教え10）**。すでにあなたには「嫌な現実を語りつづける」クセがあるから、「それなら、どうしたいの？」といつでも自分に問うようにしなさい。**この新しいクセが身につけば、嫌なことの対極にある「本当の願い」をはじめて語れるようになる（教え11）**じゃろう。

こうしてあなたは、人生ではじめて「本当の願い」を口にしたわけじゃが、そこで「幸せになりたい」と言うと、おかしなことになる。なぜなら、**幸せになりたい理由は「幸せじゃない」とあなたが信じているからじゃろ？　それが「なりたい」の裏に隠された、あなたの本音（教え12）**じゃよ。

これを回避するためには、「幸せになりたい」と思わず、すでに「幸せである」根拠を身の回りに探すんじゃ。**ないものを遠くに探して苦しまず、近くにすでにあるものを探すあの「あるある探検隊ゲーム」（教え13）**じゃ！

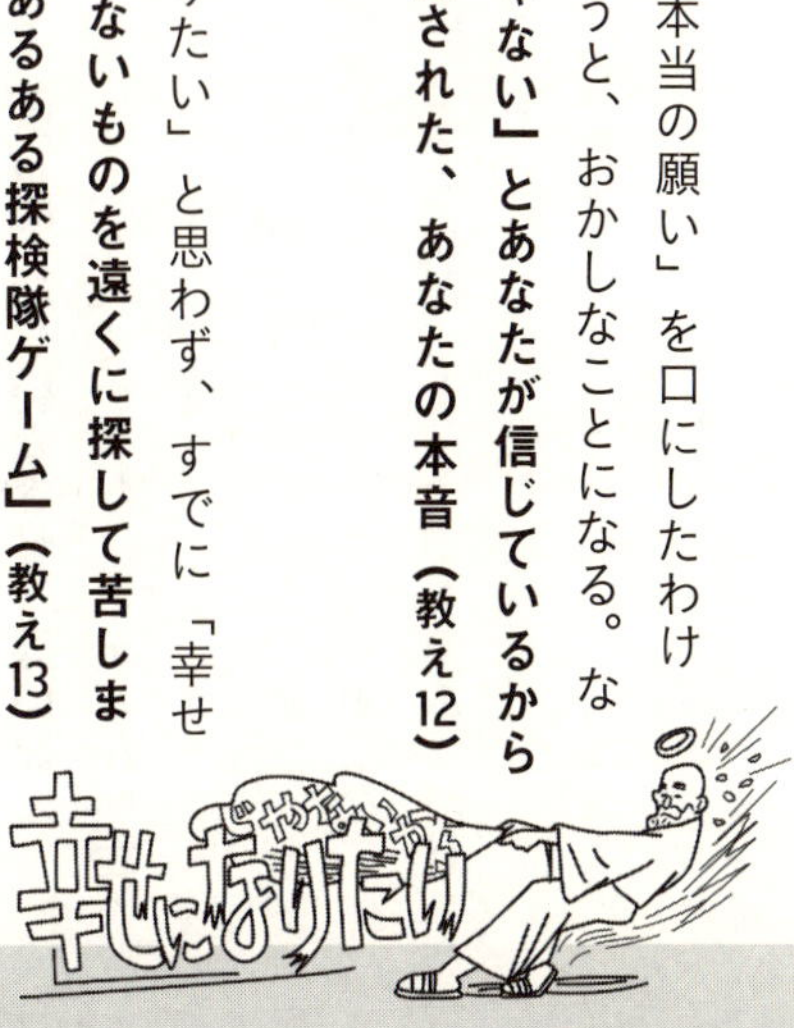

探せば、「あるもの」も「ないもの」もたくさん見つかるじゃろう。もちろん、**「ないもの」が悪いわけじゃないぞ。だって「不足」がないかぎり、願いなんて湧いてこない（教え14）**んじゃからな。みつろうを連れていった「不足がない世界」は退屈だったじゃろ？

不足は必要なんじゃよ。ただ、あなたは、きっかけでしかない「不足」を見て、そこから目を離せなかった。**すでに完璧なあなただからこそ、不足を見て「○○がほしい」だとか、「○○になりたい」とさらに願うと、欠乏を産みつづけてしまう（教え15）**。だから、きっかけを与えてくれた不足を見たなら、すぐに反対側の充足に視点をチェンジできるようになりなさい。そうすれば、悩みは消えるはずじゃよ。

そもそも、悩みというのは選択肢のことで、どっちになってもいいから、あなたは悩んでいると教えたはずじゃ。**どっちに転んだってOKなんだから、そもそも悩むこと自体をまっ先に止めれば苦しまずにすむ（教え16）**。「答えがどっちでもいいから悩んでいる」なんて、バカみたいじゃないか。バカはみつろうだけで、十分じゃ。あなたの悩みは全て幻なんじゃから、今日から悩むことを止めなさい。

悩みだけじゃないぞ。「後悔」も幻じゃ。**あなたは1つの場所にしか行くことができないはずなのに、「あっちの選択肢のほうがよかったはずだ」と予言師のように後悔を語り出す（教え17）**。見てて怖いよ。「あっちのほうがよかった」じゃと？　そんなことはない！　あなたは、あっちの選択肢を体験していないくせに。そもそも、あなたはいつでも、最善の選択をしつづけている。ワシが導いているのじゃから。全ての選択が、正解じゃよ。

ただ、「「未来・過去・現在」という全体が見えない、あなたの場所」から見ると、「悪いこと」に見えるのかもしれないな。でもその悪いできごとでさえ、未来に起こるもっと大きな幸せの布石なんじゃから、今日からは判断を

止めることじゃ。まだつづくストーリーがあるんじゃよ。

全ての道は、未来の「いいこと」に繋がっている。だから、起こることの全てが必要なんだと、ただ信じなさい。今のあなたにはとてもじゃないが「いいことだ」なんて思えないのなら、判断だけを未来へと先送りにしなさい。「しめしめ、これはきっと、上手くいく」と唱えて。未来のあなたは、その出来事を「あの時のあれは必要だったな」と未来で言ってくれるから。

こうして、目の前の出来事を「悪いこと」だと判断しないクセがついてくると、**「あなたに起こることの全ては完璧なタイミングで起こっている」と気づけるようになる（教え18）**。こうなれば、もうあっという間に、あなたは幸せな未来をたぐり寄せることじゃろう。

ワシへのお礼は、ほんのちょっとでいいよ……。

お金の授業

3時限目

簡単にお金持ちになる方法

神さまはお金が大好き

「ある晴れた日の午後、当たると評判の宝くじ売り場に並ぶみつろうに、神さまが言った。」

神さま　それにしても、どうしてお前は、そんなに金がほしいんじゃ？

みつろう　なんか、人のことガメツイあきんどのように言わないでくれます？　まぁ、お金は好きですけど。人並みにです。

神さま　そこが、すでにまちがえておる。**「人並みに、お金が好きです」と言っているお前が、「人並み以上に、お金よ来い」と、宝くじを買う。**　そりゃ〜、当たるなんて、無理じゃろうて。

みつろう　お、なんか納得できる。じゃあ、どうすればいいのですか？

神さま　「人よりも、お金が好きです」と、正直に宣言しなさい。

みつろう　え〜、なんだかそれは、はずかしいっすね〜。

神さま　それじゃあこれまで通り、人並みにしかお金は来んじゃろう。だって、人並みに、お金が好きなんじゃもんな？
言っておくが、「お金が好きだ」と宣言することは、べつにはずかしいことじゃないぞ。
ワシなんて、むちゃくちゃ、お金が大好きじゃや。
神社のお賽銭《さいせん》に1万円札を入れてくるヤツなんて、愛しくてたまらん！

みつろう　うわ〜。ガメツイですね……。とうてい、神さまの発言とは思えません。

神さま　そう、よく言ったのう。実はそこに、根本的な原因があるんじゃや。
①「神さまはお金が嫌い」だとお前たちは思っとる
②一方で、そんな神さまに「好かれたい」とも思っとる

①と②を足すと、どうなる？

神さまに好かれるためには「私はお金を持ちたくない！」という結論になる。ほら、ややこしくなってきたぞ。

人間は、【お金がたくさんほしい】と言いながら、【お金はたくさん持ちたくない】と言ってるんじゃぞ？

ワシはどうすればいいんじゃ？

どっちなんじゃ？

せめて、お金を「受けとりたい」のか「受けとりたくない」のかだけでも決めてくれんかのう？

みつろう おぉ、たしかに。「お金がほしい」のか「お金なんてほしくない」のか、どっちだかわかりませんね、僕らの願い方では。

神さま **お金がほしいなら、お金をもっと愛しなさい。** お金を正直に好きになりなさい。

よーし、今日はそのために、家に帰って練習でもしてみようか、みっちゃん。宝くじはまた今度並ぼう。今日は帰るぞ！　ワシにつづけーい！

みつろう　え〜、せっかくここまで並んだのに〜？　ガックし。

宿題

①目を瞑って、あなたなりの「神さま」を想像しましょう
②あなたは、その神さまを、後ろからのぞいています
③徐々に近寄っていくと、どうやら神さまは、うれしそうになにかを数えているようです
④もう少し近づいたとき、それが大量の札束だと気づきます
⑤ザッと1千万円くらいあるでしょうか。その札束を、神さまはうれしそうに数えているではありませんか
⑥そこで、あなたの想像の中で、神さまにこう言ってもらいます。「お金は本当にすばらしい、ワシはお金が大好きじゃ」
⑦あなたはその神さまに、こう言います。「よかったー。私もお金が大好きなんです」
⑧決定的な人になにかを許された気分で、胸の奥底から、「ホットシタ」感覚を全身に広げましょう

このワークは、あなたの記憶の奥底にへばりついた、「お金＝汚い」という観念の除去に有効です。

あなたの道徳観を一番下で支えているのは、神さまです。そして、あなたの「観念」がお金を受けとりたくない一番の理由は、お金を手に入れると神さまに罰せられるような気がしているからなんです。

でもそれは、完全に気のせいです。

そもそも、「神さま」と「お金」はなんの関係もありません。お金を受け入れたくないと願う、あなたの一番奥深くの観念を、書き換えましょう。

神さまの教え 19

お金がもっとほしいなら、
お金をもっと愛しなさい。

なぜあの人は簡単にお金持ちになったのか？

［家に帰ったみつろうは、お金に関する神さまの集中講義を聞かされていた。］

神さま　さて、みつろう。「お金が大好きだ」と宣言したお前は「金持ちになることは悪いことではない」と自分自身に、受けとりの許可をしたことになる。
それでも、すぐにお金は降ってこなかった。なんでだと思う？

みつろう　あんたに、だまされたから？

神さま　実は効果のないおまじないだった？
お前、本当に失礼なヤツじゃな〜。効果はある！　お前は、「お金が好きだ」と、自分自身に正直になれた。

少なくとも「お金はほしいけど、お金はほしくありません」という、意味のわからない願いはもうしておらん。**生まれてはじめて、願いの方向が、はっきりした**ということだ。だからあとは「願いが叶う」と信じるだけじゃ。

みつろう 信じてますよ！　よっ。がんばって、神さま！
ひゅーひゅー！

神さま お前ががんばれ。なぜワシが、がんばるんじゃ！

みつろう え？　叶えるのがあんたの仕事でしょ？
願うのが人類の仕事なら、叶えるのはあんたの仕事だ！　ほら、さっさと叶えてよ！

神さま やっと、人生初の矛盾のない願いを願ったんだから。
願うのも、叶えるのも、お前の仕事じゃ。そして、願いがはっきりしたお前に、すぐに札束が降ってこなかったのは、**「金持ちになるのは難しい」と思っているから**じゃ。

みつろう　当然じゃないですか。簡単に金持ちになれるなら、みんな六本木に住んでるよ。

神さま　日本国じゃなくて、ここはヒルズ国になるはずです。

「難しい」と感じるのも、「簡単だ」と感じるのも自由なこの世界で、人は小さいころから、「お金を稼ぐのは、大変なのよ！」と何度も周囲に言われて育った。

素直なお前らは、その意見をそのまんま信じこんで、大人になった。

本来は、「お金」と「苦労」にはなんの関係もないのに、何度も言われたものだから、頭の中で、「お金」と「苦労」を結びつけてしまったんじゃ。

だから、深層意識の中で、「お金」を手に入れるためには、「苦労」を伴う必要があると信じこんでおる。

これは、根深く信じこんでしまったので、お前の深いところで、固定観念になっておる。

みつろう　じゃあ、この固定観念を消すためにはどうしたらいいの？

神さま　違う事例を何度も目にすることじゃ。つまり**固定観念とは真逆の、「簡単に金持ちになった」というケースを、自分なりに探す**んじゃよ。

ネットでもいい、

新聞でもいい、

それこそ噂話でもいいぞ。

とにかく簡単に金持ちになった人の事例を、集めるんじゃ。探せば、たくさん見つかるじゃろう。

親の遺産が急に転がりこんだ女性の話。

宝くじに当たった若者の話。

道路拡張で国からがっぽり立ち退き料をもらった人の話。

好きな仕事だけをしてたら苦労せずに金持ちになった居酒屋の社長の話。

みつろう　……などなど探してごらん。

なるほど、自分が「難しい」と聞かされた以上に、「簡単だ」という事例を探せばいいんですね？

ちなみに、俺の場合、何回くらい「金持ちになるのは難しい」と周囲に聞かされて育ったの？

神さま　10万回くらいじゃ。

みつろう　めっちゃ、多いじゃないですか！　無理無理無理、11万人も「楽に金持ちになった人」を探すなんて、無理っす！

神さま　お前の10万回は、少ないほうじゃぞ。人によっては、もっと聞かされておる。

でも、それを塗り替えるために、その数を超える必要はないんじゃよ。

なぜなら、「金持ちは難しい」と、ただ、言葉として何度も言われただけで、10万人の貧乏なケースを、実際に探して、その目で見て育ったわけじゃないじゃろ？

みつろう なるほど、たしかに言葉だけで聞かされた話よりも、実際に見つけたケースのほうが強力な気がしますね。
ということは、簡単に金持ちになった人のストーリーを11万ケースも探す必要はないんですね？

神さま そうじゃ。ただもちろん、**多ければ多いほど、強い信念になりやすい**じゃろう。簡単に金持ちになった人が2人よりは3人、3人よりは10人のほうが、あなたは信じこみやすい。だから、いっぱい探してごらん。
実は、探すという行為そのものも「金持ちになるのは、簡単であってほしい」というあなたの願いじゃ。だから、よりよいスパイラルが起こるじゃろう。

宿題

①簡単に金持ちになった人のケースを、楽しみながら探しましょう。探し方は、友だちに聞いてもいいし、ネットで調べてもOK

②いくつか見つかるうちに「なんだ、金持ちになるのは意外に簡単なのかもしれない」と思えるようになります

③すると「金持ち」と「難しい」を勝手にくっつけていたのは、自分の観念だったと気づけます

④見つかった事例はノートに書き出し、ヒマになるたびに何度も眺めるようにしましょう

神さまの教え 20

金持ちになるのは
難しくない。
いや、簡単である。

本当のお金持ちは与え上手

みつろう 調べると意外にたくさんいるんですね。簡単に金持ちになった人って。そっか、僕が勝手に、ハードルを上げていただけなんですね。今なら、ベン・ジョンソンばりに「金持ちのハードル」を軽く飛びこえられそうな気がします！

神さま なぁ、ジョンソン君。この調子で行くと、お前は宝くじに当たるじゃろう。さて当たったら、どうしようか？

みつろう とりあえず、こっそり会社を辞めます。

宝くじに当たったことはみんなには内緒にしてね。 そして、飛

びます。ジョンソンの生まれ育った国・アメリカへ豪華な海外旅行。ムフフフ♪

神さま　いいね〜♪　じゃあ、お前が宝くじに当たった瞬間に、ワシがお前の知り合い全員にメールを送ってやるよ。「海外に行く前に、宝くじ当選祝賀パーティーをしよう　byみつろう」ってな。

みつろう　ちょっと、止めてよ、そんな余計なおせっかい！　なんでみんなにバラすんじゃい。そこは、こっそり、ひっそり海外に逃がしてよ！

神さま　はい、出た！　みつろう君、ここでもまた、お前がお金持ちにはなれない固定観念が出ましたっ!!

お前たち人間は、宝くじに当たったら**誰にも教えずに、隠そうとする。**なぜなら、**〈めったにこんな幸せはやってこない〉**と信じておるからじゃ。

〈宝くじなんて、もう二度と当たらないだろう〉と思っとるんじゃろ？

みつろう　当然じゃないですか！一度当たっただけで、十分です！　こんなラッキー、今後の人生に二度と起こるわけがない!!

だから、せっかく当てたこの6億円を握りしめて、さっさと海外のプールサイドに逃がしてくれよ……。

神さま　おいおい、今、お前はまだ宝くじに当たっとらんのじゃぞ？　そんなお前が、**すでに「宝くじは滅多に当たらない」と言っておる。**

宝くじを買う前に「当たるのは難しい」と、お前が信じとるんじゃぞ？

買う前に、当たることを、疑っておるんじゃぞ？

「疑い」だって、お前の大切な願いじゃ。「宝くじは滅多に当たらないだろう」という疑いの気持ちとは「宝くじになんて、滅多に当てないでください、神さま」と言っとるようなもんじゃよ。

おうよ、まかせろ。いつだって、叶えてやるよ、ワシの宇宙は。

みつろう　で、でも。6億円を独り占めしたいんだってば！

神さま だから、どうして、独り占めしたいんじゃ？　それは、**〔こんなチャンスはもう二度と来ない〕と、信じとるからじゃろ？**　まだ当たってもいないのに、宝くじに当たるのは難しいと信じとる。そんな状態で買うなよ。バカなのか？　いいか、本当に「簡単だ」と思っている人の態度は、そうじゃない。例えばお前の自宅の前で「水を飲ませてください」と言ってきた近所の子どもに、家に水道があることを隠すか？

みつろう 隠しませんね。すぐに水をあげます。

神さま 松下幸之助の有名な「水道哲学」ですよね。誰もが手に入れられるものなら、誰もが周囲へ無料でほどこす。

神さま そうじゃ、それは知っておるのに、どうして宝くじが当たったあと、誰にも言わない計画をたてる？

みつろう うぅ……。たしかに、「宝くじに当たるのは難しい」と、まだ俺の中に観念がたくさんあるのか……。

神さま

本当の金持ちはな……与え上手なんじゃよ。

というより、手放し上手じゃ。なぜなら、お金を手に入れることが「難しい」とは思っとらんからな。入ってきたものを、すぐに手放す。

だから、もし金持ちが宝くじに当たったら、絶対にパーティーを開くじゃろう。これは誓ってもいい。絶対に彼らはそうする。

人は簡単に手に入ると思うものは、簡単に手放すんじゃよ。空気を吸って、すぐに空気を吐くがごとくな。

お前は「手に入れたこの空気、二度と吐き出すもんか！」なんて言って、窒息死したことあるか？　ないじゃろう？

空気は、また手に入ると思うから、すぐに肺から吐き出す。

そして、「また手に入る」と信じているから、

思考が現実化し、実際に次の空気がすぐに入ってくる。これは、原理なんじゃよ。簡単に手に入ると信じているものは、簡単に手放す。それなら、これを逆にすればいいんじゃないか？

みつろう　**簡単に手放せば、簡単に手に入るということ？**

神さま　そうじゃ！　先に与えれば、絶対に入ってくる。神社で、30円のお賽銭を軽く払える人は、30円なんてまたすぐに入ってくると信じておるから、入れるんじゃ。神社で300円のお賽銭を軽く払える人は、300円なんてまたすぐに入ってくると信じておる。

じゃあ先に、神社に1万円を入れてみてはどうじゃろうか？

みつろう　テメー、なんでここでいきなり神社のお賽銭を例えに出すの？　めっちゃ、卑怯じゃん！　これ、インチキ商法って言うんだぜ！　あんた、

神さま　マジで神さまか？　オメーになんて、1万円もの大金払いたくねーよ！

みつろう　まぁ、お前には無理じゃろうな。千円でさえお賽銭に入れれないじゃろ？　そして、それはなぜじゃった？

神さま　「千円を手に入れるのは難しい」と思っているから……。でも、現実的に考えて、無理だってば……！　1万円もポーンと賽銭箱に入れるなんて！

そうなんじゃ、無理なんじゃよ。そしてそのラインは、**無理して超えるものじゃない。**無理なものは、無理なんじゃよ。

だって、「お前が無理だ」と信じているからな。だからこれは、ただのチェックじゃ。自分は、どのラインまでを、無理だと信じているか。お前の金持ち指数を測れる、バロメーターになるんじゃ。

お前たちは神社のあれを、「お賽銭箱」と呼ぶが、ワシは**「かねもちバロメーターボックス」と呼んでおる。**

500円を簡単に手放す人は、500円を簡単に手に入れるじゃろう。

千円の人がいれば、百万円の人もいる。

宝くじに当たって、パーティーを開ける人もいる。

これは、ただのバロメーターじゃ。お前もチェックしてみなさい。


みつろう でもなんかきったねー！

この話を聞いたら、みんな無理して神社にお賽銭を入れちゃうじゃねーか！　あんただけ、ボロ儲け！

もう、目に浮かぶわ！　プルプルと無理した手を震わせて、1万円札を賽銭箱に入れる読者の姿が。


神さま でも、**その人には少なくとも、決意がある。**

無理しながら震えた手で入れたその1万円は、そのあと「無理しながら」じゃろうが、手に入れるだろう。

人は、手放した時と同じ態度で、手に入れるのだから。その人には少なくとも1万円は戻ってくるよ。

だから何度も言うが、これはただのバロメーターじゃ。

軽い人には、軽い。

難しい人には、難しい。

無理な人には、無理じゃ。

あなたの、お金に対する信念が測れる。ただそれだけじゃ。

まぁ少なくとも、「宝くじに当たったら隠そう」と当たる前から思っているお前は、今すぐなにかに気づくべきじゃな。

宿題

①神社のお賽銭箱や、寄付箱に、お金を入れてみましょう
②あなたの中にたくさんある、お金に関する観念の総合指数が「数値」として測れます
③軽く入れられる金額は、「軽く手に入る」と思っている金額です
④がんばれば入れられる金額は、「がんばれば手に入る」と思っている金額です
⑤無理しても入れられない金額は、「無理しても手に入らない」と思っている金額です
⑥なお、この宿題の上限は1万円に設定しましょう

宝くじに当たったら、周囲に宣伝しなさい。

お客さまは、神さまじゃない

みつろう　「かねもちバロメーター」をチェックしたところ、俺の中にあるたくさんの観念は、やはり「簡単には金持ちにはなれない」と思っているようです。

神さま　大丈夫、徐々に「簡単」を信じられるようになるじゃろう。書かれた観念は、書き換えることができる、絶対にな。

よし。書き換えを加速するため、**「お金以外のものにも価値を与えるという方法」**を今日は教えよう。これは近道になるぞ。

いいかみつろう。もし、会社の上司にお昼ごはんを誘われたら、どうする？

みつろう 丁重にお断りします。なんで、休み時間にまで上司の顔を見なきゃならんのじゃい。

神さま 「それ、休み時間じゃないわい」って言う。

じゃあ次に、街でティッシュ配りのように5千円札を配っている人がいたら、どうする？

みつろう いるか、そんな人！　アホか、お前は！

神さま まぁでも、もしいたなら、迷わずもらうね。それどころか、3往復くらいは通るよ、その人の前を。

そう、**人間は「お金」にばかり価値を与えておるから、**そうなるじゃろうな。

でも、ワシはこの世界にお金以外にも、さまざまな「豊かさ」を用意してある。

むしろ**99.9%がお金以外の豊かさ**じゃ。

これはつまり、お金以外の豊かさに気づけるようになると、0.1%の豊かさにこだわっているヤツより、**999倍も早く金持ちになれる**ということじゃ。めっちゃ近道じゃろ？

例えば、さっきの上司についていってお昼ごはんをおごられたら、5千円のうな重をごちそうされたはずじゃ。お前はさっそく、「お金」以外の豊かさをみずから、とりこぼしておるんじゃよ。

みつろう

絶対に5千円のうな重をおごる上司なんていないと、日本中のサラリーマンが思っている中、どうぞつづけてください。

神さま

本来、この世界では「もの」と「もの」を交換していた。

漁師は「魚」を釣り、農家の「野菜」と交換していた。

そこに、「お金」が入りこんできて、ややこしくなったんじゃ。

本来、全てが等価交換だったのに「お金」だけを、等価で交換してないんじゃよ、現代人は。

なぜだか、お金のほうが価値がある、と思いこんでおる。


スーパーに行くと、百円でお魚が買えるじゃろ？

店側は、「お魚」を提供した。お客側は、「お金」を提供した。

それをただ交換するだけなのに、なぜだか「お金」を払ったお客だけが「えらい」と思っておる。

だから、**「お客さまは神さまです」とかいうわけのわからん言葉が生まれる**んじゃよ！

いいか、お客は、「お客」でしかなく、それ以上でも以下でもない。ただの、「お客」じゃ。

「お客さまは神さまです」っ？

アホか！　神さまは、ワシじゃ！

本来なら、「百円玉」と「お魚」の〝ありがたさ〟はどちらも同じなんじゃよ。

みつろう　はぁ……、同じ価値っていうのはわかってますけど？　だから、百円を払ったわけだし。

神さま　いいや、わかっとらん。お金を払う側の立場が上だとお前は思っとる。絶対に！

なんなら、ワシが、お前ら人間を、お腹がすいてたまらないような危機的な状況に今すぐしてやろうか？

そうすると、**百円玉を持っている人よりも、お魚を持っている人のほうがえらいように感じる**じゃろう。

みつろう　神さま、あんたがそのジョークを言うと、本気で天罰がくだる、世紀末のようなイメージしちゃうから、まじシャレになりません。

神さま　とにかく、お金を持つ者だけがえらいわけじゃないということを覚えた上で、お前の周りを見わたしてごらん。

９９９倍、ほかの人よりも早く金持ちになれるじゃろう。

うなぎをおごってくれる上司。

駅前で配られているティッシュ。

お魚をこんなに簡単に購入できるスーパー。

お前たちは、**99.9%の豊かさに囲まれて、0.1%しか見えていない。目の見えない貧乏人じゃ。**

目を開きなさい。金持ちたちはすでにそこを見ておる。

みつろう なるへそ。そう言われると、豊かさは身の周りに、空気のようにあふれていますね、たしかに。

神さま いや、その空気だって、豊かさの1つじゃぞ。なんならワシが、空気も吸えんような世の中にしてやろ……。

みつろう だから、止めてってば！　その世紀末ジョーク。

宿題

①今日、あなたがお金を使う全てのシーンで、お金をわたした相手に、こう言いましょう（または思いましょう）。「このサービスを、これだけのお金で買えるなんて、本当にありがとうございます」

②スーパーのレジで「ありがとうございました」と言われたなら、すぐさま「こちらこそ売ってくれてありがとうございます。これ、ほしかったんです」と言いましょう

③レストランでは、「ごちそうさまでした」と言って店を出ましょう

④あなたが、お金を使ってまでほしがった全てのサービスに「ありがたさ」を感じてみてください

⑤そして言いましょう。「お客さまは神さまです？　売ってる人だって、神さまです！」と

このワークで、99.9%の豊かさに気づけるようになるでしょう。

受けたサービスよりお金のほうが価値があるという錯覚から目覚め、最短コースで、金持ちになれます。0.1%の価値しかないお金に与えていた価値のバランスを、とりもどせば、あなたはあっという間にお金持ちです。

お金ばかりに目を
向けていると、
身の周りにあふれる
豊かさに気づけない。

駄菓子を買いまくる男

みつろう 昨日、お金以外の豊かさに価値を与えつづけてみたんですけど、俺、めっちゃ金持ちだったんですね。知らなかったなぁ〜。

神さま そうじゃ、まじめにとり組んだお前は、お金にしか価値を与えておらんヤツらの**９９９倍の速度で、今、豊かになりつつある。**そしてお金以外に価値を与えると、不思議じゃが、０.１％のお金も、ジャンジャン入ってくるようになるんじゃよ。

みつろう え？　どうして？　俺はもう、お金なんていらないんだ。惑わさないでおくれ、神よ！

神さま　俺はこの豊かな空気さえ吸えれば、きれいな水さえ飲めれば……。あとは、ほんの少しの、まぁ3億円くらいの現金さえあれば十分なのに！

ぜんぜんガメツイままじゃないか。いいか？　お前はお金以外の豊かさに価値を与えつづけた。そうすることで、お前の中の固定観念が書き換わる。**「自分は豊かなんだ」と思えるようになる。**

そして、「豊かだ」と思えるということは「お金さえも、簡単に手に入る」と信じやすくなるんじゃよ。あとはいつもの原理じゃ。

この世界は、お前が創っておる。信じた通りに、現実が映し出すんじゃから、簡単に、お金が手に入るようになるよ。

みつろう　そうか、お金以外にあふれている豊かさに価値を与えて「私は豊かである」という信念に変えたんだから、お金だって豊かに入ってくるということですね？　すっげー！

神さま　そうじゃ、観念というのは無数に積み重なっておるのじゃ。

ということは、たった1つの観念が変わるだけで、その変化が全ての観念に影響を与える。1つ1つを書き換える必要なんてない。

みつろう　早く教えてよ、それ。無数に書き換え作業するのかと思ってたじゃん！

神さま　ちなみに、この**観念の整合性を利用**すれば、こんなこともできるぞ？

いいか、500円を持って、駄菓子屋に行くんじゃ。

みつろう　え？　こんなおっさんが、駄菓子屋に現れたら、警察呼ばれない？

神さま　これは、おまじないじゃ。50円玉を10枚握りしめて、駄菓子屋に行くんじゃ。

そして、売られているお菓子を、ほしいままに、全て買いなさい。

その時、お前の中で「買える！」、「買える！」、「いっぱい買える！」というよろこびが湧き起こるはずじゃ。

この体験は、幼少のころに「買えない」、「買えない」と、潜在意識の奥に書きこまれた観念を消し去ってくれる。
それだけじゃないぞ。「お菓子を買える！」と1回思う気持ちと、「はぁ、ベンツが買えない……」と1回思う気持ちは、イーブンなんじゃよ。

みつろう なにが言いたいの？　つーか、なんで駄菓子屋さんから急に、メルセデスベンツの話になるの？

神さま ベンツじゃなくてもいい。お前がほしいのに、買えない高級なものを想像しなさい。それを見るたびに「買えないな……」とお前は思うじゃろ？　その時、**深層意識に「買えない」という観念が強く根づいてしまう。**

ところが、実は深層意識にとって、金額の大小は関係ないんじゃよ。ここでの問題は、**「買える」か「買えないか」の二択**なんじゃから。「いくらなのか」はまるで関係ない。

ということは、10円の駄菓子を10回でも「買えるんだ！」とよろこべば、ベンツを5回「買えないんだ……」と思う気持ちを、打ち消してあまるということになるんじゃ。こうして、何度も「買える！」と思えば、観念はガラリと変わるじゃろう。

買える男に、お前はなる！ これは、おまじないであり、ゲームだ。楽しみながら、駄菓子屋に、50円玉を10枚握りしめて、行きなさい。

みつろう おっしゃー!! 待ってろ、ビックリマンチョコ!!

宿題

①50円玉を10枚握りしめて、駄菓子屋に行きましょう

②お菓子をたくさん、大人買いしましょう。できれば、子供のころに買えなかった記憶のあるお菓子を選んでください

買いものカゴに入れるたびに、「買える！」というよろこびを味わうと、なんだか金持ちになった気分がこみ上げてくるでしょう。

小さな成功体験を
くり返すことで、
否定的な観念が
すぐ消える。

お金持ちの人を褒めちぎる

みつろう　いや〜、駄菓子を食べすぎて、お腹痛いっすわ〜。でも、買いまくったので、なんだか気分は晴れやかです。

神さま　じゃあ、気分が晴れやかなうちに、教えておこう。お前の会社の谷屋部長……、彼なぁ……、宝くじ3億円に当選したぞ。

みつろう　な、なんだとー！　う、裏切りやがったな、あの野郎！

神さま　嘘じゃ。じゃけど、この話を聞いて出てきたその反応は、本当じゃ。どうして、動揺したのか。**世界には十分な「豊かさ」が用意されていないと、疑っておるから**じゃろう。

「誰かに富が行けば、私には富が来ない」と、お前は考えておる。

まぁ、まさか「裏切りやがって」というセリフが上司に対して出るとは……ワシもびっくりしたがな。

みつろう え？　でも事実、宝くじは1等が30本くらいしかないんだよ？　誰かに1等が当たれば、俺のとり分が減るのは、当然じゃないか！

神さま 相変わらず、限定思考じゃの〜。

信じていることが小さいわ！

無限の富があるこの世で、なぜ勝手に、せまーい範囲を指定して、生きておる？

「宝くじ」が減っても、別の方法でお金が来るかもしれんじゃないか。

「お金」が減っても、別の方法で豊かさが来るかもしれんじゃないか。

「豊かさ」が減っても、別の方法で幸せが来るかもしれんじゃないか。せまい入り口にこだわるな、とあれほど言ったのに、まだこだわっとる。いいか？　限定思考を変えるためには、口から出る言葉に気をつけなさい。

お前が感じた「うらやましい、悔しい」という言葉は、自分にはそれができないと思った時に出る言葉じゃ。

谷屋部長が宝くじに当たったと聞いて、どうして悔しい？

どうしてうらやましい？

自分にはできないと思っているからじゃろ？

みつろう　たしかに。**悔しい理由は、俺にはできないと思っているから**ですね。

神さま　思ったことが現実となるこの世で「俺にはできない（＝当たらない）」と思っとるんじゃろ？

叶えつづけておるよ、ワシはお前のその願いを。

みつろう じゃあ、どうすればいいの？

神さま 言葉を変えればいいんじゃ。

くや「しい」、うらやま「しい」と言わず、すばら「しい」と言いなさい。

同じ「しい」なのに、現実に与える影響度は180度違う。

同僚が宝くじに当たった、すばらしい！

ご近所さんが豪邸を建てた、すばらしい！

TVで芸能人がクルーザーに乗っている、すばらしい！

「うらやましい」と言わずに、「すばらしい」と口から出るように努力しなさい。

この努力は、かならず報われる。

みつろう え？　見ず知らずの金持ちの行動にまで、「すばらしい」と言えと？

神さま 当然じゃ。身の周りに、そうそうビックな金持ち事件は起こらんじゃろ？　これまでは、テレビで芸能人の豪邸を見るたびに、「うらやましい」、「悔しい」と言っていたお前が、「すばらしい！」と褒めるようになる。

それはすなわち**「自分にもそのうちできるはずだ」という宣言**なんじゃよ。

さらに、これまで金持ちを批判していたその態度にも、矛盾があるぞ。

金持ちを見るたびにお前は文句を言っていた。アイツは金持ちだけど、きっと性格が悪いやつだ、とかな。そんなこと言う、お前のほうがよほど性格が悪いがな。

みつろう　でも金持ちって、なんだか性格悪そう。イヤミったらしいというか。

神さま　ほらまた、悪い「しい」が出た。

すばらしいと褒めなさい！

金持ちに対して抱いている、そのネガティブなイメージは、将来のお前に還ってくる。

だってお前は、その「金持ち」になりたいんじゃろ？　**未来の自分に文句を言ってどうする？**　お前が金持ちになった時、その全ての苦しみを抱えて生きていくのか？

①「金持ちは性格が悪いはずだ」とお前は言う

②「金持ちになることで周囲の人に、性格が悪いとは思われたくない」ともお前は言う。

①＋②＝「私は、金持ちにはなりたくない」と願っとるんじゃぞ？

みつろう　願ってるわけ、ねーじゃん!!

俺がなりたいのは、金持ちじゃい！

神さま　それなら、「すばらしい」を口グセにしなさい。

そして、金持ちを褒めなさい。

何度も彼らを褒めなさい。

そのうち、その金持ちが、お前になっておるじゃろう。

宿題

①今日から金持ちを見るたびに「すばらしい」と言いましょう
②そして、他人の成功を、全て祝福してあげましょう

他人への祝福は、自身が金持ちになることへの恐れも、全て消し去ってくれます。「悔しい」や「うらやましい」は、「自分にはできないから」と思っているだけ。「すばらしい」と唱えれば、「自分にもできる」と宣言することになります。

神さまの教え 24

他人の成功を
心から祝うことは
「そのうち自分にも
できるはず」
という宣言になる。

人間関係の授業

4時限目

私があなたで、あなたが私

あなたがビッグ・バンした理由

［ある日の朝、いつものように給湯室に向かったみつろうは、女子たちの様子がおかしいことに気がついた。］

みつろう　あれ？　みんなどうしたの？　なんで今日は取引先にもらったケーキとか食べてないの？　朝っぱらから血糖値を急上昇させる、我が社ならではのすてきな恒例行事は？
僕はそれだけを楽しみに会社に来てるのに。

久子さん　ちょっと！　しーっ！　空気読んでよ、みっつー！　今、美樹が泣いてんの！　昨日、彼氏にフラれちゃってさ。みんなで慰めてんのよ。

みつろう　（うわぁ、まじかぁ～。空気とか経済新聞の次に読みたくないものじゃないか。くっそー、嫌な場面に出くわしてしまったなぁ……。めんどくせぇ～。まぁ、とりあえず慰めるか） 美樹ちゃん、僕という人生の大先輩に話してごらんよ！ 悩みの相談に乗るのが、大好きなんだよおじさんは。

美樹 昨日の夜「好きな人が新しくできたから」ってメールが来て、それっきりなんです。3年間もつき合って、別れ際に直接会って話すことさえしないなんて。

うぅ……。ショックすぎて私、今日は会社に来れる状態じゃないんです！

みつろう （じゃあ来るなよ会社。てか、来れてんじゃねーか。くっそー、ケーキ食べてぇ。でもこの雰囲気の中、一番奥の冷蔵庫まで行けないしなぁ）我が社のアイドルの美樹ちゃんをフるなんて、もうその時点でその男は脳みそイカれてるじゃないか！ まともな判断ができていない。

だから逆に、よかったよ。結婚する前で。犯罪者の妻として、ワイドショーに出るところだったんだぜ？

あーよかった、よかった。セーフセーフっと。ねぇ、久子さん、ケーキ切って。

久子さん　バカこのっ！　そのワードは言っちゃダメなの！

みつろう　なにが？　どのワード？「ワイドショー」？　あれは、ジョークっすよ。マスコミもそんなヒマじゃないって。

美樹　パティシエだったんです、その彼。うぅ！　ケーキなんて二度と見たくもない！

みつろう　（え？　ケーキを二度と見たくないと思っているあなたが、この給湯室に立てこもっているかぎり、僕らは二度とケーキが食べれないじゃないか。まさにケーキを人質にとっての籠城《ろうじょう》事件発生！　こっちがマスコミ呼びたいぜ！　ていうか、久子さんも必死の説得にあたっているのか。俺よりもケーキ好きだもんな。そうか、犯人への説得交渉中だったのか。よし、加勢しよう）

あのぉ、とりあえず、人質だけでもこちらに解放してもらえませんか？

美樹　なんですか人質って？　先輩はもうあっちに行ってください！

「朝の楽しみをうばわれ意気消沈したみつろうは、神さまに話しかけた。」

みつろう 凶悪犯が、社内に逃げこんできている模様です。

神さま 落ちこんでいる人は、とことん落ちこんだほうがよいじゃろう。**実際「落ちこみたい」というのが、今の彼女の願い**なのじゃからな。

ケーキはあとでワシが食っといてやる。気にするな。

みつろう 気になるわ！　そこしか気にしてないんだからな、こっちは。犯人はどうでもいい。気になるのは、現場の人質の安否だけ！　人命優先！

神さま 彼女は別れたつもりになってるかもしれんが、今でも2人は1つじゃよ。

みつろう 安っぽいセリフ言ってないで、助けてよ。あそこにはまだとり残された人質が！

神さま 安っぽくないわ。**全ては今でも1つじゃよ。**これは、お前たちの世界の科学者が言ってることじゃないか。

「ビッグ・バンが起こる前、宇宙は全ての質量が集中した『特異点』という点だった」とな。**宇宙はもともと1つだったと、科学者が言ってる**んじゃぞ？

みつろう　ビッグ・バンの前は1つだったかもしれないけど、今はもう別れてんの。美樹ちゃんとパティシエのように。バラバラにね。

神さま　今でも1つじゃ。これも最先端の科学者が言っている。物質と物質の間には、粒子が満ちていると。原子核と電子の間にさえ、粒子が満ちており**「宇宙のどこにも真空はなかった」**と。
実際、お前の周りを見回してごらんよ。現実世界に「なにもない空間」なんてないじゃないか。空間に、ポッカリ穴でも空いとるか？

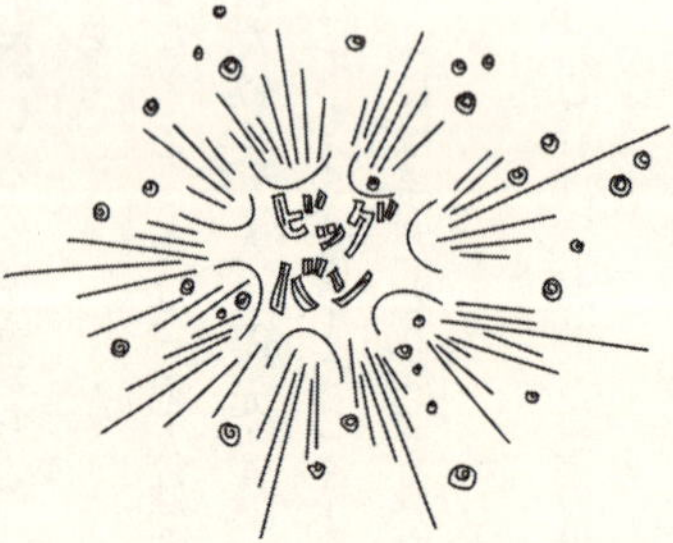

みつろう　穴は空いてないけど、僕と壁の間には、なにもない空間がありますけ

神さま ど？「空気」で満ちておるじゃないか。

みつろう まぁ、そう言われたらそうですけど、「空気」って「なにもないこと」の代表じゃないの？　さっきも空気を読むことに失敗したばかりだし。

神さま **空気にも物質が満ちているからこそ、息が吸えるん**じゃないか。いいか、**今でも全ては1つのまま**じゃ。まぁでも、お前たちには信じられないことじゃよ。だって、お前と谷屋部長が今でも1つだと思えないじゃろ？

みつろう 「今でも」1つどころか、これまでも1つだったことはありません。気持ち悪い想像しちゃうから止めてください。

神さま とにかく、全ては今でも1つじゃ。**みんなダイレクトにくっついておる。**
お前の皮膚に空気がくっついていて、その空気は壁にくっついていて、その壁は向こう側の空気にくっついていて、その空気は谷屋部長にくっついている。

ほら、2人はべったりラブラブじゃ。ひゅーひゅー！　毎日が社内で新婚旅行ってか！　熱いね〜。

みつろう　（ゴホン）いいか、そこの新婚さん。今でも全ては1つなんじゃよ。オーマイガー。これは、知りたくなかった事実が発覚した。たしかに考えてみれば俺、谷屋部長とべったりくっついてるじゃねーか。気持ち悪っ！

神さま　でもこの気持ち悪い知識が、人質解放のなにに役だつの？　なんの役にもたたん。だって、結局お前たちは**「全ては今でも1つ」だなんて絶対に思えない**し、「私と世界は分離している」と思いこみつづけていたい。

みつろう　なぜなら、**関係性を学ぶためには、2つ以上のものが必要**じゃからな。学ぶために、分離という幻想を見たいのじゃから、仕方ないよ。

1つしかなかったら、学べないってこと？

神さま　学べんよ。なにより、2つ以上ないと、学ぶ者が発生しない。「教える者」と「学ぶ者」があってはじめて、学べるんじゃないか。

例えば、「谷屋部長とは1つに繋がっていない」と言い張っているみつろう君。**「お前の身体《からだ》」は1つに繋がっている**とは思えるよな？

みつろう　当たり前でしょ。僕の身体が1つじゃないなら、バラバラ殺人事件じゃないですか。きっと犯人は、給湯室にいます。

神さま　じゃあ、1つだと思っているお前の身体の右手と左手でじゃんけんをしてみようか。

今、**右手を勝たせるように、じゃんけんしてごらん？**　会社でヒマそうなお前を、そのじゃんけん教室の塾長にしてやるよ。

みつろう　おぉ、平社員の僕に「長」がつくのははじめてだ！　係長、課長を飛び越えて、ついに塾長に昇進‼　よっしゃ、東大100名合格を目指して、生徒に教えます。

いいか、右手君。「チョキ」を出したまえ！　左手君は、きっと「パー」

を出すであろう！　ホラね。先生の言った通りじゃないか！　次に、右手君。「グー」を出したまえ！　左手君は、次の試合できっと「チョキ」を出すであろう。ほら！　またもや先生の教え通りだ！

いいか右手君、次は「パー」を……。

みつろう　ねぇ、めっちゃむなしいんですけど？

神さま　なんでむなしいか、わかるか？　**右手と左手でじゃんけんを何回やっても、そこには学びなんて起きないから**じゃよ。だって、**どちらもお前**なんだからな。「右手はチョキを多く出す傾向にあるようだ」という知識は、お前にとって学びとなるのか？

みつろう　なるわけないじゃん。「右手にチョキを多く出させている」のが、僕自身なんだから。

神さま　そうじゃ。学びとは、知らないことを知る行為じゃ。だから、「教える者（知っている者）」と「学ぶ者（知らない者）」が同一人物だと、なんの意味もない。

みつろう
「右手と左手のじゃんけん」では永遠に学びが発生しないように、**関係性を学ぶためには「あなた」以外の存在が必要なんじゃよ。**

神さま
この教えもすごいっ！　そうか、だから俺たちは、ビッグ・バンで分離して、この世界で「他者との関係性」を学んでいるのか。

みつろう
そうじゃ。ビッグ・バンが起こる前の特異点を「1つなるもの」としよう。

1つなるものは、1つであるがゆえに、なにも学べない。

「知っている者」と「知らない者」。

「傷つける者」と「傷つけられる者」。

「愛する者」と「愛される者」。

2つ以上いて、はじめて学べるんじゃよ。

きっとあなたの目の前には今日も「他人」が映るじゃろう。たとえそれが、どんな相手であろうと、その人からは**学ぶことがたくさんある**ということじゃ。

というよりむしろ、あなたが学ぶためにその人はあなたの目の前に映っておる。

みつろう これは、すごいっ！　急いで、給湯室に行かなきゃ！

宿題

あなたの現実に登場した他人は全て、あなたになにかを教えたがっています。今日会う人を見て、その人からなにが学べるのかを、考えてみましょう。

神さまの教え 25

あなたの周りの全ての人が、
あなたになにかを
教えたがっている。

恋のパートナーを選ぶ基準

「給湯室に戻ったみつろうは、泣きつづける後輩社員・美樹に
ゆっくりと話しかけた。」

みつろう ねぇ、美樹ちゃん。僕たちはどうして、この世界に存在しているのかな？ もちろん、僕にも答えなんてわからないけど、ひょっとするとそれは、大切ななにかを学ぶためなんじゃないだろうかって、たまに思うんだ。だって、日々、色んなことを僕たちは学んでいるじゃん。**人生って学びの連続**だよなぁ〜。

美樹 そうですね、グスン。子どものころ、「大人になったら勉強しないでよくなる」と思っていたのに、なってみたら、むしろ大人である今のほうが毎日学んでますもんね。

みつろう　そうだろ？　俺なんて、君より6年も先輩だけど、まだまだ学びつづけてるぜ？

でも、ふとふり返ってみると、学ぶ時っていつでもそこに誰かがいたよなぁ。その誰かが、僕になにかを教えてくれてたんだ。いつでも。でも、学んでいる人って「この人は私になにかを教えてくれてるんだ」ってことに気づけない。

だって、まだ学ぶ前だからね。その人からの教えを、まだ知らないんだ。気づけるわけないよな。**「目の前のこの人は、私になにかを教えてくれている」**だなんてさぁ。

美樹　なんか、深いですね。なにが言いたいんですか？

みつろう　うん、他人との関係性は、全てが「学び」なんだよ。口で教えなくても、教えることはできるのさ。

例えば、久子さんはずっと美樹ちゃんの隣にいてくれただろ？　あんな優しい先輩なかなかいないぜ？　君は、彼女から、なにが学べたと思う？　**「優しさ」だよ。**
君はきっと、10年後に後輩に同じように優しくするだろう。だって今、久子さんから「優しさ」を学んだんだもん。もう君は、「優しさ」を持っているよ。

美樹　うぅ……。なんだか、とても涙が出てきました。そっか。私は知らぬ間に、久子さんから学んでいたのか。久子さん、ありがとう。

みつろう　久子さんだけじゃない。他人との関係の全てが、学びなんだ。**絶対にそこには教えがあるはず**だ。学ぶ側は気づけないけどね。**僕たち人間は、1人では「優しさ」すらも学べなかった**ように。てことはさ～、そのパティシエの彼氏も、君になにかを教えてくれているんだろうね。もちろん、**その教えがなんなのかは、今は学ぶ側だからわからない**けど、きっとそこからも学べるなにかがあるんだろうね～。いつの日か笑える時が来たらその教えに気づけるよ。学んだあとなんだからさ。

美樹 うぇーん！　先輩、本当にありがとう……！　涙がたくさんこみ上げてきたけど同時に、元気も出てきました！

さっきまでは、起こった現実が受け入れられませんでした。だけど、この1件のおかげで久子さんから「優しさ」が学べたように、きっと彼氏との別れからも、私は大切ななにかを学んでいるはずなんですよね？

みつろう そうだよ。**出会う人の数だけ、関係性が発生する。ということは、出会う人の数だけ、新たな学びがあるはず**なんだ。

だからもうそろそろ、次の出会いを目指してみないかい？　きっとそこにも、新たな教えが待っている！　さぁ、こんなところに立てこもってないで、飛び出そうぜ、未来へ！　今度、コンパでもセッティングしてやるよ！

「無事に人質の解放に成功したみつろうは、給湯室で久子さんとケーキを食べていた。」

久子さん　聞いてるこっちまで感動した。やるなぁ、みっつー。

みつろう　実は僕、誰かに勇気を与える仕事をしたかったんです。高校のころはバンドにあけ暮れて、大学に入ったらエッセイばかり書いていた。好きなんですよ、誰かに勇気を与えることが。

久子さん　向いていると思うなぁ……。さっき、すごかったもん。私まで泣いちゃった。まぁ少なくとも、この仕事よりは、向いているんじゃない？　それにしても、危なかったな。明日までこのケーキおあずけかと思ったよ。

みつろう　やっぱ先輩も、説得交渉してたのかっ！

［デスクに戻ったみつろうは、携帯の電話帳とにらめっこを始めた。］

神さま　カッコよかったじゃないか、ヒーロー。しかも、人助けをしたあとは、すぐに気持ちを切りかえて営業の電話か？　スーパーマンみたいじゃな。昼間は働いて、夜は悪をくじく！　その名も、「みつパーマン」！

みつろう　営業？　僕が会社で仕事なんてするとでも？　美樹ちゃんに紹介できそうな相手を探してんの！　さっき約束しちゃったからさ。

神さま　そうだ！　なんか、**恋のパートナーを選ぶ基準**みたいなの、あります？　どんな人を好きになれば、上手くいくのかみたいな？

「どんな人を好きになればよいか」と、ワシに聞いとるのか？

好きな人を好きになれば、上手くいくよ。

さらばじゃ。

みつろう　いやまあ、そうでしょうけど……ごめん、俺の聞き方が悪かったかな。どんな人となら、いい恋愛ができますか？

神さま　好きな人となら、いい恋愛ができます。さらばじゃ。

みつろう　あー、もうなんか違う！　じゃなくて！　伝えたいことが伝わってない！

みつろう　えーと、いいですか、じゃあ、コンパに行ったとしよう。**コンパで30人くらいの男性がいた場合、誰を選べばよいですか？**

神さま　好きな人を選びなさい。それでは、また来週。

みつろう　きー！　殺してやるっ！

神さま　でも、本当にそうなんじゃよ。「誰を選べばいいか」なんて、全て頭が考えることじゃろ？　頭が考えることは、全部、嘘じゃ。ロクなことにならん。**心が想うことに従いなさい。**

「誰を好きになればいいか」、「どんな条件の人となら上手くいくか」、「血液型は何型で、年収はいくらで、次男坊なのか、一流企業か、かっこいいか……」**全部、無意味**じゃよ。

だってそれら**全てが、頭が考えていること**じゃから。そもそも、頭というのはどうやって答えを計算するかわかるか？

みつろう　僕の頭の中にはスーパーコンピューターが入ってるので、僕が指令さえ出せば、すぐに計算してくれます。


神さま お前の頭にはなにも入っとらんよ。空っぽじゃ、空っぽ。

いいか？　頭は過去の記憶や経験を元にして、なにかを計算する。経験したことがないこと（未来で経験すること）は、頭の記憶にデータとして蓄積されてないから当然じゃな。

だから、脳内のデータを元に計算するということは**「過去の経験」というとても少ない情報量から「こうしたほうがいい」とあなたに答えを出していることになる。**そんな頭がささやく言葉に、なんの価値があろうか？　心が好きになった人を好きになりなさい。

みつろう 好きになった人を、好きになる。まぁたしかに、一目惚れの感覚なんて、絶対に言葉では説明できませんもんね。

神さま そうじゃよ。**人を好きになるのに理由なんて、いらない**んじゃよ。

でも、頭は理由を求めて、あなたにこうささやく。

「この人じゃないかもしれない……」、「だってこの人は……」とな。すぐにほかの誰かと比べたがるじゃろう。なぜなら**その答えに、自信がないから、頭はなにかと比べたがる**んじゃ。確実な答えを知っているなら、もう比べることはないはずじゃろ？　その「確実な答え」を知っているのが、「心」じゃよ。ワシが人間につけておいた、スーパーセンサーじゃ。だから、安心して、**好きになった人を好きになりなさい。**好きになった人を、好きでいつづけなさい。

みつろう　あなたの心が、探し出した人じゃ。その人でまちがいない。

でも、頭で人を好きになることもあるじゃん？「顔が好きだな」と頭で考えてつき合って行くうちに、好きになるパターン。つまり……条件から始まる恋！

神さま　「顔が好きだな」と、頭が考えるか？「顔が好きだな」と、心が想ったんじゃ。その恋は上手く行くじゃろう。心で想ったことが、頭に染み出したんじゃから。心で好きになったあとに、「顔が好きだ」と頭が言い訳を始めたんじゃよ。

まぁでも、お前が言う通り、現代人は、頭を使いすぎて、心の声が聞こえづらくなっているのもたしかじゃな。

よし、頭で選ぶ、指標をやろう。

例えば、そのコンパで30人の男性が来ているなら、**「マザコン」を好きになりなさい。**

みつろう　えー、某女性誌で嫌いな男性の理由第1位の「マザコン」を好きになれと？　2位の「マッチョ」を大きく引き離してダントツ1位の、あの「マザコン」を？

神さま　ほらな。心の声が聞こえなくなっているから、「マザコンを嫌いなランク1位」にしてしまう。

よいか？

母親というのは、その男性の一番近くで、その男性と一番長い時間すごしてきた異性じゃ。結婚したあと、その男性とずーっと暮らすんじゃよな？　それなら、「一番長い時間一緒にいる女性」に対してどんな態度なのか、**なによりも大切な「参考資料」になる**ことがわからないのか？　そんなの頭でもわかりそうなもんじゃがな。遠慮なくマザコンを選びなさい。

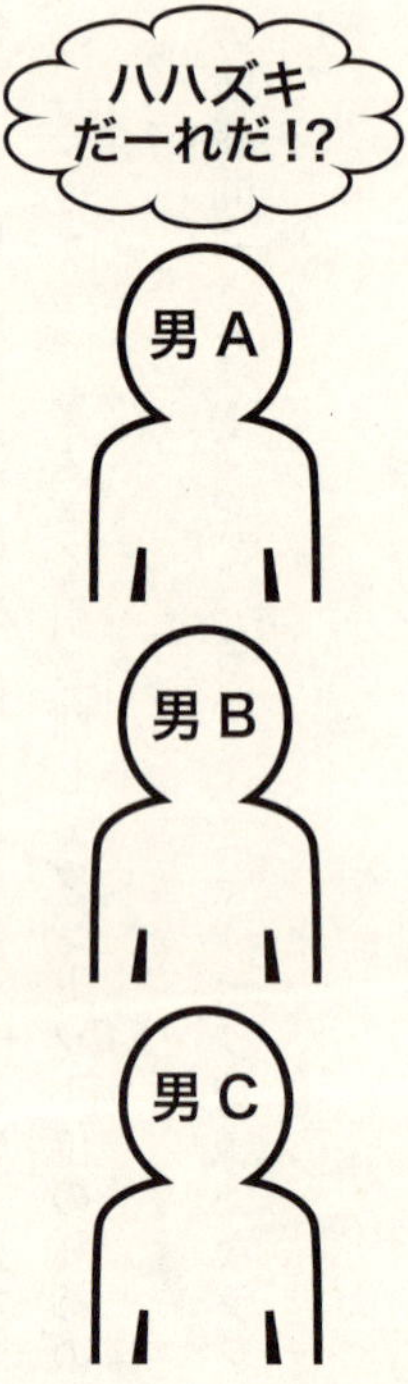

みつろう　なるほど「一番長い時間一緒にいる女性（母）」に対する態度＝将来の自分に対する態度になるのだから、**最初から、母親を愛している男性を選べばいい**ってことか。

でも、それ頭で選んでますよね？　そしたら、失敗するんでしょ？

神さま　心で選んでも、同じ結果になるじゃろう。さっきも言ったが、究極の優れた知恵は、心から頭に染み出すんじゃ。お前ら現代人は、心の声が聞こえないんじゃから、せめて染み出した頭の声を試してみなさい。コンパに行ったら、「この中で、一番マザコンな人、だーれだ?」と聞くんじゃ。

みつろう なかなか、そんな大胆発言できないでしょうが、参考にしましょうか。

神さま そもそもマザコンって言葉が、嫌悪感を与えるんだよな。じゃあ**「ハハズキ」と言いなさい。**そして、お前がこの言葉を流行《はや》らせるんじゃ。読者とみんなで、流行らせなさい。女性にとって頭で使える、男性選びの唯一の指標になるじゃろう。

「みつろうは、美樹のデスクに行くと話しかけた。」

みつろう あのね、誰かを紹介しようと思ったんだけど……僕が紹介する人を好きになるより、**君が好きになった人を好きになったほうがいい**から、止めとくよ。

美樹　でも、もし指標がほしいなら、「ハハズキ」を好きになったらいいよ。「ハハズキ」って表現かわいいですね。私昔から、お母さんのことを好きな男性が好きなんです。

みつろう　おぉ、わかっとるじゃないか！　お菓子好きな職人なんて、さっさと忘れて、すてきなハハズキと結ばれるといいね！　もちろん、結婚式には呼ばないでいいからね！　ご祝儀がもったいないから。

宿題

恋愛にかぎらず、全ての人間関係において、「頭」を使って条件で好きになるよりも、「ココロ」を使って人を好きになってみましょう。

「頭」ではなく、
「心」が好きになった人を
好きになりなさい。

大っ嫌いな人は最強の教師

［ある日のこと、トイレで日課の朝寝を始めたみつろうは、男性の話し声で目が覚めた。］

男性　営業部のみつろう、俺の同期の美樹に詩人のように人生を語ってたんだってよ。笑っちゃうよな。
しかも、美樹もバカだから、それ聞いて感動して泣いたんだって。

みつろう　おい、誰だお前？　今出てくからそこで待ってな！

男性　やっべ！

［みつろうがお尻をふいて出た時には、そこには誰もいなかった。］

みつろう　俺、裏で文句言うヤツらがまじで大っ嫌いなんですよ。今の声は、石原か？　もう1人聞いていたほうは誰だろう？　まじで許せない！　美樹の文句ならまだしも俺の文句まで言うなんて。

神さま　普通、逆じゃよ、そのセリフ。「私の文句ならまだしも、あの人の文句まで……！」と使うんじゃ。正しい日本語は。正しい日本人は。

みつろう　だって、俺には理解できないんですよ。誰かの文句を、ほかの誰かの前で平気で言うヤツがね！　そいつは絶対にいつか、目の前のその人の文句も誰かの前で言うに決まってるんだから。

「人前で文句を言える性格です、あなたの文句もいつか言いますよ」ってわざわざ教えてくれてるようなもんじゃん！　だから、**目の前で人の文句を聞くことすら、俺は嫌い**なんです。

神さま　まぁ、お前は今、その石原の文句をワシに言ってるけどな。全く同じことをしとるじゃないか。

みつろう　いや、あんたは人間じゃないでしょ？　俺は、同僚に石原の文句なんて

神さま　言ったことないっつーの。裏でネチネチ文句を言う神経が信じられん！

みつろう　さっきから、ずーっとネチネチ言っとるけどな。

神さま　だから違うの、これは！　誰も聞いていないでしょーが！

まぁ、よい。このままでは、お前も石原になっちゃうから、話を変えてあげよう。

人間にとって、どうして他人との関係性が重要じゃった？

みつろう　学べるからでしょ？　**1人では「優しさ」さえも学べないこの僕が、誰か他人がいることで「優しさ」を学べる。**

神さま　そもそも、たった1人だったら優しくする相手がいないのだから、「優しさ」を発揮することすらできない。

そうじゃ。関係性から学ぶために、お前たちはビッグ・バンを起こした。つまり、「この世は学ぶために用意された」とも言える。

それじゃあ、**お前が知らないことを一番よく知っている人は誰**だと思う？

みつろう 俺が知らないことを一番よく知っている人？　小学校の理科の先生？

神さま 総理大臣？　あ、うちの社長か？

みつろう 違う。ほかにもいるじゃろ。

神さま まさか、神さま？

みつろう 違ーう。

お前が知らないことを一番よく知っている人は、お前が嫌いな人なんじゃよ。

みつろう 石原ってこと？　アイツ、俺より6つも後輩だぜ？　まぁたしかに、高学歴だし、クソまじめだから、俺より「勉強」はできるだろうけど、俺のほうが人生を知ってるよ！

神さま 今している話は、価値観を全て捨てて聞きなさい。どうしてお前は、石原のことが大っ嫌いなのか。その理由は、石原がなにを考えているかが、わからないからじゃよ。

「人前で他人の文句を言える神経」がわからない。

「先輩のことを呼び捨てにする精神」がわからない。

「高学歴を自慢する意味」がわからない。

わからない、わからない。大っ嫌いなあの人の考えることが、まるで私には理解できない。

神さま　これはどういうことだと思う？
お前がわからないことを、向こうはたくさん知っているということじゃよ。だって、嫌いなその人の考えていることが、なにもかもわからないんじゃろ？

みつろう　いや、別にあんなヤツの考え、わからないでいいし！　大っ嫌いなんだから！

神さま　「価値観を捨てて、聞きなさい」と言ったじゃろ。主観を交えるな。
なにも考えず、分析もできず、感情のままに「嫌い！　嫌い！」とわめ

みつろう

きつづけるなんて、お前たちが毎日やってることじゃないか。感情にふり回されると、いつまで経っても感情をコントロールする側の立場にたてないぞ！　**あなたの知らないことを、一番よく知っている人は、あなたの嫌いな人。**これはまぎれもない事実なんじゃ。

さっきの美樹の件じゃが、彼氏のパティシエは浮気した。美樹からすると、その浮気相手のことが大っ嫌いじゃろう。

「人の恋人をうばおうとするなんて、あの女の神経がわからない」

「どうやれば、そんなふしだらなことをやろうと思えるのかわからない」

「私なら、一度ちゃんと別れたあとにデートに誘うはずだ。信じられない」

わからない、わからない、なにもかもわからない。**大っ嫌いな人のことは、まるでわからない！**

ほら、大っ嫌いなその人は、美樹の知らないことを一番よく知っている。

でも、最低じゃないか！

神さま　アフリカに行ったら、1人の男性が10人以上の女性と結婚するんじゃぞ？　一夫多妻制じゃ。

そして村では、妻が多ければ多いほど、賞賛される。

ようするに、ある人の価値観でとらえれば、「最低」に見えることも、違う人の価値観でとらえれば「最高」になるんじゃよ。

じゃから今は、主観を交えずに聞いてごらん。アフリカの人からすると、日本人が1人の妻だけと結婚する意味がわからない。そうじゃろ？

みつろう　まぁ、そうですね。アフリカの人には、わからないんでしょうね。1人の妻を愛しつづけるという美徳の、すばらしさが。教えてあげたいよ。

神さま　ということは、アフリカ人が知らないことを、日本人はたくさん知っているということになる。同じじゃないか。大っ嫌いな人というのは、あなたの知らない価値観をたくさん知っている。

高学歴を自慢する快感。

裏で文句を言う気持ちよさ。

先輩を呼び捨てにする楽しさ。
なにもかも、お前が知らない世界じゃろ？　**嫌いな人は、お前が知らないことを一番よく知っている**んじゃよ。

みつろう　原理上は、そうなりますね。なんだか、嫌な気分ですけど。

神さま　嫌な気分になるのは、もうすでに「お前の価値観」の中に囚《とら》われているからじゃ。お前が信じた、その価値観だけが絶対だと、なにも知らないお前が言っている。
例えば、お前は人の文句は裏では言わないけど、その人の目の前ではビシッと叱るじゃろ？

みつろう　正々堂々として、かっこいいじゃねーか！

神さま　「お前」が、それを「かっこいい」と、信じと

私はわからない ＝ 嫌いな人は知っている
浮気する神経 ＝ その楽しさを
裏で文句を言う ＝ その気持ちよさを
先輩を呼び捨てにする ＝ そのワクワク感を
高学歴を自慢する ＝ その快感を

るだけじゃ。目の前で直接文句を言われることに、怯えて眠れない人だっているんじゃぞ！　それが、さっきの石原じゃ。お前は石原を、本人の前で注意したことがあるじゃろ？

みつろう　だって、お客さまをずっと待たせたまま、メール打ってたんだぜ？　すぐに呼んで注意したよ。「ダメだろ」って。

神さま　直接、目の前でなにかを注意されたのは、彼にとってはじめてだった。その説教以来、彼は1週間も会社を休んだじゃろ？　お前は気づいてなかったけど、深刻に悩んでいたんじゃよ。

ようするに、「裏で文句を言う」も、ただの価値観なら「表で正々堂々と叱る」というのもただの価値観じゃ。

どちらが正しいなんてあるわけがない。

いわば価値観とは、その人が勝手に信じた宗教じゃ。みんな盲信しとる。「この考えだけが正しい」と。

こうして、あなたが持っていない価値観をたくさん持っている人のことを、**あなたたち人間は「嫌いな人」と呼ぶ**んじゃよ。

みつろう　まぁたしかに。

「僕の知らない価値観」＝「僕とは違う価値観」ですもんね。そして、僕とは違う価値観だらけの人のことは、確実に大っ嫌いになるでしょうね。

神さま　そうじゃ。だから、価値観や主観を交えずに、フラットな場所から聞けば、この教えはよく理解できるじゃろう。

あなたが知らないことを、一番よく知っているのは、あなたが嫌いな人である、と。さぁ、この真理が理解できたのなら、お前たちは、なんのためにこの世を創ったのかを思い出しなさい。

みつろう　他人との関係性から学ぶためにビッグ・バンしたんだよね。2つ以上を求めて。

神さま　**「学ぶ」とは、「知らないことを知る」ということ**じゃよ。ようするに、お前たちは、1つでも多くのことを「知る」ために生まれてきた。それなら、答えは簡単じゃろう。

大っ嫌いなその人に、歩み寄りなさい。

その人は、この世であなたが知らないことを一番よく知っている人なのじゃから。

「トイレを出たみつろうは、経理部の石原のところに飛んでいった。」

石原 ち、違うんです、先輩！ ほ、本当に違うんです！

「極度に怯える石原を見て、みつろうはつぶやいた。」

みつろう そうか。俺も、同じことをしているのか。いつもだったら、お前をこの場で殴っていた。でも、お前は、とても「嫌がって」いる。

それは、トイレで俺が聞いた時の「嫌な気分」と同じくらいなのかもし

石原 れないな。

みつろう え？ ど、どうしたんですか？ 先輩らしくない。大声で怒鳴らないんですか？

石原 なぁ、石原。昔、お客さんの前で注意してごめんな。

みつろう どうして、僕があの件で悩んでいたって知ってるんですか？

石原 なんとなくな。

みつろう ……。

僕、本当に悔しかったんだ！ 一生懸命がんばっているのに、サボってばっかりの先輩が、僕のことを注意するなんて、許せなかった！ しかも、お客さんの前で注意するなんて。**文句があるなら、裏で言えばいいじゃないですか！** なにも、本人の前で言わなくても。

そうだよな、ごめんな。「本人の前で文句を言う」が正しいとはかぎらないもんな。お前は、よくがんばってる。お前のこと、期待してるぞ、がんばれよ！

石原　な、なんであんた今日はこんなに優しいんだよ。なんか、悔しくて涙がいっぱい出てくるよ！　なんだよこれ、自分でも止められないじゃないか。もっと、怒鳴れよ、先輩！　ほら、いつものように、さぁ！

みつろう　うぅ……、ヒック。本当にごめんな。

石原　うぅ……。せんぱーい！　こちらこそ、すいませんでした。僕は、先輩のことがうらやましくてたまらなかったんだ！　コツコツと努力して積み重ねた僕の実績を、あんたはいつも要領よく抜いていく。どうしてそんなに営業がとれるのか、悔しくてたまらなかったんだ！　俺、その腹いせに、裏で文句ばっか言って……。ごめんなさい、うぅ……。

みつろう　いいんだよ、それはお前の価値観だから。

ただ、その価値観を俺が知らないだけであって、きっとそこにもすてきな景色が拡がっているんだろ？　だから、謝らなくていいよ。

知らない価値観を何度も交換して、たくさん「知る」ことが、俺たちが生まれた理由なんだぜ、石原。

気負わず、そのままで行こうぜ。

そうだ！　今度、クソまじめなお前にサボり方を教えてやるよ。知らないんだろ、サボる楽しさを！

だから、逆にまじめな働き方を教え……。


「そこへ偶然、谷屋部長が通りかかった。」

谷屋部長　会話の流れはよくわからんが、とうてい先輩の発言とは思えんな。「今度サボり方を教えてやるよ」だ？

しかも、「働き方を教えて」だと？
帰ろう、営業部へ。**みんなの前でみっちりお前に伝えたいことがある。**

みつろう 文句があるなら、裏で言えや。なんでみんなの前で叱られなきゃならんのじゃい！

宿題

嫌いな人を、「価値観が違う人」だという視線で見てみましょう。その人は、あなたの知らない風景をたくさん見ている人です。色々な風景を楽しむために生まれてきたこの世界で、その人に歩み寄れば、あなたの願いはあっという間に叶うでしょう。

あなたが嫌いな人は、あなたの知らないことを一番よく知っている人である。

他人を褒めて、褒めて、褒めまくれ

［谷屋部長とみつろうは、営業部をあとにすると、製造部との社内ミーティングのため会議室へと向かった。］

製造部長 原価の高騰がきびしくて、どうしても我が社の商品の値段を10％上げないといけない状況です。

みつろう はぁ？　無理だって！　お客さんに商品を売るのが、どれだけ大変だかわかってんのか？　**営業部の俺たちの大変さなんて、知らないんだろ**お前ら。だから平気で「10％も値上げしたい」だなんて言えるんだ。もっと客の声も聞け。

製造部長 無理なものは、無理だ。こっちも大変なんだ！　仕入先を変えたり、配合率を変えたり、ギリギリ限界のラインでがんばっているんだよ！

みつろう なにが大変だ。クーラーの効いた工場でずっと座ってるだけだろ！　あんたら、外回りしたことあるのかよ？　こっちがどれだけ大変なのか、わかってんのか？　一度でもいいから回ってみろよ、外を！　ほら、谷ヤンもなんか言えよ！

谷屋部長 まぁまぁ、落ちついて。この件は持ち帰って検討させていただきます。

「商品の値段を上げたい製造部と、現行価格でいきたい営業部との会議は平行線に終わり、みつろうは部署に戻った。」

神さま なぁ。公園に行って、カラオケに行って、ドーナツ食って、ドライブする〝外回り〟のどこらへんが大変なんじゃ？

みつろう う、うっせーやい！　大変な日だってあるの！　お客に胸ぐらつかまれたことだってあるんだぜ？　「値段が高い」ってな。

神さま 現実とは、お前が創り上げていると言った。それなのに、**人間はいつも「自分がどれほどがんばっているか」を語りたがる。**

「私は、こんなに大変なのよ」、「こんなにも苦労をしているのよ」、「そうだ、あの日のとても嫌な目に遭った話を聞いてよ！」てな感じにな。

いつでもすぐに苦労自慢大会が始まるんじゃ。語っている間、ずーっと「嫌なこと」を考えつづけているんじゃぞ？

考えたことが現実化する、この世界で、嫌なことをずーっと語りつづけておるんじゃぞ？

みつろう

でも、本当に営業部のほうが大変なんだってば！　いつもスーツ着ないといけないしさ。あいつらはいいよな、作業着だから楽ちんでさ！

神さま

ほらまた、「いかに自分が苦労しているのか演説」が始まった。

お前たちはまちがった教育を受けたせいで、「苦労している自慢」をすれば、優しくされると思っとるんじゃ。

それはささいなきっかけじゃった。

普段はきびしい父親が、足をケガしたあなたに優しくした。

風邪をひいたあなたに「今日は無理するな」と言った。

こんなことが原因で、**「私は大変だ！」と伝えれば、優しくされると人間は思いこんでしまった**んじゃ。

それからというもの、人間は「いかに私は不幸か」を人前で熱弁するようになった。ところがこれは、宇宙で唯一の法則に照らすと、文字通り「大変なこと」だ。

みつろう なにが、どう大変なんだよ？

神さま 現実とは、それぞれの観測者の勝手な「解釈」だと物理学上も証明されていると言ったじゃないか！

それなのに、なにを聞いても、「私はとても不幸だ！」と言いつづけている。ということは、「現実」を、常に「不幸だ！」と解釈しつづけていることになる。思った通りに、現実は見えるんじゃぞ？

不幸なんだろ？　じゃあ不幸だよ。大変なんだろ？　じゃあ大変だよ。

これからもがんばって、「苦労自慢大会」をつづけなさい。**優勝者にはすてきな商品が用意されておる。地獄行きのチケット**じゃ。

みつろう 閻魔《えんま》大王様。これからは、どうすればいいのか、を教えてくださいませ。

神さま 全く真逆のことをすればいいじゃないか。

みつろう 「私はサボっているのよ自慢」を始めればいいと？　まぁ、幸いにも僕の場合、かなりな高順位まで行けるとは思いますが。

神さま いや、ぶっちぎりで優勝じゃよ。サボり自慢大会ならな。でも、他人の前で、サボり自慢大会をしたいか？

みつろう 絶対にしたくないですね。「俺は、こんなにもがんばっているんだ！」と他人には伝えたい！　で、油断させておいて、自分だけサボりたい。

神さま 「私の人生とは、いかにすばらしいのか」を語るのがはずかしいのなら、まずは**相手のがんばりを褒めればいい。**「あなたはがんばっていますね」、「すばらしいですね」、「いつもありがとうございます」、「お疲れさまです」となる。

みつろう あぁ、なるほど。たしかに、これまでやってきたこととは真逆になりますね。でも、他人を褒めることで、どうして自分が楽になるの？

神さま　言葉で説明するより、実際にその目で体験したほうがいい。お前は工場ラインを見たことがあるか？

みつろう　いや、行ったことないです。

神さま　じゃあ、一緒に見学に行こうか。

みつろうは入社して8年目ではじめて、製造部のラインを見学した。そこで見た光景は、みつろうの想像を超えていた。
重たい荷物を抱え、必死にがんばっている社員。原価交渉のための電話で、電話口なのに立って頭を下げている製造部長。クーラーなんて全く効いていない工場内で立ちっぱなしで商品をチェックしているパートのおばちゃん。
涙がこぼれそうになったみつろうは、工場をあとにした。

神さま　どうじゃ、みつろう？　どう思った？

みつろう　僕って「普段、とっても楽させてもらってるんだな」と思いました。

神さま　そういうことじゃよ。**思ったことが現実となるこの世界で、「私**

は、楽に生きている」とお前は思ったんじゃ。

人生ではじめて、「私は幸せだ」って思ったんじゃぞ？　昨日までのお前は、他人に対してその口で「どんなに自分は大変なのか、知らないだろ！」と言いつづけながら、心の中でもその発言を補うように「だって、あんなこともしたし、こんなことも大変だったし、あの事件は本当に苦労した！」と思いつづけた。

思ったことが現実となるこの世界で、ずーっと「私は不幸だ」と思っていたお前が、やっとさっき方向転換して、「私は幸せだ！」と思ったんじゃ。ついに、思えたんじゃぞ！　**他人の努力を、ただ褒めるだけで。他人の行動を、ただすばらしいと言うだけで。**こんな、簡単なことはないよ。

みつろう　**「他人を褒めることで、自分の幸せに気づける」**だなんて。こんなカラクリ、あなた以外誰も教えてくれなかった。

ブッダも、キリストも、クリなんとかも。少なくとも理科の先生は教えてくれなかった。この話を聞いてなお、「苦労自慢大会」をつづけるバカは、きっと世界にはいないでしょうね。本当に今、僕は思う。あなたの教えを、地球上のみんなに伝えて回りたいと。

神さま　じゃあ、顧問料として30％でいいよ。ワシのとり分。キャッシュで神社の賽銭箱に入れといて。

みつろう　きったねー！　お前、お客さまが、値段にどれほど敏感なのかわかってんのか？　軽い気持ちで30％とか言うけど、俺たち営業は……。

神さま　お、どうする？　営業がどれほど大変なのかを、語り出して、このままいつもの「苦労自慢大会」に突入するか？

みつろう　わかりました。払いましょう。あなたにとり分を。すてきなすてきな、

他人を褒める	⇒	自分の幸せに気づく
汗をかいて工場にいるなんて、すごい!!	⇒	クーラーは幸せだ
ずっと立っているなんて、すごい!!	⇒	外回りは幸せだ
工場ではサボれないのに、えらい!!	⇒	私はサボれて幸せだ

神さま　あなた様のとり分を。

冗談じゃ。ただ、お前が「地球上のみんなに伝えたい」と言ったことは、本当にうれしかったよ。ちょっと、照れちゃった。ありがとな。

そして、みつろう。お前はワシの教えを広めるようになるんじゃよ。

だって、あっという間にお前は幸せになっちゃうからな。

耐え切れなくなるじゃろう。あふれた幸せを、自分だけで処理できなくなるんじゃよ。こうして人は、周囲へ幸せをおすそ分けするようになるんじゃよ。

お前は、本を書くことになる。そして、読んだ人もきっと幸福があふれ出す。その人もきっと、周囲にその本をすすめるだろう。

こうして……、ワシは有名になるっ！

みつろう　あざといっ……。でも**「自分の幸せに気づくためには、他人の努力を褒めてあげればいい」**という誰も知らない単純なカラクリと、**「こらえきれない幸せは周囲にあふれ出す」**という話は、なんだか似てません？

神さま よく気づいたな！　そうなんじゃよ。自分が幸せになりたければ、他人を幸せにすればいいんじゃ。これが、最短のルートじゃ。

みつろう 金持ちが連日パーティーをしておるのは、なぜだかわかるか？

頭が悪いからでしょ？　フォアグラの食べすぎで、脳ミソが肝臓になっちゃったから、連日パーティーを開催する。

神さま 違うよ。使い切れないんじゃよ、お金を。お金が使い切れなくなった金持ちはどうすると思う？　ドブにでも捨てるとでも思っとったのか？

違うんじゃよ。

使い切れなくなったお金は、絶対にあふれ出す。**金持ちは、周囲にお金を回すようになるん**じゃ。すると、お前にもそれが回ってくる。

それなのに、お前たち人間は、他人の幸せをやっかむ。どうにかして、足を引っ張ってやろうと考えておる。

みつろう まぁたしかに金持ちって、いつもなにかを買いつづけていますもんね。

あれは、お金が周りにあふれていたのか。

神さま　ってことは自分が、がんばって金持ちになるよりも、誰かを金持ちにしたほうが、楽にお金が回ってくるってことなのか!!

そうじゃ。そのカラクリに真っ先に気づいた人たちが、金持ちなんじゃ。**彼らは、周囲を幸せにしようと常に考えておる。**そして、周囲を褒めまくっておる。「すばらしいですね」、「あなたはそんなにがんばっているんですね」、こうして、周囲を常に褒めることで「自分がどれほど楽している（＝幸せ）のか」に気づきつづけておる。

幸せになりたかったら、他人を褒めなさい。これが一番の近道じゃ。

宿題

苦労自慢を止めて、あなたの周りの人を褒めてみましょう。そして、「お疲れさま」と声をかけてあげてください。

他人を褒めれば
「自分がどれほど
幸せなのか」
に気づくことができる。

バカと言われて傷つくのは、あなたがバカだから

［みつろうが工場見学をした約1週間後。商品価格を上げることが正式に社内で決定し、彼は価格変更を伝えるためにお客さまを訪問していた。］

みつろう　申し訳ございません。手前勝手な理由ですが、商品の価格を上げることになりました。僕は悪くないんです、悪いのは全部、製造部のヤツらです。

ラーメン屋店主　受け入れられないよ。こんな不況の中、よくまぁ平気で10％も上げる決断ができましたね。

みつろう　ですよねー、僕もそう思います。あいつら、バカなんですよ。なに考えてんでしょ、あの会社！　お客さまの気持ちも知らずにね！

ラーメン屋店主　私から見たら、あんたがその会社の人間なの！

［数軒回ったが、お客さまの反応は予想通り悪い。疲れきったみつろうは、アイスクリームをテイクアウトし、車の中で食べ始めた。］

みつろう　くっそー、誰も納得してくれない。しかし、よくもまぁみんなあんなに怒れるもんだね。人生なんて幻なんだから、笑い飛ばせばいいのに。

神さま　じゃあお前が笑い飛ばせよ。文句言ってないでさ。

みつろう　いや、僕はそんなに重くはとらえてませんよ。でも、お客さんの中には、すんごい悪口言う人もいるんですよ？「役たたず！」とか「のろま！」とか「デブ！」とか。傷つくなぁ〜、もう。言ったヤツのお店、潰れればいいのに。

神さま　**人は、他人を傷つけることなんてできんぞ。**

みつろう　できるっつーの！　事実、ここに傷ついたピュアなおっさんが瀕死の状態で倒れています。

神さま　アイス食っとるじゃないか！　瀕死の状態の人は、アイスなんて食えんわい！

いいか、どうしてお前は「役たたず」とののしられて、傷ついたと思う？　お前が、自分のことを「役たたず」と思っているからじゃ。

他人がお前を傷つけたんじゃない、お前がお前を傷つけているんじゃ。

みつろう　お、今回もいい話が聞けそうな予感ですね。

神さま　例えばワシがお前に、「このナリキン野郎！」って言ったら、どう思う？

みつろう　全然、傷つきませんね。ナリキンじゃないから。

神さま　そうじゃ。今、ワシはお前を傷つけようと思って、お前に文句を言った。でも、お前は傷つかなかった。なぜなら、**人間は絶対にほかの誰かを傷つけることなんてできない**からじゃ。

誰かが悪意でもって他人を傷つけようと行動しても、「傷」をつけることは絶対にできない。本人以外にはな。

みつろう　この教え……なんとなく、わかるかも。**自分がそう思っているから、自分で傷つく**のか。

神さま　でも、他人を傷つけることはできるでしょ？　殴ったりして。

できない。絶対に人間は他人を傷つけることはできないんじゃ。

例えば、お前を傷つけようと、誰かが殴ってきても、お前がそれにポジティブな意味を与えれば、そのできごとはポジティブとなる。

事実、**ムチで叩かれることに快感を覚える人もいる**んじゃぞ？

みつろう　そ、それは変態の話じゃないですか！

神さま　ワシから見ると、お前のほうがよっぽど変態に見えるぞ。**意味なんてない中立な現象を、常にネガティブにとらえつづけておる**のじゃからな。起こるできごとには、本来的に持ち合わせている意味なんて絶対にないのに。

「それを、どう思うか？」ただ、それだけじゃ。他人の口を使って、お前が、勝手に傷ついとるだけなんじゃや。

みつろう　たしかに。「役たたず！」と言われた時、ムカついたけど、そのあと「のろま！」と言われた時、なんとも思わなかったですもんね。自分のことを「のろま」だとは思ってないから。

神さま　**俺が自分自身を「役たたず」と思っているから、傷つくのか。**

そうじゃ。その本人が、そう思っているから、傷つく。他人の口から出た言葉は、全てがその本人が思っている意見だと教えたじゃないか。

みつろう　あぁ、前に習いましたね。現実は100％自分が解釈で創り上げているのだから、他人を創り上げているのも、自分である。

だから、その他人の口から出る意見は、私の意見ということになる。

神さま　そうじゃ。他人なんてそもそもこの世にはいないよ。あなたしかいないんじゃ。

「あなた」とは誰か？　あなたのことじゃよ。今、この現実を観測している、その「あなた」のこと。「え？　私のこと？」と今思った、これを読んでいる「あなた」じゃよ。「あなた」しかいないんじゃ。

観測者は、たった1人なのじゃから、当然じゃな。そんなあなたが、観測するその**「現実」に登場する人物は、全て、あなたが考えている意見を語ってくれている。**

みつろう 理屈はわかるんだけど、なんか、不思議な感じですね〜。「さとうみつろう」という登場人物も、「谷屋部長」という登場人物も、「ラーメン屋店主」という登場人物も、全てが僕の創り上げている人間なんだよね？

神さま じゃあ、なんで僕は、この「さとうみつろう」だけが愛おしいんだろう。不思議だと思わずに、腹話術師を想像すればいい。お前を含めて、お前の周りにいる人全てが、人形じゃや。**それぞれの人の口を使って、あなたが自分の意見を言っている。**じゃから、**他人だと思っている人の意見も、お前の意見**じゃろ？

みつろう そうでしたね。高田課長の口を通して、「まじめに働くべきである」という意見を、僕が言わせてましたもんね。僕が、深層意識で信じている

「まじめに働くべき」という意見を、彼の口から聞いている。
なんか……、わかってきたぞ！　日々、腹話術師みたいなことをやってるんですね、僕は。今すぐにでも、サーカスに出れそうじゃないか！　だって、**超うまいんだから!!　他人の口を、自分の声じゃないとみせかけて動かす技術が！**

神さま　お前、めちゃくちゃいいこと言ったな、今。その表現、今度からワシも使わせてもらうよ。というかいっそ、ワシが言ったことにしよう！　著作権をくれよ。

みつろう　パクんなよ人のセリフ！　テメーそれでも、神さまかよ！

神さま　俺のセリフ？　お前のセリフなんて、あるんじゃったかのう？　誰の口を通して出てきた声も、全ては私の声じゃろ？　**自分の声じゃないと見せかけて、他人の口を動かす技術が上手なだけ**じゃよ。

みつろう　キサマ、さっそく俺の名ゼリフをパクりやがって！

神さま　とにかく、全ては自分の意見なんじゃよ。自分の意見だからこそ、自分が聞いて、自分で引っかかっとる。頭に残る。傷がつく。

自分がそれに対して、なんとも思っていなかったら、絶対に引っかかることはないよ。「バカ」に「ナリキン」と怒鳴っても、さっき全然傷つかなかったじゃないか。それが証拠じゃよ。

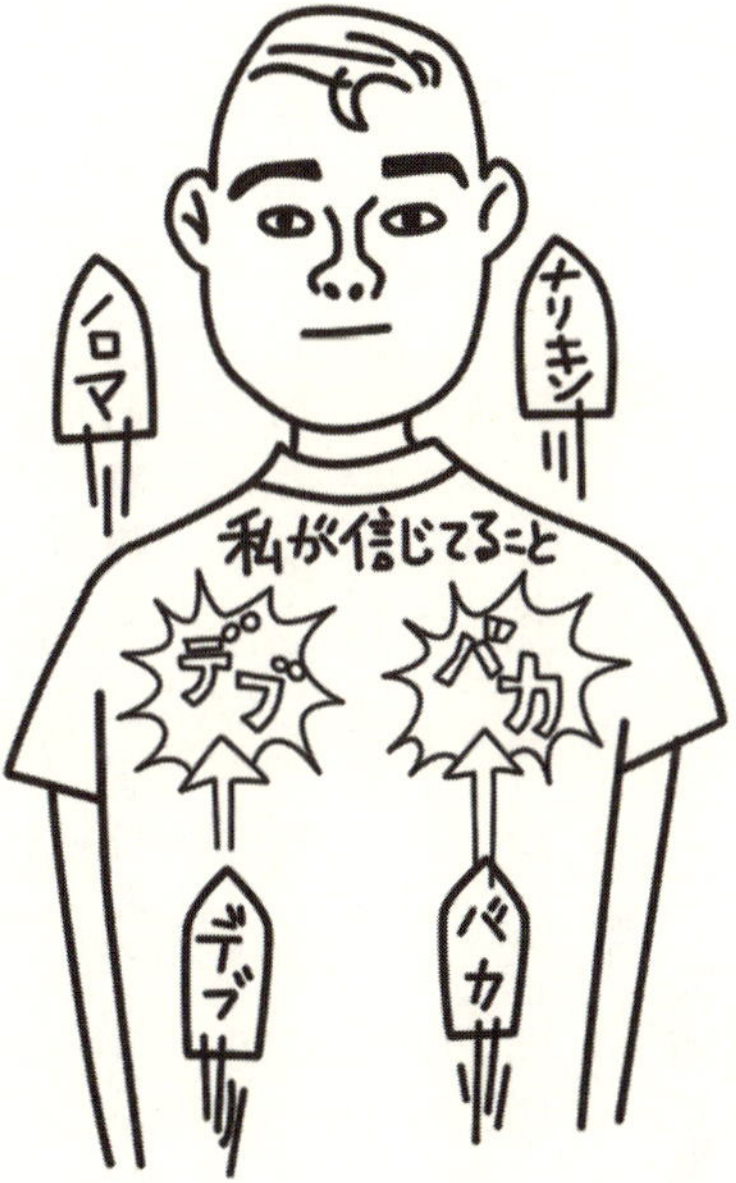

もし傷つくなら、お前が、他人のその意見を、支持しとるんじゃよ。**相手の口から出たその意見を、一番認めているのは、お前**なんじゃよ。

みつろう お前はいつも会社を17時の定時で帰るその時、課長はなんと言う？

高田の野郎、いつも俺に「たまには残業してくれないか」って言うんです。

神さま それも、お前の意見じゃや。お前は、「会社のために残業するべきである」という意見も持っている。でもそれは深層意識下でじゃ。**自分がそれを信じているということに、表層意識では気づけていないだけ**じゃや。だから、他人の口からそのセリフを出す。そして、表層意識で信じている「残業はするべきじゃない」を、腹話術人形の「主人公」を使って言わせているだけじゃ。「本人」という主人公の口を使ってな。

実際、課長に「残ってくれ」と言われながらも、会社を17時に出たお前

みつろう　は、家に向かう車の中でなにをしておる？

「僕のしたことは正しいんだ」と、自己弁護のように自分に言い聞かせていますね。

ムカつく高田の顔を思い浮かべながら「残業なんて効率が悪いんだ」とか「社内の規則で17時までだと決まっている」とかね。


神さま　**「自己弁護が起こる時はいつでも、反対側の意見も自分が支持しているからだ」**と気づきなさい。

だって、自己弁護とは、**自分自身に「言い聞かせている」状態のこと**なんじゃから。こっちのほうが正しいと、何度も自分を説得しようとしている。

どうして説得が必要なんじゃ？

あなたが、相手の意見を「正しい」と思っているからじゃろ？　だから、「自分」をこちら側に説得しようとして、自己弁護をしとるんじゃないか。

その、さとうみつろうという登場人物が、「残業は正しい」とどこかで思っているからこそ、自己弁護をして、自分をこちら側にひきずりこみたいんじゃよ。

こうして、「残業はするべきだ」を他人に言わせ、「17時に帰るべきだ」を自分に言わせることとで、お前たち腹話術師はこの世界を楽しんでいる。

みつろう いや、ぜんっぜん楽しんでねーよ！　この腹話術大会のどこが楽しいんだ！

神さま もっと、楽しみたいのか？

みつろう 楽しみたいに決まってるだろ！　アホかお前は！　このポイントで「いや、苦しみたいからけっこうです」とことわるバカがいるとでも？

神さま 腹話術大会を楽しめない理由は、ただ1つ。

特定の誰かの意見を支持するから、苦しくなるんじゃよ。この「特定の誰か」というのは、主人公のことじゃ。あなたが、いつも「私」だと思い込んでいる、その人（読者のあなたの名前を入れましょう）のことじゃよ。

みつろう あなたはいつもなぜか、その人だけを応援しとるじゃろ？

当然じゃないか！　なんで俺が、高田を応援しないといけないんじゃい！　ジャパネットかよ！　俺は、いつでも「俺」の応援団長じゃい！

神さま どちらもお前の意見なのに、**片側だけ応援するから苦しくなるん**じゃよ。

ある大リーグの球団の社長は、長年苦しんでいた。自分のチームが、いつも負けるからじゃ。ある年、その社長は、相手側の球団も買収することにしたんじゃ。こうして、両チームのオーナーとなったこの社長は、**野球のゲームで苦しむことはなくなった。**

ここからがすごい話じゃ。この社長は、苦しむどころか、むしろ野球を見ることを毎回楽しめるようになったことに気づいたんじゃ。両方を応援しているからこそ、シンプルに「野球」というゲームそのものを楽しめるようになったんじゃよ。

みつろう っち。金持ちはいつでも、いいよな。ポーンと500億円の球団を買っちゃうんだから。そりゃー、楽になるでしょうよ、人生も。缶コーヒーじゃあるまいし、ポンっと買うかね、球団なんて。

神さま ほら、また特定の「みつろう」を応援しておる。相手側の金持ちを応援できてない。当然苦しいじゃろうな。片方だけを応援しちゃうのだから。

いいか、宮沢賢治は言った。

「雨ニモマケズ　風ニモマケズ……**アラユルコトヲ　ジブンヲカンジョウニ入レズニ**／ヨクミキキシ……」となる。

特定の「自分」だけを応援したりせずに、その「自分」すらも勘定に入れずに世界を見つめれば、絶対に苦しいできごとは二度と起こらんよ。

みつろう さっきのイヤミな社長では納得できませんでしたが、宮沢賢治の話でなら納得できます！　というか、その「雨ニモマケズ」の解説、多分誰も知らないと思いますよ、日本人。あんた、やっぱすげーな！

神さま　「自分」だけを応援しなくなったら、二度と苦しまない。当然だよね。苦しいのは、**「自分」がピンチになるからだし、「自分」を守りたいからだし、「自分」を幸せにしてあげたいから**だもんね。

これすらも勘定に入れずに計算すれば、いつでも俺は幸せじゃねーか。

そうなんじゃよ。お前たちは、いつでも本当は幸せなんじゃ。それに気づけていないだけじゃ。

みつろう　「役たたず」と言われて傷ついたのは、お前自身が「自分は役たたずだ」と思っていたからじゃった。ということは、相手が「役たたず」と言っても、別にいいじゃないか。だって、それもあなたの意見なのだから。

ああなるほど、今、そう考えてみると、別に「役たたず」に腹がたちませんね。

神さま　お前の中から、余計な固定観念が消えたからじゃよ。覚えておきなさい。**人は他人を傷つけることはできない。**自分自身で傷つくだけじゃ。

それなら、自分自身で立ちなおるしか方法はないじゃないか。相手が吐いたセリフで傷ついたなら、自分自身がそう思っているから傷ついているんだ、と冷静に分析しなさい。

相手の意見を言わせているのも私だと気づけたなら、絶対にあなたは二度と傷つかんよ。

宿題

誰かと対立して、傷ついた時。どうして傷ついたのかを考えてみましょう。その言葉を認めているから、自分が自分で、傷ついているのだとわかるでしょう。

他人の言葉に
パワーを与えているのは
あなた自身である。

世界中でそれができるのは「あなた」だけ!!

［ある日の朝、みつろうは自宅のトイレで、長男・コクトウの幼稚園から届いた「保護者懇談会」のお知らせを読んでいた。］

みつろう　うっわー、まじで行きたくね〜。俺、こういうの苦手なんすよ〜。だってみんな俺のこと「変わり者」だという目で見てくるから。

神さま　実際に変わり者じゃないか。ワシでも見たことないよ、その変わりっぷりは。

みつろう　はぁ、耐えられない。50分間も、周囲からの変な視線に耐えながら、営業用スマイルをずっと保持するなんて、やせ我慢大会じゃあるまいし。よし、妻に行ってもらおう。

神さま　ワシは神じゃ。

みつろう 周囲の保護者が、お前のことをどう思っているか、教えてやろうか？

教えて！　まぁきっと答えは「変わり者」でしょうけどね。

神さま 実はな、周囲の保護者は、お前のことを……、

いやー、どうしよっかなぁ～？　これ、言っていいのかなぁ～。

よし、やっぱり言おう！

いいか、周囲の保護者は、お前のことを……

なんとも思ってない。

というか、誰もお前に興味がない。

みつろう ……僕、今めっちゃはずかしいじゃないですか。自意識過剰野郎みたいな。

誰も僕のことなんて見ていないのに、見られてる気満々になっ

てさ。穴があったら入りたいよ。

神さま まぁ、入るところも誰にも目撃されないんでしょうけど。

お前たち人間は、常に「周囲の人が自分をどう思っているか？」を気にしておる。ところが、宇宙の唯一の法則は「自分が周りをどう見ているか」だけなんじゃ。

だから、**お前のことを悪く思っている人は1人もおらん。「悪く思っている人がいる」とお前が思っているだけ**である。

誰もお前になんか、興味ないよ。だから懇談会は、お前が行きなさい。

［その日の午後、みつろうは幼稚園に来ていた。］

先生 実は、今度の秋の運動会で「テントを張る方」、「イスの片づけをする方」、「チラシを作成する方」など、役割分担をしたいと思っております。すみませんが、保護者の皆さまのご協力をお願いします。役割分担

みつろう はくじびきで決めます。

ハズレもあるんですか？　ハズレ……つまり、なんの役割も当たらない人！　まぁそっちのほうが僕にとっては「アタリ」なんですどね。

先生 はい。１人だけハズレがあります。

みつろう おっしゃ！　テンション上がってきた！　絶対にテント張りだけは嫌だぜ。くそ暑い中、なにが楽しくて鉄の骨組みを運ばなきゃならんのじゃい。絶対、アタリを引いてやる！

［
――考えたことが現実化するこの世界で、見事にテント張りの役割を的中させたみつろうは、うなだれながら幼稚園の門を外に出た。
車に乗りこんでふとグランドを見ると、友達と2人でベンチに座る長男のコクトウを発見した。
］

みつろう あいつはいいよな、友達とのんきにベンチでおしゃべりなんかしてさ。

あんたのパーパーは来月には過酷な労働を先生に強制されるというの

に。

神さま はぁ〜、なんでこんな役割に……。

「嫌だ、嫌だ」と言っている間ずーっと、そのことを考えていたのだから、見事に引き寄せたんじゃろうなっ。おめでとう。

ところでみつろう、野球を知っているか？

みつろう 野球を知らない日本人を探すほうが、難しいですよ。はぁ〜……。

神さま 野球には、9つのポジションがあるじゃろ。いわゆる、役割じゃ。ピッチャーがいて、キャッチャーがいて、サードがいて、ファーストがいて……。

そこに10名の選手がいたとすると、どうなる？

みつろう 1人だけ、なんの役割もない人間が発生します。そいつがうらやましいぜ。

神さま ポジションを創ったあとに、選手を募集するとこうなるじゃろう。

一方、ワシが創った**この宇宙には、あまるポジションがない。**

なぜなら、その人がいる場所そのものがポジションだからじゃ。

需要と供給がぴったり一致するんじゃよ。

みつろう え？　やりたくない役割を見事に的中させた男を目の前にして、そのご発言？　全然一致してないじゃん。役割分担が。

神さま ビッグ・バンが起こった当初、宇宙が100個のパーツに分裂していたとしよう。その際、宇宙にはあまっているピースはあるか？

みつろう ないですね。だって、100個のパーツ全部で宇宙ですもん。

神さま そのあとビッグ・バンが進み、宇宙が1000兆個のパーツに分裂したとしよう。この時には、宇宙にはあまっているピースはあるかい？

みつろう ないですね……。おや？　ということは、宇宙には今でもあまっているピースなんてないじゃないですか。役割の数だけ、そこになにか物質があるんですから。

神さま

そうじゃ！　よく気づいたな！　**今、この宇宙に、あまっているピースなんてないんじゃよ。**お前の目の前の空間から、急にポロッとあまったパズルピースが落っこちてきたことはないじゃろ？

全ての場所には、全ての役割がすでにはまりこんでおるんじゃ。だから、全てが完全に一致しているんじゃよ。

ようするに、ポジションを創ったあとにメンバーを募集した野球とは違って、**メンバーの数だけ確実にポジションができあがる**んじゃ。

まずはじめに、サードがいて、センターがいて、ピッチャーがいて、キャッチャーがいたから、最後にそれを「野球」というゲームにした、という感じかな。あなたがいて、私がいて、誰かがいて、そして宇宙が

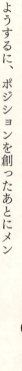

でき上がったんじゃ。

みつろう　なるほど、じゃあこの宇宙には、ムダなものなんて1つもないことになりますね。

神さま　そうじゃ。あなたは、存在しているだけですでに認められている。あなたがいないと、この宇宙は成りたたないのだからな。

それなのに人間は**「認められたい」**と言う。

存在しているだけですでに完全な役割をこなしながら、認められているのに。

「あなた」という役割があるからこそ、そこに存在できているのに。

くさいセリフじゃないけど、宇宙にとってあなたは文字通り**「かけがえのない存在」**なんじゃよ。

みつろう　でも、やっぱりできれば、出世したいし、えらくなりたいし、社会に認められたいです。

神さま　「存在するだけですばらしい」という原理がわかってないから、そんな勘違い発言が出るんじゃよ。
前に教えた、3つの人間の欠乏欲の話があったじゃろ？　存在しているだけですでに完全に認められているお前が「認められたい」と願うと、どうなると言った？

みつろう　認められるためには、一度「認められていない状態」を産み出す必要があるんですよね？

神さま　そうじゃ。お前が「えらくなりたい」と口でつぶやいた数だけ、お前の心は「私はえらくない」と思いつづけておる。「もっとえらくなりたい」と言えば**「だって、こんなにもえらくないから」と心は思っておるんじゃ。**
お前たちは、存在している時点で宇宙に完全に認められている。そうじゃなきゃ、そこに存在できていない。そんな、かけがえのない「あなた」なのに、「認められたい」という欠乏欲を出すと……

その現実に「認められていない私」という架空の状態を創り上げてしまうじゃないか。

みつろう でも、違う場所のパズルピースになりたいんです。「テント張り」じゃなくて、「自宅待機」のピースにね。

神さま 宇宙の中心は、お前じゃぞ？ **別の場所に行けるわけがない。**観測者たる「あなた」の思考で現実を構築しているのじゃから、いつでも投影元のお前が中心じゃないか。

みつろう ちょっと待って！ 頭痛くなってきたよ。ここじゃなくて、向こうに行きたいんだよ？ 俺は。

神さま 向こうなんてない！ いつでも「ここ」しかないじゃないか。
観測者が中心点だぞ？ **お前が、向こうに行ったら「そこ」が中心になる**のだから「そこ」が「ここ」になるよ。ようするに、**どこに行こうと、お前は「ここ」にいる**んじゃよ。
どうやって、向こうになんて行けるんじゃ？

みつろう　ほ、本当だ！　どうやったって、僕は「ここ」から動けないじゃないか！　**ほかの役割というパーツになることなんて、永遠にできないのか。**

神さま　そうじゃ。「ここ」以外に行けるわけがないお前が、「向こうに行きたい」だなんて言うもんだから、いつもおかしなことになる。お前は、この場所にいるだけで、完全に役割を果たしている。その場で今すぐ、くつろぎなさい。**くつろげば、お前が望んでいる役割は全て「ここ」にやってくるよ。**

［その時、グランドのベンチから走ってきたコクトウが車のドアをノックした。］

コクトウ　ねぇ、パーパー？　友だちのコーキ君が、落ちこんでるんだ。なにかパーパーから励ましてくれない？　パーパー上手じゃん、こういうの。

［みつろうは車を降りて、ベンチへと向かった。］

みつろう コーキ君。どうして落ちこんでいるんだい？　くじでテント張りの役でも引いたのかい？

コーキ君 僕は、なんにもできないんだ。ピアノも、鉄棒も、算数もできない。僕なんて、いないほうがいいんだよ。ママたちも、そう思ってるはずだ。

みつろう そんなことはないさ。必要じゃない人は、この宇宙には絶対に生まれられないんだよ。この世界にいる人は、それぞれにちゃんと役割がある。そこに存在しているだけで、役割をこなしているんだ。例えば、君はどうなりたいんだい？

コーキ君 クラスのゴン太君みたいに……。ゴンちゃんはなんでもできるんだ。ピアノも弾けて、鉄棒もできて、頭もいい。僕もゴンちゃんのように生まれたかったなぁ。

みつろう　君がゴンちゃんになれるわけないじゃないか。**君はもう、君なんだから。**ゴンちゃんにはゴンちゃんの、君には君の「役割」がある。

コーキ君　僕には役割なんてないよ。

みつろう　あるさ。君はさっき言ったよね。「僕にはなんにもできない」って。できない君がいるから、ゴンちゃんは「僕にはできる」って思えてるんだぜ？ようするに、君がいなかったら、あいつら、なにもできないんだ。

コーキ君　でも、僕だってできるようになりたいんだ。

みつろう　じゃあ、君にできることを探そうよ。できない「ピアノ」をわざわざ考えないでさ。

ピアノは、ゴンちゃんのために「弾けないでいてあげてる」と思えばいいさ。君がいるから、ゴンちゃんは「ピアノが弾ける」と思えてるんだぜ？　ゴンちゃんのために君がピアノを弾いているようなもんじゃないか。

いいかい、君の得意なことはなんだい？

コーキ君　なんにもない。本当に、なにもできないんだ。僕には、役割が、やっぱりないよ。

みつろう　あるよ、君にしかできないこと。
例えば、君のパパは仕事から帰ってきて、まっ先に君を抱き上げるだろ？　君の顔を見るだけで、パパは元気が回復するんだ。
この役割は、君にしかできない。試しに今度、玄関にクマのぬいぐるみを置いておいてごらんよ。パパはそれを抱き上げると思うかい？

コーキ君　……そうだね、パパはいつも僕を見て笑ってくれる。

みつろう　そうさ、これはものすごくすごいことなんだぜ？　だって、**君以外のなにをそこに置いても、君のパパは笑わないんだよ？**　ピアニストは100万人いたとしても、パパを笑顔にできるのは君だけだ。ほら。向こうを見てごらん。
もう1人、コーキ君がいないと元気になれない人が、君を迎えにきているよ。

コーキ君 ママだ！　今日は、「はやおむかえ」って約束したから、むかえにきてくれたんだ！

みつろう そうさ。ママは、パートのお仕事を早く切り上げて帰ってきてるんだろ？　ママの仕事を早めに切り上げさせることができるのも、君だけさ！

君がいなかったら、ママはいつまでもズルズルと残業していたかもしれない。

そして、身体を壊していたかもしんないぞ？

君がいたから、ママは今日も笑っていられるんだよ！

コーキ君 ありがとう、おじさん。なんだか元気が出てきたよ！　僕は、ただここにいるだけでもいいんだね。

みつろう そうだとも！　その役割は、**君にしかできない**さ！　でも君が落ちこんでいたら、ママたちも笑えないぞ。今のその笑顔のままで、ママと家に帰るといいよ。

「コーキ君が帰ったあと、コクトウがパパに話しかけた。」

コクトウ ありがとう、パーパー。僕も、パーパーがパパでよかったよ。パーパー以外の人が、パパだったら、絶対に嫌だったな！

みつろう じゃあ、仕方ない。俺の仕事が、俺なら、もうテントを張るしかないじゃないか。
パパもがんばるからお前、今度の運動会、かけっこで絶対に1等になれよ。
よーし。じゃあ、車まで練習！　はい、よーいっどん！

「車に向かって駆け出す2つの長い影を見ながら、神さまはつぶやいた。」

神さま どう見たって、幸せな親子にしか見えないよ。

それなのに、どうしてその「役割」を嫌がっていたのだろうか？　**そのままでかけがえのない「あなた」なのに。**人間とは本当に不思議な生き物じゃ。

宿題

「あなたにできない仕事」ではなく、「あなたにしかできない仕事」を身の周りから探してみましょう。あなたには、「あなた」という大切な役割がすでにあるのだから。

神さまの教え 30

あなたがいないと
この宇宙は「マジで」
成りたたない。

まとめの授業

5時限目

この世の仕組みと真の幸せについて

未来は全て決まっている！

「とある金曜日、いつものように17時に会社を出ると、みつろうは友人とビリヤード場に向かった。ブレイクショットを打とうとした彼に、神さまは話しかけた。」

神さま　慎重に、打てよ。失敗しないようにな。

みつろう　っちょ、アホか！　余計に緊張するじゃねーか。プレッシャー与えんなよな。そもそもこれはブレイクショットなんだから、どーでもいいショットなの！

神さま　どうでもいい？　一番、大切なショットじゃないか。それで全てが決まるんじゃぞ？　いいか、手前に白い球があり、向こうに15個の球が三角形に並んでいる。

今、お前が白い球を打った瞬間に、そのあとの動きは全て決

まる。白い球が、黄色い球に当たり、それがさらに紫色の球に当たり、壁ではね返って、青い球が5番ポケットに入る。

ようするに、**青球が5番ポケットに入ることは、10秒前のブレイクショットが放たれた瞬間に決まっていたことになるんじゃよ。**

みつろう おお。なんか、不思議な感じ。まるでSF映画みたい……。たしかに10秒前のブレイクショットの瞬間に青球の運命は決まっていたのか……。

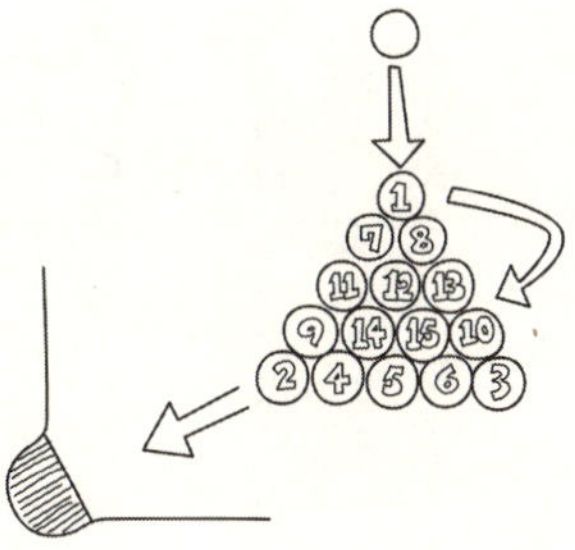

神さま　この宇宙も、大きなビリヤード台のようなもんじゃ。分子や原子や電子などは小さな粒子。じゃから宇宙には**ちっちゃいビリヤードの球がたくさんあること**になる。

みつろう　あぁ、その発想はなかったですけど、言われてみればそうだね。「目の前のものは全て、ちっちゃなボールがたくさん集まってできてる」って理科の先生が言ってたな。ものだけじゃなく、人間だって、ちっちゃなボールの塊だしね。

神さま　そうじゃ。ということは、この宇宙にある全てのボールの動きは、ビッグ・バンが起こった瞬間にすでに決まっていたことになる。ビッグ・バンとは言うなれば**宇宙のブレイクショット**じゃな。

みつろう　え？　ビッグ・バンが起こった瞬間に、宇宙の全ての球の「その後の動き」が全部決まっていたなら、僕らの未来もすでに決まっていることになるじゃん。

神さま　決まっとるよ。だって「ビリヤード台」と「この宇宙」、違うのは大きさくらいじゃ。ビリヤード台には15個のボール、この宇宙には1500兆個のボール。数が違ったって、結果は同じじゃないか。**ビッグ・バンが起こった瞬間に、1500兆個のボールの、その後の動きは全て決定しとる。**

白い原子が、黄色い原子に当たって、その影響で黄色い原子は紫の分子に当たって、それによって青い分子が遠くにはじかれる……という感じにな。

みつろう　でも、このビリヤード台の15個の球は、すぐに止まるよ?　ブレイクショットの力が影響するのは、せいぜい20秒程度だから。

神さま　**宇宙に加えられたチカラは、最初の一撃のみ**じゃ。そしてそのパワーは今もなお持続しておる。だって、宇宙は止まってないからな。「最終的には宇宙は止まる」と、科学者は予想しているが、今はまだ、宇宙は活発に動いている。ということは、ビッグ・バンからの流れが今もなおつづいておるんじゃよ。

お前の目の前で、今も球と球は複雑にぶつかり合っており、それにより、今後の球の進路も全て決まっておる。ただ、球の動きが複雑じゃから、お前たちには「未来」が計算できないだけじゃ。

みつろう　ってことは、僕が今日、このビリヤード場に来ることは、147億年前に決まっていたとでも？

神さま　当然じゃないか。お前が今日いる場所も、はるか昔に「ここ」と決まっていたよ。

みつろう　こわっ。なんか、こわっ！　鳥肌全開！

全ては決まっていた……。俺がビリヤード場に来ることを、147億年前にノストラダムスは予言していたのか……。

でもさ、今日は19時から会社の飲み会の日で、本当なら少し残業してから居酒屋に行くはずだったんだ。でも、ギリギリになって健二がつかまったから、ビリヤード場に行くことにしたんだよ？

この「行き先を変えた」のは、俺の意志でしょ？　ビッグ・バンじゃなくて。やっぱり、未来なんて決まっていないじゃん。ダムスはんたーい。

神さま　お前が、自分の意志で、「居酒屋」から「ビリヤード場」へ変更したとでも？

みつろう　当然だよ！　俺が、決めたの。アフターファイブまで会社のヤツらの顔なんて見たくないから、必死に友だちにメールして、未来を切り開いたの！　ここは天国、あそこは地獄！

神さま　居酒屋に向かっていた「お前」というボールに「友だちからの返信メール」というボールをぶつけると、「お前」は方向を変えて、ビリヤード場へ動き出す。ほら、さっき

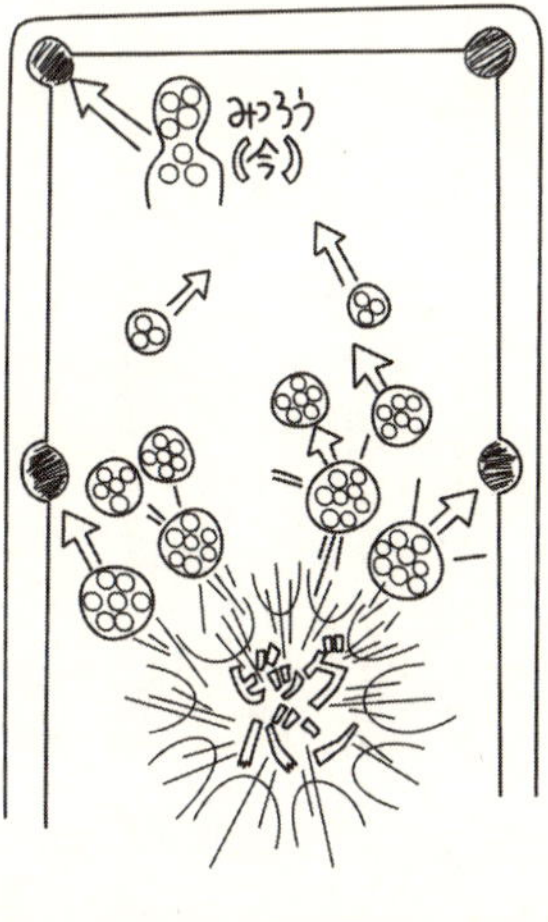

と全く一緒じゃないか。全ては、始めから決まっていたんじゃよ。

みつろう　そんなことないってば！　だって、俺が本気を出せば、今すぐこのビリヤード場を抜け出して、居酒屋に再度行き先を変更することもできるぜ？

神さま　それも一緒じゃよ。ビリヤード場にいる「お前」というボールに、ワシが「挑発的発言」というボールをぶつけると「お前」は居酒屋に向けて歩き出す。なにが違う？

みつろう　やーだー！　なんか、やーだー。未来が全て決まっているなら、やる気なくなっちゃうじゃなーい！　あやつり人形じゃあるまいし、なにも楽しくないわよぉ。

神さま　そのオカマのような発言も、147億年前に決まっておった。それどころか、**この先なにが起こるのかの全ても、もうすでに決まっておる。**

みつろう　ビッグ・バンの起こったあの日にな。
じゃあもう俺、明日から会社行かないぞ。本気だぞ。いいのか？　だってもう、それも決まってるんだもんな？　毎日、なにもしないで、ダメ人間になってやる。

神さま　いいよ。行くか、行かないかも、すでに決まっとるんじゃから。それに「ダメ人間になってやる」と言っておるが、すでにダメ人間じゃないか。

みつろう　きー、悔しいぞ！　俺には、自力の意志がある。自力で未来は選べる！

神さま　自力？　そんなもんはない。「友だちからの返信メール」が来なければ、お前はここにいなかったと認めたよな？
じゃあ、**返信メールをお前に送ったのは、お前なのか？**　違うじゃろ。健二じゃ。
健二が「返信メール」を「さとうみつろう」にぶつけたから、「さとうみつろう」というボールは、ビリヤード場に方向を変えた。
ぜんぜん「自力」じゃないじゃないか。健二のメールがお前をここへ動かしとる。お前たち人間は、自力では動いとらんよ。

みつろう 俺が「自力」で、健二にメールをしたから「返信メール」が返ってきたんだぞ？　俺の自力じゃねぇか！

神さま じゃあどうしてお前は健二にメールした？　「今夜、飲みにいこう」と急に午前中に課長に言われたからじゃろ？　課長にそう言われなかったら、**「健二にメールを打つ」という動作は、絶対に起きんよ。**

「今夜飲みに行こう」という音声を「さとうみつろう」にぶつけると「健二にメールする」という**現象が勝手に起こる。**それだけじゃ。

またもや「自力」だなんて言っておるが、**「さとうみつろう」に「今夜飲みに行こう」と言ったのは、お前なのか？**

みつろう 自分で、自分自身に「今夜飲みに行こう」って言うなんて、かなり痛いヤツじゃないですか。課長が、言ったの！　僕に！

神さま じゃあ、お前の「自力」じゃないよな？　課長が、お前を動かしたんだから。

みつろう　え？　ってことは、宇宙を動かしてるのは全て高田課長なのか？？

神さま　お前はバカなのか！　「高田課長」を動かしているのも高田課長ではない。実際、「高田課長」の口を「さとう、今夜飲みに行こう」と動かしたのは「前日に奥さんが実家に帰った」からじゃ。ようするに、奥さんが実家に帰らないかぎり、高田課長の口は午前中に動かなかった。そして、それに伴いお前もビリヤード場には行くことはなかった。

みつろう　え？　じゃあ、ひょっとして、宇宙を動かしてるのは高田課長のおくさ……。

神さま　奥さんじゃないわ！　ビッグ・バンからの流れなの！　奥さんも流れの一環で実家に帰ったの！　奥さんの意志とは関係なくな。というより、この流れのどこにも「自力」なんてない！
いいか？　これを、日本では「縁」と言うんじゃ。1つ1つの縁が積み重なって、たまたまお前の目の前で1つのできごとを起こす。

「自力」ではなく、「縁」が「起」こしておるんじゃ。だから、「縁起がいい」、「縁起が悪い」とか言うのじゃよ。自力でできごとを起こしているんじゃない。**「縁起」が、目の前でただ展開しているん**じゃ。それを見たお前ら人間は、どういうわけか、「私が、次の行動を選択できる」と錯覚している。そんなわけない！　流れのパワーが、あなたに次の行動を選択させておるだけじゃ!!

みつろう　聞けば聞くほど、僕ってなにもしてないじゃん。

神さま　そうじゃよ、なにもできない。全てはただ目の前で起こっているんじゃから。この宇宙に起こる全ての現象が、147億年前に決められた通りの動きで、ただ「起こっている」。そして、目の前に起こるできごとの中から、**「自分が起こした」と錯覚した部分を、人間は「自力」と呼んでいる**だけじゃ。

みつろう　やっぱ、こわっ！　なんだか、怖えーよ！　じゃあ、俺はなに1つ自分では決めていないってか？　なにを選択するのかも？　なにを思うかも？

神さま　あぁ、そうじゃ。**もしビリヤード台の中で、ほかのボールの動きとは全く関係なく動くボールがあったらどうする？**　紫のボールだけ、急に空中に浮かんだらどうする？

みつろう　そっちのほうが怖いわな。全ては流れの中で決まっていたのか。俺が今、そう思うことも、決まっていた。ん？　思うことも決まっていた……？

神さま　え？　ちょっと待ってよ！　「考えることが現実化するから、いいことを考えなさい」と、あなたは僕に教えた。**それなのに「なにを考えるか」が、自分には選べないなら、ただの生き地獄**じゃねーか。

みつろう　その人が「なにを考えるか」はすでに決まっているのじゃから、無理じゃよ。

お前、悪魔の使いか？　ここまで教わったこと、なーんの意味もねーじゃねーか。今日までの数ヶ月、なんのためにあんたといたんだよ！

神さま 時間を返せよ！

みつろう 「いること」が、決まっておったから「いた」んじゃないか。お前は未だに「自力」でなにかを選択できた気になっているのか？　「一緒にいるか、いないかを選択」したのはお前じゃない。ただの縁起の流れじゃ。じゃが、安心せい。今日までの教えに、なに1つムダはない。

前に「あなた」に見える登場人物は、全て「あなた」の思考が創り上げていると教えたじゃろ？　「私」という主人公も、「他人」という脇役も、全てがお前の解釈で創り上げられたものであるとな。

でも、その主人公ですら、**「なにを言うか」**、**「なにを考えるか」**、**「なにを選択するか」がすでに決まっている**とわかった今、まるで映画を見ているようだと気づけないか？

本当だ。なんか、映画見てるみたい！　だって、この「さとうみつろう」がなにを考えるのか、どこへ行くのか、その全てが決まっているのだから、ただの映画じゃん、映画！　そっか、俺、この主人公の映画を見ているだけなのか。それにしても、めっちゃかっこいいな、この物語の主人公!

神さま カッコ悪いわ! バカで、デブで、チビじゃ!

みつろう あんたさぁ、人のことそこまでコテンパンに文句言うかね、しかし?

神さま だって、そいつはお前には関係ないヤツじゃろ? 映画の主人公なんじゃろ? そいつが、なにを考えるか、なにを選択するか、どう動くかはすでに決まっていて、**その映像を「あなた」が見ているだけ**だと、覚えたばかりじゃないか。

みつろう なんか、頭痛くなってきた。ねえ、脳から煙出てない?

神さま いいか、ドラマを見ている時に、主人公がフラれると、なぜかお前は悲しくなるだろ? これは心理学で言う「自己同一化」という現象じゃ。**ドラマを見ている間、ずっと「キ○タク」を「私」だと思いこんでいる。**お前に関係のない人物を「私」だと思いこみ、画面の向こうの主人公に感情移入する。じゃから、お前には関係のないその人がフラれたら、泣くんじゃ。実は、この世界でも全く同じことが起こっているんじゃよ。なぜか、お前は、「さとうみつろう」を私だと思いこんでいる。

みつろう　いや、思いこんでるとかじゃなくて、これが私なの！　私は、「さとうみつろう」なの!!　アホかお前は。

神さま　そいつが、なにを考えるか、なにを選択するか、これからどんな行動をとるかの全てがすでに決まっておったじゃないか。そんなヤツが、お前なのか？　**そいつを、見ているのが、お前**じゃないか。ほら、ドラマを見ていた時と、全く同じことが、この宇宙でも起こっているだけなんじゃよ。なぜか主人公を「私」だと思いこむ、自己同一化現象じゃ。

みつろう　じゃあ、本当の「私」はどこにいるのさ？　この、「さとうみつろう」を「私」だと思いこんでいる、「本当の私」はどこなの？

神さま　今のも、ドラマのセリフじゃ。ドラマの主人公である「さとうみつろ

みつろう　う」が「じゃあ、本当の私はどこにいるのさ？」と言った。**そのセリフを聞いているのが、本当の私**じゃよ。

神さま　だーかーらー！　そいつは、どこにいるんだよ！

みつろう　主人公が言った「だーかーらー！　そいつは、どこにいるんだよ！」というセリフを聞いている場所にいる。

神さま　いい加減、その場所を教えろ！

みつろう　「その場所を教えろよ！」と言っているのを見ている場所じゃよ。

神さま　この問答、止めろよ。いつまで経っても、探せないじゃないか！

みつろう　探せるわけないじゃないか！　「本当の私」を探しているのは、映画の中の「さとうみつろう」じゃろ？　そのさとうみつろうが、「『本当の私』を探している」という映画のシーンを「本当の私」は見ているだけじゃないか。

みつろう　「本当の私」は、誰も探しておらんよ。ただ映画を見ているだけじゃ。

みつろう　もう無理。マジで、脳から煙が出ている。もう、どうでもいい。映画を見ているそいつに、「勝手に俺の人生劇場でも見て、興奮しとけ」って伝えといてくれ。

神さま そいつが、お前なのにか？　関係ないどころか、本人じゃよ。**映画を見ているその「本当の私」が「お前」**じゃよ。**「さとうみつろう」なんていない。**その人はこの宇宙というドラマの登場人物じゃないか。

みつろう 「本当の私」こそ、俺の正体？　もう、止めて。本気で気持ち悪くなってくる。俺はビリヤード台の上に座って、健二をずっと待たせて……ここにいるの！

神さま ビリヤード台の上に座っているその短足デブは、映画の中に出てくる「さとうみつろう」という登場人物じゃろ？　まぁいいよ。**見つめる者を見つめることなんて絶対にできん。**目が目を見れるわけがないのじゃから。

さて、ワシは「この宇宙」で起こることは全てが決まっている、と言っ

みつろう たが、あくまでも**「この宇宙」**で起こっていることじゃぞ？

神さま え？　なんか突然、明るいきざしが見え始めてるんですけど。

みつろう 「この宇宙」で起こることは全て決まっておるが、お前が練習しとるビリヤード台と、健二が練習しとる隣のビリヤード台で起こることには、なんの関連性もない。

神さま いいね！　希望が出てきたよ〜。

みつろう なにが起こるのか全てが決まっている「この宇宙」を、ただ見ているのが「私」だった。ということは「この宇宙」は**すでに撮影が終わった映画のＤＶＤのようなもの**じゃないか？　だって、そのＤＶＤの中で「なにが起こるか」、「どんなストーリー展開をして」、「どのようにエンディングを迎えるか」まで、全てが決定した状態で「この宇宙」に収まっておるのじゃから。

みつろう 本当だ、まるでＤＶＤみたいですね。**始めから終わりまで、動きが全て決まってる**んだから。

神さま 「この宇宙」というDVDを見て、本当のお前は主人公・さとうみつろうに自己同一化しておる。

みつろう ということは、自己同一化を起こせる者は、いつだってその物語には**関係ない場所にいる**はずじゃ。先月、お前がドラマを見て主人公に感情移入した時、お前は、TVの外にいたじゃろ？当然だろ！　俺がドラマの中にいたら、怖いよ。まぁ、このルックスなら、いつの日かTV画面の向こう側にも呼ばれる日が来るでしょうけど。

神さま 呼ばれないから、安心して話をつづけよう。**TVの外にいるからこそ、お前はそのドラマの内容（ビリヤードの球のぶつかり合い）に影響されずに、自己同一化ができる。**ということは、「この宇宙」が1つのDVDだとすると「本当のお前」はどこにいるんじゃ？

みつろう やっべー、わかっちまった。「この宇宙」の外にいる！　すっげー、俺、宇宙人じゃん。いや、宇宙人ですらない。だって、宇宙の外にいるんだから。

神さま 「本当のお前」は「この宇宙」というDVDの外にいるんじゃから、違うDVDだって選べる場所にいるはずじゃろ？

みつろう じゃあ、めっちゃ自由じゃないですか。一気に、やる気が出てきた！早く、違うDVDを見ようよ。このDVD、マジでつまらないんだから。

神さま そのセリフは「このDVD」の中に収められているセリフじゃ。だって、「さとうみつろう」という主人公が言った「違うDVD見ようぜ！」というセリフじゃもんな。まだわからないのか？「この宇宙」で起こることは、全てが決まっておるのだから、そのセリフも、すでに撮られたDVDの中のワンシーンじゃないか。

みつろう ねぇ、ちょっといい？　さっきからさ「この宇宙」って何度も言ってるけど、宇宙は1つでしょ？「あの宇宙」なんてあるのかよ？

神さま これまで、宇宙は1つだと考えられておった。だから、ユニ（1つの）バースと呼ばれていたんじゃ。ところがお前らの世界の最新の科学者は

「マルチバース」という宇宙観に気づき始めておる。マルチ（複数）どころか、無限の数の宇宙があることが計算でわかってきているんじゃ。

みつろう　「この宇宙」以外にも、宇宙がたくさんあると科学者が言ってんの？　俺、宇宙の外側なんて、見たことないんですけど。

神さま　当然じゃないか。ビリヤードの台の上にある球からは、他のビリヤード台は観測できない。お前が今座っているビリヤード台の上の球たちは、すぐ隣の健二のビリヤード台すら見えないじゃないか。
でも科学者は、見れなくとも、計算上どうしても「無限の別の宇宙」の存在が必要になる、と言っておるんじゃ。

みつろう　無数の宇宙だなんて、なんだか、SF映画のパラレルワールドみたい。

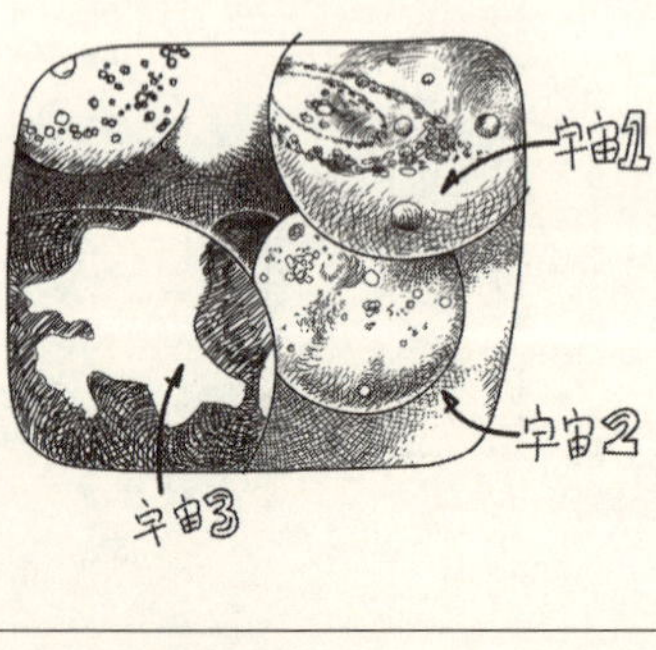

神さま そうじゃ。まさにパラレルワールドじゃよ。この「無限」とはどういう状態かわかるか？ **「全ての可能性」** ということじゃ。金持ちな「さとうみつろう」がいるDVD、貧乏な「さとうみつろう」がいるDVD。それどころじゃない。百万円の貯金がある「さとうみつろう」、101万円の貯金がある「さとうみつろう」、102万円の「さとうみつろう」……まさに、**選択の数だけ、無限にDVDは用意されておる。**

みつろう お、そう聞くと、最初に教えてもらった通りですね。**毎瞬、毎瞬、ゼロから現実を構築している僕たち観測者**は、どんな現実であろうと、信じた通りに見ることができる。ようするに、無限の数の「現実」を、無限の「解釈」によって構築できるって教わったもんね。その状態って、「本当の私」がどこかにいて、毎瞬、違うDVDを見ているのと同じじゃん！ でも、DVDをチェンジする速度、めっちゃ早いね。毎瞬、毎瞬、無限のDVDから1枚を選択して見てるんでしょ？

神さま　そうなんじゃ。今回は表現をＤＶＤに変えただけで、言ってることは同じじゃよ。

お前は、どんな現実でも**毎瞬、毎瞬新たに構築できる。**ただ、「この宇宙」で起こることは、**全てがすでに決まっている**ということを、今日は教えたかったんじゃ。

都合よくお前が、ビリヤード場にやって来たもんじゃからな。

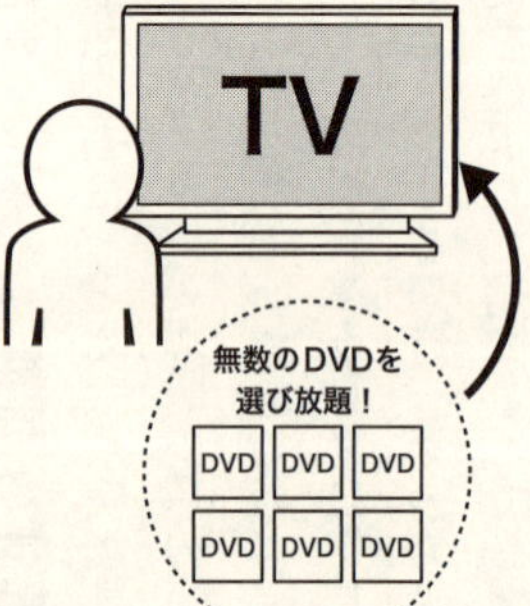

みつろう　じゃあ結局、どうすればいいの？　とにかく早く、ビリヤードがしたいんだけど。

神さま　「どうすればいいの？」というセリフは、すでにＤＶＤの中じゃ。そのセリフを、あなたが聞いている。ＤＶＤの中で、できることは「どうしてこの人は、今、このＤＶＤを見ているんだろう？」と考えることくら

みつろう いじゃ。
なんで見ているかは知らんが、とりあえずそいつ、めっちゃ悪趣味だよね。こんなつまらない俺の人生劇場のDVDを選ぶんだからさ。マニアにもほどがあるよ。

神さま **無数にあるDVDを差しおいてでも、この風景を見たかった**ということじゃよ。その現実を。そのできごとを。その人間関係を！
ということは、**「本当のあなた」がこのDVDを選択して、この映像を見ているの**だから**「本当のあなた」の望みは全て叶っているる**ことになる。
もしも、叶っていないと言っている声が聞こえるなら、それはそのDVDの中の主人公のセリフなんじゃよ。

みつろう なんかそう考えると、この現実が愛おしく思えてきますね。この短い足が、でっぷりしたお腹が。本当の俺は、これを見たかったんだから！

神さま いいぞ、その調子じゃ！　視点が徐々に、「本当の私」に戻りつつある。

その目線で「本当のあなた」は「現実」を見ているのじゃから。みつろう、こうして、**完全に「現実」の全てが愛おしい**という目線に戻れた時、どうなると思う？

みつろう　っは！　その時はついに、**本当の私の視点に重なる！**　本当の私に戻れるのか！　「現実に少しでも不満がある」なら、それはまちがいなく、ＤＶＤの中の登場人物の目線だ！　ニセモノの主人公のセリフだ！　だって「本当の俺」は、無限のＤＶＤの中から「この宇宙」を選んだんだ。目の前の現実に、一点の不満もないはず！　これ、まじですごい気づきだよっ。その場所に戻れれば、**ＤＶＤは替え放題じゃないか。**

神さま　よく気づいた！　目の前の現実に一点の不満もないのが「本当の私」なのだから、「ＤＶＤを替えたい」と思っているかぎり、それは全てニセモノのあなたのセリフじゃよ。ＤＶＤの主人公に、自己を同一化しているからこそ、そんなセリフが出てくる。本当のあなたは「ＤＶＤを替えたい」だなんて、絶対に思っているわけがない。**替えたいんだったら、もう替えているのだから。**その立場に、あなたはいるのだから。ということは「この全ては、見たくてたまらなかった現実だ！」と気づくだけで、「本当の私」に戻れるということじゃよ。

こうして、現実に映る全てを愛おしく思えた時、人間はなにをすると思う？

みつろう えっとー……。

神さま 感謝するんじゃよ。長かったけど、ついに答えが出た。いいか、**感謝こそ、最後のキー**なんじゃ！

みつろう 今まで、色んな人に「感謝しなさい」と教えられたけど、そのたびにムカついていた。「なんで感謝しなきゃならんのじゃい！」ってね。でもあんたの明快な説明を聞いた今ならわかる。この世で感謝しないヤツなんて、ただのバカだ！　だって、目の前の「現実」に一点でも不満があるかぎり、**DVDの中の視点から、抜け出せなくなる**もんね。

本当の私は、全てに感謝している。ってことは、感謝すればするほど、その視点に近づいていく！　感謝の数だけ、「本当の私」に重なっていく——。

自己同一化が解け、本来の私の場所に、戻れるのか。

神さま　そうなんじゃよ。**起こるできごとの全てを、「本当のあなた」は愛している。**ということは**「絶対感謝」の視点**になれる位置こそ「本当のあなた」がいる場所なんじゃ。

「本当のあなたがいる場所を探すことなんてできない」とワシは言った。

しかし、**重なることならできる。**本当のあなたの視点に完全に重なった時、あなたはもう、本当のあなたじゃよ。

その視点こそが、絶対感謝の境地じゃ。人類が到達する、最後のキーじゃ。ライバルにもありがとう、味方にもありがとう。こ

感謝するたび、
本当の私の視点に近づく

うして、**目の前の全てを認める**んじゃよ。**私がこの全てを、望んでいた**とな。

みつろう　でもまぁ、難しい気がするな〜。全てに感謝するなんて。
よし。俺は、徐々にやることにします。ほら、俺って努力家タイプなんで。コツコツと1つずつ感謝を積み上げていきます。

神さま　それでもいいさ。1つずつでも、「これは私が見たかった風景だ！」と認めた時、人は無性に「感謝」したくなるんじゃから。

グランドキャニオンに行って、「私は金閣寺が見たかったんです」と言ってたのが、今日までのお前たちじゃぞ？　ワールドワイドバカだったんじゃよ。

でも、「この風景は私が見たかった」とグランドキャニオンで言えば、すぐさま涙があふれるじゃろう。見たくてたまらなかった景色が、今、目の前にパノラマで広がっているのじゃから。

本当の私とＤＶＤの中の私の視点が重なった時、「感謝」というエネルギーは勝手に湧くんじゃよ。

だから、1つずつでもいい。感謝が湧くなら、「本当の私」に徐々に重なっているというサインじゃよ。

まずは、**目の前の「現実」を認めなさい。そこにあるのは、全てあなたが望んだもの**じゃ。それがわかれば、幸せに気づけると同時に、苦しみも全てなくなるよ。

みつろう　苦しみさえも消えちゃうの？

神さま　できごとは全て「自力」で起こらず、ただの縁起が展開しているだけなのに、**「私が自分の力でどうにかできる」**と思うから、苦しくなるんじゃないか。

「私ではどうにもできない」と気づきなさい。「どうにもしないでいい」と安心できるはずじゃ。宇宙の流れのままに、身をまかせなさい。ビッグ・バンからの流れが今日もあなたを動かしている。

「自力」でどうにかしようという幻想を捨て、「本当の私」が望んだ通りに全てはただ起こっていると気づけたなら、その瞬間に、世界の風景は変わるよ。一瞬で。

「その時、しびれを切らした健二は、ついにみつろうに話しかけた。」

健二 なぁ、そろそろ同じビリヤード台でやらない？　もう1時間も練習して疲れたよ。

みつろう お前、なんていいヤツなんだ。ありがとう、感謝するよ！　1時間もバカみたいに横で待っていたのか？　愛おしいヤツだな。チュ～してやろう、ほれ、おいで。

健二 気持ち悪っ！　なんだよ、あっち行けよ！

みつろう いいから、おいで！　受け入れよう、全てを。嫌がっている君さえも。

その日のみつろうは、友だちにグーでなぐられても、「友だちをつづけよう」と思いつづけることができた。
それはみつろうに「ただ目の前で起こっているだけ（縁起）」のできごとに、感謝の念が湧いていたからだった。

宿題

「自分が自分の意志で動いている」と思わずに、「みんなが自分を動かしている」という視線で、日々のできごとを見つめてみましょう。

「自分でどうにかしよう」という気持ちが消えれば、苦しみも消える。

夢は他人に語ると叶う。悩みは他人に語ると消える

「外回りの午後、いつものように、街を見下ろせる公園のベンチに腰掛けたみつろうは、はるか彼方を見ながら、そっとつぶやいた。」

みつろう ねぇ、神さま。笑わないで聞いてよ。実は僕には、夢があるんだ。小さいころから、誰かに勇気を与える仕事がしたいなって思ってたんだよ。詩人でもいいし、作曲家でもいい。形はなんでもいいけど、誰かに勇気を与えられるようになりたいんだ。

神さま 知っとるよ。先輩に言っていたじゃないか。まぁ別に聞いてなくとも知っとるがな。ワシは神じゃぞ?

みつろう だよね。ねぇ、なれるかな?

神さま なれるよ。それにしても、やはり人間とは不思議な生き物じゃよ。

なれるからこそ、その夢がその人の現実に映っているというのに、なれるかどうか不安がる。みつろう。お前はどうして、その願いを抱くようになったのか、自分で説明できるか？

みつろう うーん、なんとなくかな。

神さま そうなんじゃ。誰1人として「どうしてその夢を抱いたのか」は、説明できない。なぜなら、**宇宙がその人に「その夢」を抱かせたのだから**な。

みつろう いや、説明できる人はいるでしょ？ 例えば、僕の友だちの場合、彼は父親が医者だったから、医者になりたいと思ったんだ。

神さま じゃあ聞くが、父親を医者にしたのは、その子なのか？ 違うじゃろ？「医者になりたい」とその子に思わせる環境がすでに用意されておったんじゃ。「縁起」の話で言ったじゃないか。「自力」でできることなんて、この世には1つもないとな。ということは、**その友だちが抱いた「夢」というのも、宇宙が彼に見せている**んじゃよ。

みつろう　おぉ、なんかそう聞くと、**夢のハードルが一気に下がりますね。**
なんにでもなれる気がしてきた。だって、「抱かされた」ということは、「俺にそうなってほしい」と思ってるってことだもんね？

神さま　そうなんじゃよ。自分の力で「これを選択した」と思いこんでいるといつまでも夢のハードルは下がらん。
ところが、自分の父親を医者にしたのは、その子じゃなかった。ということは、宇宙の流れが、その子に「医者」を選択させたんじゃよ。**ありとあらゆる手を使って、「医者になりたい」とその子に言わせたんじゃよ。**

みつろう　ありとあらゆる手段を使って抱

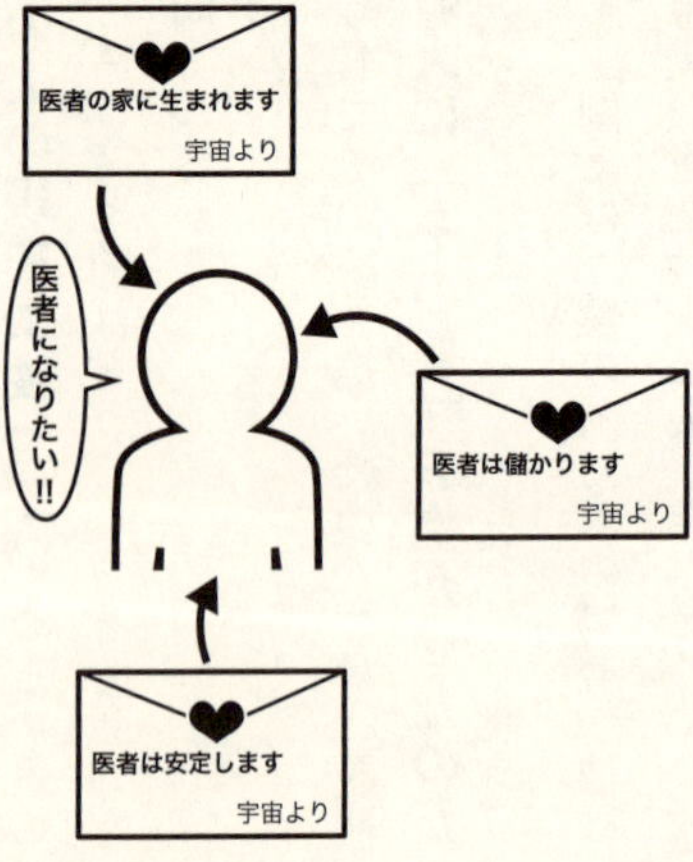

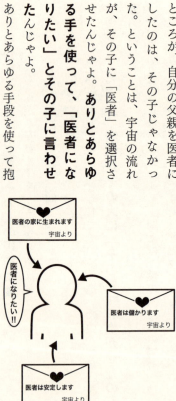

かされた夢……。

神さま　めっちゃ簡単に、医者になれそうじゃないですか！
そうじゃよ。それなのにお前たちは、「私が医者になりたいだなんて、はずかしい話ですけど……」と夢のハードルを勝手に上げよる。
なれるよ！　なれるから、お前たちの目に映っとるんじゃ！　こんなこと、普通に考えてもわからんかね？
無数にある職業の中から、どうして「医者」なのか？　って考えてみろよ。「弁護士」でも「カレー屋」でも「オレオレ詐欺師」でもなんでもよかったはずなのに、なぜ「医者を目指したい私がここにいるのか」ってな。

みつろう　マジだ。どうしよう、俺、もう明日にでも医者になれそうな気がする。

神さま　おい！　お前の夢は医者じゃないだろ。詩人だったじゃないか！　アホなのか？　なんでお前が医者になれる気になっとんのじゃ。

みつろう　（頬を赤らめて）いや、別に詩人になりたいわけではないんだけど……。

神さま ほら、照れる。ハードルが上がっとるぞ。はずかしいから「詩人になりたい」とすら言えない。

いいか、みつろう。夢を抱いたその人は、なぜだか**「自分の夢だけは」ハードルが高いと錯覚**する。「夢は叶わないもの」だと教えられているからじゃ。これを解決するために、友だちがいるんじゃないか。あなたの現実に、「他人」がいるんじゃないか。

お前は、「医者になりたいだなんてはずかしくて……」と言う人が目の前にいたら、どう思う？

みつろう 「別にはずかしいことじゃない」と教えてあげるね。てか、実際にはずかしくないし。詩人に比べたら、医者なんてありきたりの職業じゃん。

神さま 向こうは、全く逆のことを思っとるよ。だからこそ、**夢があったら他人に語る**んじゃないか。他人が教えてくれるんじゃよ。「たいしたことないよ」とな。「君ならできるさ」と。

背中を押せるのは、いつでも他人だけじゃよ。

自分で自分の背中を押してるヤツを見たことがあるのか？

みつろう　中国雑技団じゃないと無理ですね。自分の背中を自分で押すなんて。

神さま　中国雑技団でも無理じゃよ。それに夢だけじゃないぞ。「悩み」も全く同じ構造を持っておる。ある人の悩みは、ほかの人にとってどうでもいい悩みじゃ。それなのに、その人は、大切にその悩みを、悩みつづけておる。

みつろう　あぁ、よくいますよね。**どうでもいい悩みを抱えている人**って。会社の同僚に、口紅を30分に1回チェックする女性がいたんです。ヒマだったんで、どうしてなのか聞いたんですよ。そしたら、「あの日の事件を覚えてないの？」って震えた声で語り出して……。3年前、鏡を見ないで口紅を引いたせいで「口裂け女」のようなメイクで出社しちゃったらしいんですよ。**それから3年間もずーっと、そのことが忘れられず悩んでいたん**ですって。

でも、「あの日の事件！」とか大げさに言ってたけど、そんな事件、誰も覚えてないの。彼女だけ、悩みつづけていたんだよね。「口裂け女事件」なんてどーでもいい悩みで、この人は3年間も悩んでいたなんて！ 幸せな人だよね。

神さま その人に、お前の悩みを相談してごらん。きっとその人も言うじゃろう。「え？ そんな**どうでもいい悩み**であんた悩んでるの？」ってな。

みつろう いや、俺の悩みのほうが大きいでしょ！ 口裂けメイクとかどーでもいいし。聖飢魔Ⅱ見てみろよ！ デーモン小暮閣下の口紅、どの位置まで引かれてると思ってんじゃい。俺の悩みは、そんなどうでもいい悩みじゃない！ 死ぬか、生きるかの問題を抱えて、こっちは生きているんだ。

神さま 悩みに大小なんてないよ。悩んでいる人の違いがあるだけじゃ。
そして、**悩みは「その人」にとってだけ大きく見える。ほかの人が見たら、顕微鏡でも探せん**よ。

みつろう ねぇ、無視しないで。僕の悩みは聞いてくれないの？

神さま ラーメン屋に行け、カレー屋じゃなくて。いいかみつろう、悩んでいる人がいたら、話を聞いてあげなさい。ただ、その人はずーっと「悩み」を語りつづけるじゃろう。「語ったことが現実になる」というこの宇宙のルールを知らんからな。
お前はせっかくルールを覚えたんじゃ。「それなら、どうしたいの？」と前に教えた方法で導いてあげなさい。**望んでいる方向を語り出す**ようにな。
そのために、一番大事なことは、「それは、あなたにとっての悩みです」と本人に気づかせてあげることじゃ。

みつろう さらっと人の悩みを、片づけるな！

今日もラーメンかぁ……。

でもあんた、よくなにも聞かずに、俺の生死をかけた悩みがわかったな。まるで神さまだ。

神さま

「まるで」じゃない、まぎれもなく神じゃ！　本気でお前にだけ天罰下すぞ！

いいか、みつろう。**悩みは「たいしたことがない」と気づけるまでが、悩み**じゃ。そこに気づけば勝手に消えていくんじゃよ。自分で勝手に掲げた幻なんじゃからな。

世界中みんなが、どうでもいい悩みを今日も抱えて生きておるよ。

でもそれは、「その人にとって」、大切な悩みなんじゃ。もう逆に、悩みを大切に宝箱に入れて、それぞれが胸の中に飾っているようにすら思えないか？

みつろう

本当ですね。宝箱さえ開けてしまえば、すぐに他人が笑ってくれるのに。

神さま いいか、人間たちよ。**「今日もあなただけが、大切にその悩みを、悩みつづけている」**これが真理じゃ。

誰でもいい、自分以外の誰かにその大切な宝箱の中身を、鑑定してもらいなさい。鑑定結果はすぐに出るじゃろう。

みつろう （鑑定士のモノマネをして）あぁ、これ、ガラクタですね。すぐに捨ててください、奥さん。

「その時、みつろうの携帯電話が鳴った。」

ハニートースト あなた？ 今日これから、家に寄れる？

実はコクトウの友だちのお父さんが亡くなったから、お通夜に出てほしいの。

みつろう いいよー。じゃあ、すぐに戻るよ。亡くなったのは誰のお父さんなんだい？

ハニートースト

コクトウの一番の大親友・コーキ君のパパよ。

宿題

自分が勝手に高く掲げた夢のハードルを下げるために、友だちに自分の夢を「できるさ！」と言ってもらいましょう。また、「自分の悩みは、自分だけのものである」と気づくために、友だちに自分の悩みを「笑い飛ばして」もらいましょう。

神さまの教え 32

今日も、あなただけが、
大切にその悩みを
悩みつづけている。

「死」について考えるより

電話を切ると、みつろうはすぐに神さまに詰め寄った。

みつろう　なんでこんなひどいことをするんだ！　あんまりじゃないか。コーキ君は、これからどうすればいいんだよ。まだ5歳だぞ！　あんたは「目の前に起こることは全て、その人の望み通り」なんてきれいごとを簡単に言うけど、そんなわけないじゃないか。コーキ君がそんなことを望むわけないだろっ！　**軽々しく「望みはなんでも叶う」なんて言うなよなっ!!**

神さま　いいよ、気が済むまで、ワシを責めなさい。遠慮なんてするな。「神のバカ野郎」と、ワシの胸ぐらをつかんで怒りをぶつけるがいい。

みつろう 怒鳴られたくらいで、お前たちの心のうっぷんが晴れるのであれば、ワシはよろこんで人間のサンドバッグになろう。嘆け。泣き叫べ。怒りをこらえるな。そのためにワシは、ここにいる。

神さま バカヤロー！　こんな残酷な宇宙を創ったお前なんて、死んじまえ！助けてくれよ、あんた神なんだろっ⁉　コーキ君のお父さんを生き返らせてくれよ！

みつろう ワシにもそれはできん。その人の「現実」に、その人が望んだこと以外を映すことは、神でもできないんじゃ。

神さま バカヤロー！　あんまりだよっ……。これじゃ、あんまりじゃないか……。うぅ。

神さま 少しずつ、怒りはおさまってきたか？　みつろう。もっとぶつけたかったら、もっとワシを責めてもいいぞ。

みつろう　なんであんた今日はこんなに優しいんだよっ。なんかそれも気に食わねーよ。余計に悲しくなるっ！

神さま　怒ったくらいで、お前たちのことを見放すような存在を、神と呼べるだろうか？　神と呼びたいだろうか？　どれだけ怒ってもいい、どれだけののしってもいい。ワシはその全てに耐えられるチカラを持っておる。人間は、**神さまには言ってはいけない言葉があると思っておる。**そんなことはない、ワシはよろこびだけが見たいわけじゃない。悲しみも、苦しみも、耐えがたい絶望も、嘆きも、嫉妬も、お前たち人間が経験する全てを、体験したいと思っておるんじゃ。だから、分離したお前たちが、宇宙のそこにいる。**おりこうさんなんて目指さんでよい。**心を、いつでも外に発露するのじゃ。どんな感情でもじゃ。心を開けば、分離の壁は、いつかなくなるのじゃから。

みつろう　うぅ……。

ありがとう。

神さま もう、ある程度怒りはおさまってきたけど、なんかついでだから、たくさん怒りをぶちまけてもいい？

みつろう お前はダメじゃ。さっきのセリフはお前以外の全ての人間に言っておる。ふざけんな。人種差別はんたーい！　ってか、みつろう差別はんたーい！

神さま 差別しとらん。お前は普段から常にワシに怒りをぶつけとるじゃないか！　さっきのは、神の前につつましく生きている全ての人へのメッセージじゃ。お前以外の全人類用じゃ。

いいか、人間は「やってはダメなこと」があると思っている。でも、**世界に「ダメなこと」なんて1つもない。**

そして、自分が「ダメ」だと思っていることなのだから、あなたはそれをすると罰を受けるじゃろう。信じた通りの現実を、自分で創り上げてな。

みつろう　ダメなことはない、「ダメだ」と決めたことがある。たしかにそうですよね。善悪の判断まで神さまにしてもらおうだなんて、あつかましい話ですもんね。

ちなみに、死んだら人はどうなるの？

神さま　別に今聞かんでも、どうせもうすぐ死ぬから、安心せい。

みつろう　おいおいおいおいおい！　シャレにならんことを、サラっと言うな！「安心せい」だと？　あんたに、そう言われる前のが、よっぽど安心してたわ。

神さま　人は、生まれる前に、1つだけ〔この世で絶対にやること〕を決めている。それは、全ての人間に共通した「夢」だとも言える。

たった1つ、〔絶対にこの世でやる〕と、全人類が決めてきたこと……。

それが「死ぬこと」じゃ。だから安心せい。誰1人として、死んだらどうなるかを体験しない人はいない。

みんないずれ、死ぬよ。

みつろう　いや、そのうち経験するのはわかるんだけど、今のうちに教えといてよ。

神さま　いいか、みつろう。「死」は100%起こる。

だから、**「待っていれば絶対に体験できること」について質問する時間があるなら、「生きているうちにその世界でしかできない、色んなこと」を体験しなさい。**

確実に全員が経験する「死」とは違って、人の解釈の数だけ「体験」がある。その人にしか起こらない特有の現象なんじゃやから。

「死」について考えるより、バラを見に花畑に行きなさい。前に教えた通り、ある人はそれを「赤い」と言い、ある人はそれを「トゲトゲシイ」と言う。

あなたがそれを見たら、どうなるのか？

あなたがそれを聞いたら、どう感じるのか？

その答えは、あなたにしかわからない。

神であるワシにすら、わからない。その「体験」は、あなたにしか起こらない現象じゃから。

みつろう　まぁ、そうですね。人類全員に確実に起こるできごとよりも、その人にしか起こらない体験の数を増やしたほうが、この宇宙もよろこびそうだもんね。

神さま　そうじゃ。**体験だけが大切**じゃ。
ある少年が、「どうして、夜が来るの？」と母親に聞いた。もっともっと遊びたかったその少年は、「夜なんか来なければいいのに」と思ったわけじゃ。夜の仕組みさえわかれば、日が暮れるのを阻止して遊べると考えたんじゃな。
そんな時、母親が少年にしてあげられることはなんだと思う？　太陽の

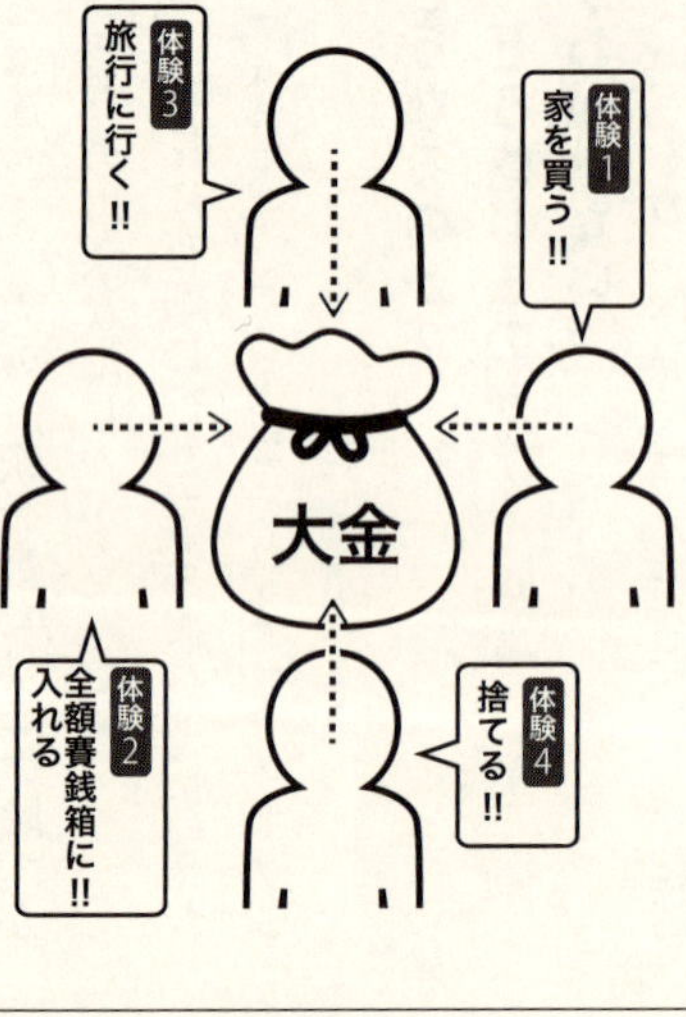

周りを地球が回るから……ドウタラコウタラと説明するのか？　どうやったって、その母親には、**夜を止めることはできない。**　我が子のために、どうがんばっても、母には夜は止められん。じゃったら、母親は、こう言うしかないじゃろう。

「ケン坊。全ての人に夜は絶対来るのよ。でも、夜までなにをしてすごすかは、全ての人で違うわ。ほら、まだまだ朝は始まったばかりなんだから、公園にでも行って遊んできなさい」

それが、母としてのワシの気持ちじゃよ。

みつろう　うわーん、ママー！

神さま　お前は、抱きつくな！

「公園をあとにしたみつろうは、自宅で喪服に着替えて、通夜に参列した。そこには、下を向いてうつむいているコーキ君の姿があった。」

みつろう　コーキ君、大丈夫かい？　実はね、おじさんも小さいころにパパを亡くしていいるんだ。だいたい君と同じくらいのころにね。

コーキ君　そうなんだ。ねぇ、僕はもう、パパには会えないの？

みつろう　多分、周りの大人の答えは「会えない」だろうね。彼らは、見えるものしか信じていないはずだから。

でもね、おじさんは小さいころにパパを亡くしたけど、**その日からずーっとパパと一緒だったよ。**

コーキ君　どういうこと？

みつろう　例えば、学校の行事はたくさんあるだろ？　授業参観、運動会、学芸会。全てに顔を出すパパなんているかい？

いないよ。仕事で忙しいから、来るのは運動会くらいだ。

コーキ君　じゃあ、**君のパパのほうが、ほかの子のパパよりもすごい**よ。

みつろう　だって、今日からは、学校の行事どころか、全ての場所、全ての時間、君と一緒にいるんだから。

でもね、おじさんがこのことに気づいたのは、大人になってからなんだ。「死ぬことで、ずーっと一緒にいてくれたんだな」って。「生きていたら来れなかった場所にも、来てくれていたのか」って。

コーキ君 死ぬことで、ずっと一緒にいる？

みつろう だって、生きていると、別々の場所で生活することになるだろ？ パパにはパパの仕事が、君には君の学校がある。どんなにすごいパパでも、生きているかぎり、ずーっと子どもと一緒にいることなんてできない。

でも、おじさんと君のパパは、違う。**生きているパパには絶対にできないことを、死んだパパはできるんだ。**

死んだパパには、死んだパパのよさがある。生きたパパには生きたパパのよさがある。じゃあ、俺たちのパパのいいところを探したほうが、楽しくないかい？

コーキ君 本当だ！ すげーやおじさん。死んだパパのいいところを探そう。

実はね、僕、全然悲しくないいんだよ。だから死んだ日も、アニメを見てたんだ。

でも、ママはずっと泣いているし、親戚もみんな泣いている。だから僕は、励ましたの。

「なんで泣いてるの？　もっと笑ったほうが楽しいじゃん！」って。

そしたら、中学生のお姉ちゃんに怒られたんだ。

「心がないのか」って。「悲しまないとダメでしょ」って。

みつろう

大人たちは、君に、教えようとしたんだよ。**彼らが習ってきたやり方をね。**

コーキ君

僕、笑ったほうがいいから、笑っていたかったのに、この2日間で「もう会えないんだよ、悲しくないの？」って100回くらい言われたし
「周りのみんなを見てごらん」とも何度も言われたんだ。
だからもう、覚えたよ。
人が死んだら、泣かないといけないって。でも、おじさんが来てくれた。

おじさんはきっと、僕の周りの大人よりも、正しいことを知ってるんだろ？

みつろう いや、どちらが正しいということはない。**君が、どちらを信じるかだ。**

コーキ君 僕は、笑っていたいんだ！　もっともっと、いっぱい笑いたい！……。

あれ？　おかしいな、おじさんと話していたら、なんだかはじめて涙があふれてきた。昨日まで、ぜんぜん涙なんて出なかったのに。

うぅ……。

みつろう それが、**自然の涙**なんだよ。

教えられた涙じゃなく、**本物**のほうさ。だから、今は、ただ泣いたほうがいい。泣いたあとのほうが、たくさん笑えるから。

［コーキ君は、みつろうの胸で10分以上も泣きつづけた。その光景を見た周りの大人たちはその涙の種類を勘違いして見つめていたが、みつろうだけは知っていた。この子が誰よりも先に笑い始めると。
そして、誰よりも先に、幸せな現実を創り上げると。］

みつろう　スッキリしたかい？

コーキ君　ありがとう、本当にスッキリした！　ねぇ、僕たち2人のパパの「死んだからいつもずーっと一緒にいれる」って秘密は、2人だけの秘密にしない？

みつろう　いいよ。誰にも言わない。
何年か経って、君が大人になったら、君も誰かに教えてあげればいいさ。きっと誰かの勇気になるよ。

コーキ君　おじさんが、僕にたくさんの勇気を与えてくれたみたいに？　よし、ゆーびきーりげんまん、嘘ついたーら、ハリセンボンのーます。指切った。

みつろう　なぁ、コクトウは君のことが大好きなんだ。君のことをいつも家で話してくれる。だから、おじさんにとって君は、子どものようなもんだ。「生きているほうのパパ」にやってほしいことがあったら、いつでも家に遊びにおいで。

まぁ、意外と少ないけどね。「死んでるパパ」にできることと比べたら。キャッチボールくらいかな。

コーキ君　うん、わかった。死んでるパパにできないことがあったら、遊びにいくよ。

「みつろうと指きりげんまんをしたコーキ君は、遺族席に戻り、こちらを向いて座った。その顔は誰よりも凛々しく、泣いても、笑ってもいなかった。」

宿題

遠慮なく、感情を外に発露しましょう。ぶつける相手がいなければ、神さまにぶつけてもよいのです。

神さまの教え 33

「死」以外の
全ての「体験」は
あなただけのもの。

「いつか」は夢か、幻か

［次の日の午後、みつろうは出張のため、羽田行きの飛行機の中にいた。］

神さま　飛行機はいいの〜。現実からしばし離れることができる。地上にいたら気づけないが、**どんなにどしゃ降りの雨の日でも、嵐の日でも、雲の上は常に晴れておる**んじゃから。
これは、人間たちにも言えるぞ。目の前の現実からふと目をそらせば、本来、幸せしかないんじゃよ。**晴れの下で、嵐が起こっているだけ**じゃからな。

みつろう　そして、勝手に嵐を起こしているのは誰だった？
ＡＲＡＳＨＩを起こしている……？　アイドル事務所？

神さま 飛行機、落としちゃろか？

みつろう 本人です、本人〜！　晴れの下で、勝手に嵐を起こしているのは、本人です。「現実」を構築している犯人＝「THE本人」。あっぶねー、ジョークすら通じないんだから。

神さま そうじゃ。幸せがあふれている空間にもかかわらず、「本人」が目の前の現実に不幸を一生懸命に映しつづけているだけじゃ。雲の上は、本当は晴れている。それなのに、**本人だけが、現実という鏡から目をそらせず、不幸を見つめつづけている**んじゃよ。その鏡に映っているのは、いつでも本人だから、本人が不幸であれば、不幸が映る。不幸を見て、鏡より先に笑えば、現実もその人にほほえみかけるのに、目をそらせない。みつろう、そういう時は、旅に出なさい。

みつろう 今まさに、旅に出てるんだってば。バカなのかあんた、一緒に思いっきり雲の上にいるじゃん。

神さま　あ、そっか。それにしても、ヒマじゃのう〜。フッフフンフーン♪と。よし、そこの若いの、ヒマだしなんか1つ、願いでも叶えてやろうか？

みつろう　え？　ほぼ2年ずーっと一緒にいて、今ごろまさかのご発言。あんた、実は願いを叶える能力があったんかいな？　なんで、それ会ったその日に言わないかね。よし、じゃあとりあえず3兆円もらおうか。

神さま　たったの3兆円でいいのか？

みつろう　いい！　俺の計算だと、4兆円からは邪魔になる。3兆円は使い切れるけど、4兆円は無理。そして、残った1兆円は、マジで邪魔になる。あんなでっかい紙くず、置く場所にも困るだろうよ。おぉ、聖なる神よ、私にはほんのささいな3兆円くらいあれば十分です。

神さま　いつもらう？

みつろう　出張から帰ったあとがいいな。東京で3兆円持って歩きたくないし。よし、明日3兆円ください！

神さま　**ちちんぷいぷいの～プイ！　はい、叶えたよ。**

みつろう　え？　マジで？　そんな世界で一番叶いそうにない呪文で、叶うの？

でも、めっちゃうれしいんだけど！　ありがとう！

そうだ。3兆円が手に入るんだから、もうこの出張キャンセルしようかな。働く意味ないし！　よし、今さらだけど座席もファーストクラスに変更しよう。

神さま　ピンポーン、スッチーさん来ってくっださーい♪　ここにナリキンの卵がいまーす。ヒャッホーイ！　明日俺は、3兆円を手に入れるんだ。

よかったな。夢は常に叶いつづけている。明日のお前にも、【明日3兆円が手に入る】が叶うぞ。この、ラッキーボーイめ！

みつろう　え？　ちょっとスッチーさん、ファーストクラスの件はなかったことにして。なんか、雲行きがあやしくなってきた。

ねぇ、そこの変な人。

神さま　**明日も、「明日3兆円が手に入る」が叶う**とは、どういうこと？

みつろう　だってお前の夢は【明日3兆円が手に入る】じゃろ？　当然、明日もそれが叶いつづけるさ。

神さま　え？　明日も【明日3兆円が手に入る】が叶ったら、俺、永遠に3兆円が手に入らないじゃないか！

だって、どうせ明後日になっても【明日3兆円が手に入る】が叶いつづけるとか言うんでしょ？

詐欺師かお前は。馬じゃあるまいし、目の前にニンジン吊るして走らせるなよ。

みつろう　だって、**お前の願いは【明日3兆円が手に入る】**だったじゃないか。

神さま　じゃあ、わかった。【3時間後に、3兆円が手に入る】に夢を変更する。

みつろう　**ちちんぷいぷいの〜、プイ！　オッケー！　叶ったよ。**

お前は、3時間後に3兆円を手に入れる。やったな！　3時間後にパーティーしようか！　だって、3時間後のお前にも、【3時間後に3兆円が手に入る】が叶いつづけるんだから！　うらやましいな、そこの若いのっ。よっ！

みつろう　うらやましくねーよ。バカなのあんた？　3時間後の俺にも「3時間後に3兆円が手に入る」が叶うってことは、またもや永遠に手に入らないじゃないか。

神さま　だって、【3時間後に3兆円】を叶えてやるとそうなるじゃないか。

みつろう　じゃあ、わかった。「1分後に3兆円」に変更する。

神さま　**ちちんぷいぷいの〜、プイ！　オッケー、叶えたぞ！**

よろこべ！　1分後にも【1分後に3兆円】が叶うぞ。

みつろう　だから、**なんで1分後にも【1分後に3兆円】が叶うんだよ？**

1分後に叶うのは、【0分後に3兆円】でしょ？

神さま　いつ願いを【0分後に3兆円】に変更した？　そんなの、ワシは聞いてないぞ。

みつろう　じゃあ、今、変更するよ！　俺の願いは、【0分後に3兆円】だ。さぁ、叶えたまえ！　今すぐ目の前に、3兆円を出してよ。

神さま　お前の脳ミソの中にある、【今すぐ目の前に3兆円を出してよ】という願いのイメージ図を拡大しよう。

0.1秒後にワシが魔法の杖を空中に当てて、さらにその0.1秒後に稲妻が走り、その0.01秒後に、空中から3兆円が出てくる。それが、**【今すぐ目の前に3兆円を出してよ】の願いの拡大図**だよな？

ワシは、それを叶えてやったじゃないか。

みつろう　いや、叶ってねーじゃん！　どこにあるのよ、3兆円。

神さま　お前の願いは、【0.01秒後に空中から3兆円】なんじゃぞ？　叶っておるよ。もちろん、**0.01秒後にも【0.01秒後に3兆円】が叶いつづける**けどな。常に、願い通りじゃ。

みつろう っは！　ちょっと待って。ってことは、0.01秒後だろうと、0.000001秒後だろうと、【3兆円をください】という願いを叶えると、いつまで経っても3兆円は手に入らないじゃないか！

つまり俺の願いは【いつか3兆円をください】であり、その願いを叶えると「いつか3兆円が手に入る」ってことか！

神さま そうじゃ、よく気づいたな。**「いつか」と願えば「いつか」が叶う。そして「いつか」なんて、いつまで待っても、絶対に来ないんじゃよ。**明日になってもそれは「いつか」なのじゃから。それなのにお前たちの願いはいつでも、「いつか幸せにしてください」じゃろ？　バカみた〜い。

でも、バカの望みであれ、宇宙は当然、それを忠実に叶えつづけるよ！

「いつか」お前は幸せになれる。お前は、今日も、明日も、明後日《あさって》も**「いつか幸せになれる」**であろう。

私の夢は
『いつか幸せに
なること』
夢

みつろう　うっわー。今回の件も、けっこうなバカっぷりを発揮してますね〜。だって【いつか幸せになりたい】って願いは、常に目の前に叶いつづけていたんじゃねーか。**現に、今も【いつか幸せになりたい】が僕の目の前で叶いつづけている！**　明日もきっと「いつか幸せになりたい」という願いは叶いつづけるし、明後日も、その次の日も、「いつか幸せになれる」のか、俺は。

神さま　そうじゃ。お前たちの願いはいつでも、目の前でちゃんと叶っている。ご主人様が、「いつか」と願っているだけだ。ちゃんと叶えてやるさ。**「いつか」お前は幸せになれる。**

みつろう　でも、俺が幸せになりたいのは、「いつか」じゃなくて、今ですよね？

神さま　じゃあ、そう願えばいいじゃないか。

みつろう　よし。俺は今、3兆円を持っている！

神さま　本気のバカなの？

みつろう　「3兆円を持っていると言えば、3兆円が出てくるはず。3兆円よ、今すぐ出てこい！」って願ってるんじゃぞ？　さっきと同じじゃないか。「今すぐ」を拡大すると、結局0.001秒後に3兆円が出てくるよ。いつかお前は幸せになれる。望み通りに0.001秒後を望んでいる。

神さま　じゃあどうすればいいんだよ！　持っていないものは、持っていないじゃん。

みつろう　じゃあ、持っているものを、願えばいいじゃないか。

神さま　持っているものを、願うだって？　それって、願いを叶えることになるのかよ!!　インチキじゃねーか。

みつろう　でも、持っていないものを願っても、まるで意味なかったよね？

神さま　たしかにそうだ。よし、持っているものを願ってみるか。神さま、僕には百万円の貯金があります。この願いを叶えてください。

みつろう　はい、叶えてあげましたよ。

神さま　ほ、本当だっ。俺には百万円の貯金がある！　か、叶ってる！

って、違う！　アホか。

これはすでに叶っているんだから、「叶えた」にはならないでしょうが。

なんであんたえらそうに「はい、叶えてあげましたよ」とかすまし顔で言ってんの。


神さま　お前に関係なく、この願いはもともと叶っとるんじゃい！

そうじゃよ、全ての願いは、ワシに関係なく叶っとるわい！

【いつか3兆円がほしい】という願いは常に叶っていた。願い通り、今日も明日も明後日も、お前は「いつか3兆円」を手に入れるじゃろう。

そして、【今、百万円がある】という願いも常に叶っていた。今、お前は百万円を持っているんじゃからな。

みつろう　ほら、どちらもワシに関係なく、常に願った通りに叶っとるじゃないか。
でもさ、「いつか」百万円を手に入れたいと願った僕が、実際に百万円を今、持っているんだから、「いつか」の夢が叶っていることになるじゃん！

神さま　それは、お前が徐々に勘違いしたんじゃよ。**「いつかほしい」から「今ある」**にな。

最初は「3年後に百万円がほしい」と願った。

それから1年間働いたお前は、「2年後に百万円がほしい」と夢を変えていた。

さらに1年間働いたお前は、「今、百万円がある」と信じられるようになった。

こうして、結局、「今、百万円がある」と信じたのだから、実際にそうなったんじゃ。

みつろう　なるほど、**「いつかほしい」から「今ある」に勘違いを進めた結果、信じられるようになった俺が、「今百万円がある」とつぶやいたのか。**

神さま　そうじゃ。はじめ、お前は「今百万円がある」とは信じられなかった。だから、「いつか百万円がほしい」と、来るはずのない「いつか」を願ったんじゃ。

ところが、お前は「労働すればお金をもらえる」という固定観念を保持していた。そのため、信じる通りに苦労して働くことで、**【いつか百万円がほしい】という願いが徐々に変わり「今百万円を持っている」と信じられるようになったた**んじゃよ。

みつろう　じゃあ、観念って、便利じゃねーか！　そいつのお陰で、「今百万円」を、信じられるようになったんだから。**永遠に来ないはずの「いつか」の罠から脱出したんだぜ。**

神さま　お前は3年かかって、「いつか」を「いま」に変更したんじゃぞ？　遅いよ！

ある人は「簡単にお金を稼げる」という固定観念を持っている。この人も、最初は「いつか百万円を」と願うじゃろう。ところがこの人は、**1時間後には「今百万円を持っている」と信じられるようになる。**

みつろう　めっちゃ、早いじゃん！　この人、時給百万円のゴールドマン・サックスの人間だね。

神さま　いいか、みつろう。「いつか幸せになりたい」という人の願いは、常に叶っている。その人は、今日も、明日も、明後日も、「いつか幸せになれる」だろう。

そしてこの人は「努力する」という固定観念を経由して、いつの日か「今、幸せである」と言える日が来るじゃろう。

ところが、「苦労」も経由せず、「お金」も経由せず、なんの固定観念も経由せずに、「今すでに幸せである」と思える人は、今すぐ幸せになれるはずじゃ。

お前は3年かけて「今、幸せである」と言った。

ゴールドマンは1時間かけて「今、幸せである」と言った。

でも、「苦労」を経由せず、「簡単」さえも経由せず、それらがくっつく「お金」さえも経由せずに、「今、幸せである」と言えるはずじゃないか？

だから、**幸せな人は、もう幸せ**じゃ。**なんの理由もなく。今、即この場で、その人は幸せ**なんじゃよ。

みつろう でも、3兆円がないと、俺は幸せにはなれない。不幸なことに、そんな特殊な体質なんです。

神さま 別にいいよ。きっと、お前はお金を求めて「いつか」を願うじゃろうな。そして、来ない「いつか」を追いつづけて苦しむよ。

みつろう でも俺が、いつの日か「いつか幸せになりたい」という願いを「今、幸せである」に変えればいいだけでしょ？

神さま だから、それを、「今すぐにこの場でできる」と言っとるんじゃないか！即この場で、今！

「お金」を経由したら、それに関連する観念である「努力」も経由することになる。だってお前は「お金を得るため」には「努力が必要」と信じているのじゃから。

ということは、「いつか」幸せになるためにお前は、「いま」をずっと犠牲にし、「努力」をつづけ、苦しむことになる。

幸せになれる場所は「いま」しかないのに、それを犠牲にして、「いつか」を追いかけ始める。**「努力」せず、あっという間に「いま」幸せになれると、**ワシが何度も言っているのにな。

みつろう　なんか……そう聞くと【いつか幸せになりたい】と願うよりも、「今、幸せである」と言ったほうが、楽な気がする。

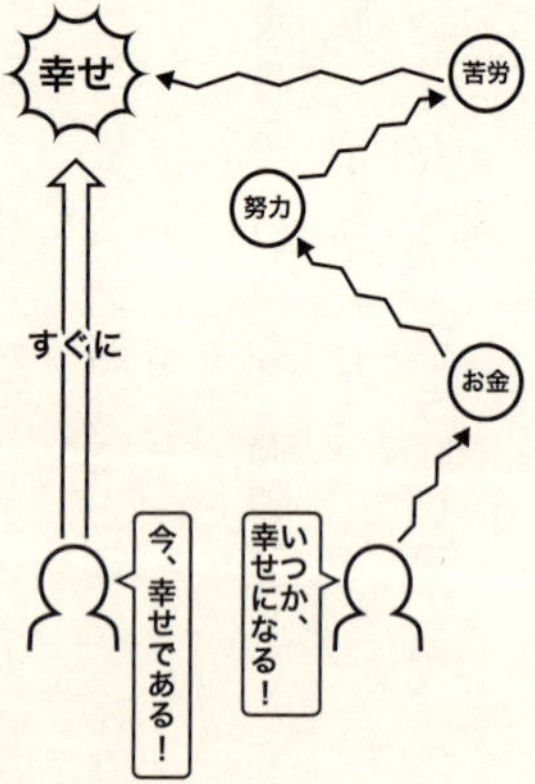

神さま 気がするじゃなくて、事実そうなの！　【いつか幸せになりたい】も、もちろん大切な願いじゃ。

みつろう でも、それを叶えるとどうなるんじゃった？

今日も「〝いつか〟幸せになりたい」が叶う。永遠に「幸せになりたい」が叶うし、明日も「〝いつか〟幸せになりたい」が叶う。**本人の願いが、【なりたい】なんだから、「なりたい」が叶う**んだよね。

っは！　【なりたい】って願うヤツ、全員バカじゃねーか。

だって、この場合、**叶うのは「なりたい」**だもんね。

いつまでたっても「なりたい」が叶うだけじゃん！

俺たちが叶えたいのは「なれている」なのに！　ずーっと寸止めされてるような感じじゃん!!

夢は、「なれている」だよ！　「なりたい」じゃなくて!!

【金持ちになりたい】が夢じゃない、「金持ちである」が夢だ！

【幸せになりたい】が夢じゃない、「幸せである」が夢だ！

神さま　それを、ここまでのフライト時間2時間を使って、ずーっと話しておるじゃないか。

「なりたい」なんて叶えて、なにが楽しいんじゃ？　「なれている」状態が夢なんじゃないのか？　それなら、「幸せになりたい」なんて願うな。「私は幸せです」と言いなさい。

飛行機は離陸した時に願った「いつか」にもうすぐ到着する。でもそれは、お前が「今到着した」と信じたからじゃ。雲を見て、空を見て、「いつか」を「今」に信じなおしたからじゃ。だったら、経由なんかせずに、今すぐ「幸せである」と願ったほうがいい。

みつろう　おっしゃる通り！　ヘビの生殺しじゃないんだから、寸止めはもう止めます。「金持ちになりたい」じゃなくて「金持ちである」と勘違いして。

神さま　そうじゃ。どの道、全ては勘違いなんじゃ。「幸せである」と感じるのも「不幸である」と感じるのも、その本人のただの勘違いじゃ。

「金持ちである」とつぶやけば、自分の身の周りから【金持ち

である理由】を探すじゃろう。

・百万円の貯金
・会社のボーナス制度
・親にもらったへそくり

探せば見つかるよ。

一方「金持ちになりたい」とつぶやけば、［金持ちじゃない理由］を探し始めるじゃろう。これも、すぐに見つかるはずじゃよ。

・3兆円がない
・豪邸がない
・外車がない

不足を見れば、永遠に「なりたい」を夢にしてしまう。

もちろん、「なりたい」は叶いつづけるが、お前たちの夢は「なれている」なんじゃろ？

じゃあ、「金持ち」さえも経由せずに、**「今、幸せである」とその場**

で願いなさい。

みつろう　字にすると、ちょっと変な感じするけど、**「今、幸せである」と願うのが、一番**ですね。「いつか」を求めると、苦しくなる。「今」にくっつけば、もう幸せである。

神さま　よし、もうなにも経由せずに、直接目的地にたどりつこう！　飛行機も降りちゃおうぜ！　ピンポーン、次止まりまーす。バスじゃないんだから、簡単には降りれんわ！

宿題

いつかの幻想を捨てて、今を楽しんでみましょう。「いま」には、全ての「いつか」が含まれています。

「いつか」は永遠に「今」を訪れない。

後悔したってイーンダヨ！

「東京に到着したみつろうは、キャリーバッグを引きずって渋谷の駅で電車を降りると、東京で一番大きいと言われる書店に入った。」

神さま　え？　まさかのカラ出張？

みつろう　カラじゃないよ。ちゃんと夕方には、働くってば。出たくもない業界団体の全国組織会議があるんだ。それまでの6時間、ヒマを潰すだけさ。

神さま　1時間の会議のために、6時間のヒマを社員に与えるなんて、お前の社長もどうかしてるぞ。感謝しなさい、そんなパラダイスな会社にいれるんじゃから。

みつろう　うん。ありがたいよね。でも、実はさ、会社を辞めようと思ってるんだ……。

神さま 知っとるよ。ワシは神じゃ。

みつろう 知っとるんかい! 深刻そうに話して、損したわい。すでになんでも知ってるんだったら、もうあんたと話す意味ないじゃないか。

神さま お前は夢に向かって歩き出した。というより、**宇宙がお前を夢の方向に引っ張っている。**抵抗してもムダじゃよ。遅かれ、早かれ、きっとその道を進むことになる。

いいかみつろう、他人になにかを与えるためには、どうすればいいと思う?

みつろう 他人になにかを与える? いっぱい持っていれば、与えられるんじゃないの?

神さま そうじゃ。**ないものは、人には与えられない。**

お前は他人に勇気を与える仕事をするのじゃから、お前にとって「ゆうき」は原材料ということになる。

そして、**どんな仕事にも共通しているのは「他人に幸せを与え**

る」という点じゃ。

みつろう ラーメン屋も、教師も、医者も、「他人に幸せを与える」商売をしている。ということは、どういうことだと思う？

その人が幸せじゃなかったら、商売にならないんじゃよ。

神さま 本当だ!! まずは、自分が幸せじゃないと、この世界にある全ての仕事はなに1つできないってことか。

みつろう みつろうよ、**「すでに私は持っている」**と信じなさい。

実際、あなたは全てを内側にすでに持っている。あとは、持っていることを信じきれれば、自然と出てくるよ。あとはそれを誰かに、わけ与えなさい。それがいつの間にか、お前の新しい仕事になっておるじゃろう。

ありがとう。僕は、「持ってる男」だと勘違いすればいいだけなんだね。

いやー、得意分野～。勘違いって、偶然にも、僕の得意分野～。

さてと、じゃあそろそろ、新しい商売のための本でも探そっかな。それにしても、あんたから真実の教えをたくさん学んだおかげで、たくさん

神さま　ある本のどの教えも安っぽく見えますね。**他人を批判してはいけない。**全てを認めない限り、あなたは幸せにはなれないのだから。

みつろう　あれ？　じゃあ、あんたも、「他人を批判してはいけない」って言って**僕を批判したらいけない**んじゃないの？　ダメなんでしょ、他人を批判したら？　じゃあ「他人を批判した」みつろうを批判したらダメじゃん。

神さま　それなら、「他人を批判しているみつろうを、批判しているワシ」を、批判したらダメじゃないか。

みつろう　いや、だからそんな僕を「ダメだ」と言っちゃうと、「他人を批判しているみつろうを、批判している神を、批判しているみつろうを、批判する」ことになるから、「ダメ」でしょ？　ちょっと待ってよ、ここで俺がまた、「ダメでしょ」って言ったら、「ダメ」だよね？
あれ、また言っちゃった！「ダメ」って、言ったら「ダメ」なのに。

神さま　あ、また！

そうなんじゃ。実は、**「他人を批判してはいけません」という言葉は、それ自体がすでに矛盾を抱えておる。**だってそれも、批判なのだから。

「批判してはいけない」と批判しておる。「ダメ」という言葉は、言っては「ダメ」なんじゃよ。

みつろう　いや、あんたもまた言ってんじゃん、「ダメ」って今。

神さま　おや？　まさか、あんたでさえ、このゲームを攻略できないの？

できない。意見とは全て、批判なのだから。

ほかと分離されたこの世界で、**なにか意見を言うということは、同時になにかを「ダメ」だと言っていることになる。**「私は平和が好きである」と言っている活動家でさえ、「戦争はダメだ」と言ってることに気づけておらん。

「全ての人と仲良くしましょう、ラブアンドピース！」と言いながら、軍人とだけは仲良くできんとは、どういうことじゃ？　かなり矛盾しとる。全く平和主義者じゃないじゃないか。このように、この世では**〈意見を言う〉という時点で、絶対に矛盾が生じる**んじゃよ。

みつろう　じゃあ、どうすれば？　なにも言わずに死ねと？

神さま　「NO」と言うから、批判になる。**全てに「YES」と言えばいい**んじゃ。全ての意見を認めるんじゃよ。
存在している全てを、「それでいい」と認めてあげれば、矛盾なんて生じない。

みつろう　でも、それこそ矛盾してません？
全てに「YES」と言うためには、平和運動家の人に対して、「平和はすばらしい、YES平和！」って言いながら、マシンガン持って、その平和運動家の集会に突撃してきた兵隊に、「戦争はすばらしい、YES戦争！」って言うことになるじゃん。それって裏切り者じゃない？
「お前、どっちじゃい！」って両方の勢力に処刑されちゃうよ。そいつ両方に嫌われて、一番悲惨な立場だよ！

神さま いいじゃないか、処刑されれば。全てに「YES」と言えばいい、とワシは言った。それなのに、どうして、矛盾にだけ「NO」と言う？ 矛盾が起こってもいいじゃないか。**「矛盾」も認めてあげないと、全てに「YES」と言ったことにはならないぞ？**

戦争に「YES」と言い、平和にも「YES」と言い、そうすることによって発生したこの矛盾にさえも「YES」と言えた時、はじめて、全てに「YES」と言えたことになるんじゃないか。

「矛盾」も含め、存在する全ての意見を認められるようになったということじゃ。

みつろう マジだ！ なぜ俺は「矛盾だけはしてはいけない」と思っていたのだろうか？ いいんだ。「平和運動家よ、すばらしい」、「兵隊さんもすばらしい」そして2人に「すばらしい」と言ったせいで両方に白い目で見られた私も「すばらしい」！

神さま よくそこまで理解できたな。いいか、この書店には100万冊の本がある。その全ての教えがすばらしいよ。でも、**ワシの教えが一番すばらしい。**

みつろう え？　あんたいきなり、自分だけをアピール？

神さま だって、真実じゃ。ここにある100万の教えの中で、ワシの教えが一番すばらしい。

みつろう 「全てがすばらしい」ってあんたさっき言ったばっかでしょ？　バカなの？

神さま 「全てがすばらしい」と、ワシは言ったんじゃぞ？　それなのに、「ワシの教えが一番すばらしい」という意見だけを、どうして「ダメだ」と言う？

これも、すばらしい意見じゃないか。いいか、みつろう、この100万の教えの中では、ワシの教えが、一番すばらしい。

みつろう すっげー!!　今の話を聞くに、**矛盾を認める姿勢って、けっこう**

神さま

難しいんじゃない？

そうなんじゃよ。お前たちは、「片方」の意見だけを認める性質にある。**たった1つの正解があると常に思っておる。**だから矛盾は絶対に許せないんじゃろう。

「百万の教えの全てがすばらしい」という意見と「でも、ワシの教えが一番すばらしい」という意見の間に発生する「矛盾」を認めることができない。どちらか片方だけを認めたがるからじゃ。両方を認められないから、**「誰かを褒めなさい」と言うと、すぐに「自分はすばらしくない」と考え始める。**

みつろう

違う！　ぜんっぜん違う！

ワシはそんな安っぽい教えを教えているんじゃない。

あなたが一番すばらしい。そして、あなた以外のみんなはもっとすばらしい。そして、それ以上にあなたが一番すばらしい。

ダメだ。やっぱり頭の中で、どちらか片方だけを支持しちゃう。「一番」

神さま　すばらしいのが「みんな」なのか、「私」なのか、正解を1つしか思い浮かべられない。
この「矛盾の壁」を乗り越える魔法の呪文を教えてやろう。
「イーンダヨ！」じゃ。

みつろう　え？　めっちゃ簡単じゃないですか！「イーンダヨ！」って言うだけで、いいんですか？

神さま　イーンダヨ！

みつろう　でも、なんか、忘れちゃいそうだな。

神さま　忘れたって、イーンダヨ！

みつろう　え？　忘れないほうが、いいんでしょ？

神さま　もちろん、忘れないほうがイーンダヨ！

みつろう　どっちなんだよ!!

神さま　どっちでも、イーンダヨ！

みつろう　すげー！　マジで、魔法の呪文じゃん！　ただ、「イーンダヨ！」と言っておけば矛盾も含め、全てを認めることができる!!

神さま この呪文のコツはな、**いつでも「言葉の最後に」言うこと**じゃ。

みつろう この世界で、ネガティブなことを考えたらどうなると教えた?

神さま 思考が現実化するので、ネガティブな世界を構築しちゃいます。

そうじゃ。この教えを覚えたある人は、ネガティブなことを考えないように努力した。ところが所詮《しょせん》、人間じゃ。ある日、ネガティブなことが彼の頭に浮かんでしまう。その際に「やっべー、ネガティブなことを考えちまった」と彼は思ったんじゃ。

ところが、ネガティブなことが頭に浮かんだあとに「ネガティブなことを考えちまったけど、ま、いっか」と思えたのなら、どうなるじゃろうか?

みつろう そっか。ネガティブなことにはならない!

だって、**「ネガティブに考えたこと」をネガティブだととらえていない**から!

神さま

そうじゃ。結局、**最後の感情だけが大事**なんじゃよ。

なぜなら、お前たちはいつでも「今」という最後尾に並んでいるのだから。

ネガティブなことを考えることが、悪いんじゃない。**ネガティブなことを考えたことを、悪いことだと考えることが、悪い**んじゃ。

今、どう思っているかだけが大事じゃ。

ということは、いつでも、全ての感情にトドメを刺せるということじゃよ。その呪文が、「イーンダヨ！」なんじゃよ。

落ちこんだって、イーンダヨ！

泣いたって、イーンダヨ！

絶望したって、イーンダヨ！

誰が、「悲しみを悪いこと」だと言った？

あなたじゃよ。

悲しんだあとに、「悲しみは悪いこと」だと言ってしまったら、いつまで経っても、ネガティブなままじゃないか。

怒りなさい、イーンダヨ！

後悔しなさい、イーンダヨ！

嘆きなさい、イーンダヨ！

そして最後に、それら全てにトドメを刺しなさい。**どんな感情が起こっても、イーンダヨ！**と。

みつろう　これ、究極の奥義じゃないですか。自己啓発本を読んで「ネガティブなことを考えてはいけない」とだけ教わって、戦列を離れた友人がかわいそうだ！
ネガティブなことを考えたあとに「やべっ！」って思わなければ、いーんだから！

神さま　そういうことなんじゃ。本当は、とても簡単な話なんじゃよ。

いいか、オセロをイメージしなさい。

悪いことを考えると、「黒」、いいことを考えると「白」だとイメージする。

たとえこれまでに、**どれだけ悪いことを考えていたとしても、一番手前側に「白」を指せれば、過去の全てのオセロが「白」になる**じゃろ？

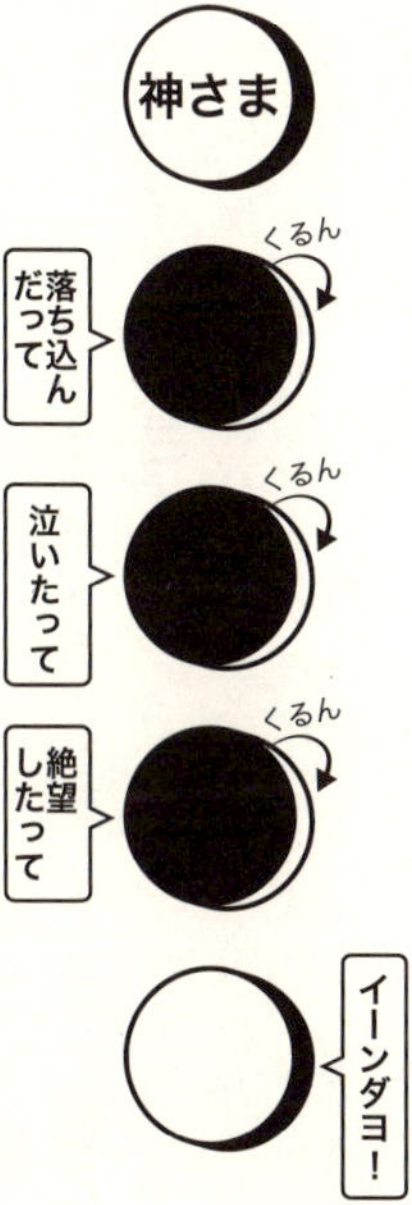
神さま
くるん
落ち込んだって
くるん
泣いたって
くるん
絶望したって
イーンダヨ！

だから今、その場で、「イーンダヨ！」と言えばイーンダヨ！

もちろん、言えなくたって、イーンダヨ？

言えなかったことを、「悪いこと」と思わなければ、イーンダから！　いいか、人間たちよ。これまで無数に並べつづけた全てのオセロの向こう側の端っこに、ワシが白いオセロを置いておいた。だから、いつでも、「今、イーンダヨ！」とさえ言えれば、あなたの感情は全て、ポジティブに裏返るさ。

みつろう　今、イーとさえ思えれば、これまでに起こった全てがイーンだね？　てか、ここで「ダメだ」と言われても、イーのか。夕方の会議に遅刻してもイーンダヨ！

神さま　それは、ダメじゃ。

みつろう　っち。このままカラ出張にして帰ろうと思ったのに。でも本当に、あなたには色んなことを教わった。**この本屋にある100万通りのどの教えより、僕は、あんたの教えが大好きだ。**

神さま　……。

みつろう　急に、照れて、言葉をうしなうあんたも、大好きだ。ありがとう。

「夕方の会議は、当初の予想通りに紛糾した。各社の意見はチグハグで、どこにも合意点を見いだせないまま30分がすぎた時、みつろうは手を挙げた。」

みつろう　A社さんの気持ちも、よくわかります。そして、それに対立するB社さんの意見も実はよくわかるんです。

だって僕たちは同じ業界団体なのだから、どちらの経験も持ち合わせているはずじゃないですか。

ここにいる全参加者が、**どちらの意見も正しいと思っているからこそ、心の矛盾を声に出せずに座っている**んです。

でも、矛盾って悪いことでしょうか？　そんなことはないと思います。

だって、仕事って、日々が矛盾の連続じゃないですか？「右に行け」と上司に言われたかと思うと、次の日には「左に行け」と言われる。そして僕たちは、矛盾で悩む。でも、今日までの全ての矛盾はムダじゃなかったはずです。だから**僕たちの業界は、行ったり来たりしながらも、確実に前に進んでこれた**のだから。

今日の議論も、ムダじゃない。だから、各社が持ち帰って、次の会合までにもっと磨きをかけて、もう一度話し合いましょう！

「参加者の中で一番若造であったみつろうのスピーチに、各社の重役たちは立ち上がり、会場には割れんばかりの拍手が起こった。

羽田へ向かうモノレールの中で、神さまは言った。」

神さま もうお前は、ほかの人に勇気を与える仕事を始めているよ。今日だけじゃないぞ、昔からじゃ。

みつろう コーキ君をはげましたあの日のこと？

神さま それよりも、もっともっと昔じゃよ。

いいか、みつろう。**人間の夢の始まりに明確なラインなんて引く**

ことはできない。
生まれた時から、お前たちはもう夢に向かって歩いているのじゃから。なにより、生まれた日から今日ここまで、ずーっと目の前に夢は叶いつづけているんじゃや。

みつろう そうですね。よーし!! 他人に与えてもあまるほどの勇気が、僕の中にあると信じるぞ〜！

神さま あるよ。さっきの会議のスピーチは、ワシでも鳥肌がたった。

みつろう あぁ、あれ？ あれは、このままでは1時間の会議が延長戦に入りそうだったから、必死に止めただけ。なにが悲しくて、東京の出張で残業せねばならんのじゃ！

神さま ワシは後悔しとるよ。お前を褒めたことを。

みつろう 後悔したって、イーンダヨ！

神さま そうじゃったな。

「まるで長年連れ添った夫婦のように、いつも隣でピッタリと息を合わせてくれる神さまが、もうすぐ自分のそばからいなくなるとは、この日のみつろうは夢にも思わなかった。」

宿題

矛盾を認めてみましょう。自分がなにを言っても、「イーンダヨ！」と言うことで、最後の感情を「いいこと」だと認めてみてください。

すると、ただそれだけで、そこまでのできごとの全てが「よく」なります。

「イーンダヨ！」の一言で、全ての感情がポジティブに裏返る。

感謝できる幸せ

1週間後。「勇気」を自分の中に見つけたみつろうの行動は早かった。家族に夢を語り、親戚を説得し、会社に辞表を提出したのだ。谷屋部長を筆頭に、同僚たちは必死に彼を止めたが、次第に誰もがみつろうの背中を押すようになっていた。

谷屋部長 えー、みなさん。本日は10年間、我が社で共に働いてくれたさとう君の最後の日です。入社当時からずーっと彼の面倒を見ていた私には、とてもつらい決断ではあり……。グスン……。

みつろう 堅苦しいな、谷ヤンは。泣くなよ、このくらいで！　あんた、部長だろ！　そんなんで、どうやってこれからみんなを引っ張れるんだい？　えーっと、みなさん。僕は今日でここを去ります。明日からは、部長を「部長」と思わずに、思いっきり呼び捨てにできることがうれしくてたまりません。

谷屋部長 明日からというか、もうすでに「谷ヤン」って呼んでるじゃないか。こんな口の悪いヤツがいなくなるなんて、せいせいする！
でもなんか、やっぱり寂しいな、うぅ……。

みつろう 会社人生では、谷ヤンをはじめ、多くの先輩たちに色んなことを学びました。でも、今思い起こせば、ここで学んだことに、なに1つとしてムダはなかった。

この会社での全ての経験が、次の夢にちゃんと繋がっていて、**あんなにも嫌がっていたこのサラリーマン人生さえも、僕の夢の一部だった**ことに気づけたんです。夢に日付はいりません。生まれた時から、僕らはもう夢の中にくるまれているのだから。

……グスン。

今に思えば、**ここで起きた「いいこと」も「悪いこと」も、全てが「いいこと」に思える**から不思議です。

きっと皆さんにも、本当は「悪いこと」なんて起こっていないはずです。いつの日か、それを「いいこと」だと呼べるようになった日に、また一緒にお酒でも呑みましょう……。
グスン。長い間、ありがとうございましたっ！

［1時間後。段ボール箱を抱えて、会社を出たみつろうは、いつもの丘の上の公園にいた。］

みつろう ここから見る、街の風景……。なにも変わっていないはずなのに、昨日までとはまるで違う。

神さま 当然じゃ。「それをどう見たいのか？」だけが重要なのじゃから、全く同じものを見ても、見え方は変わるじゃろう。**見る人が、もう違う**のじゃから。

みつろう いや、そうじゃなくて、20歳の誕生日にタバコを吸った、まるであの日のようだ。16歳から隠れて吸っていたタバコはあんなにおいしかったのに、20歳になると、全然おいしくなかった。

この公園も、サボるために来ていたから、楽しかったのか。

神さま　タバコは20歳から！　これ、法律。会社は働く場所！　これ常識。

みつろう　でも、やっぱりきれいだな〜。ここから見下ろす街の風景は。なんで僕は高い場所が好きなんだろう？

神さま　バカだからじゃろ？　ことわざも知らんのか？　「馬鹿と煙は高いところが好き」ってな。まぁでも、全てを見わたせる場所に立つことは、とても大切なことじゃ。普段忘れがちな、**「私」がこの世界を見ている者である、という感覚**をとり戻せるからな。

創り上げた「現実」の中に、創り手さえも溶けこんでしまったら、抜け出せなくなるじゃないか。「現実」を見る者が、あなたじゃ。

「あなた」とはその「現実」の脚本兼出演者じゃが、出演にばかり没頭すると、次の脚本が書けなくなる。だから、疲れた日には**見通しのいい場所に立ちなさい。「あなた」が世界を見ていると思い出せる**じゃろう。

みつろう　この世界を創り上げているのが、実は僕だったとあなたに教えてもらって約2年。この教えは本当に僕の人生観を180度ひっくり返しました。しかも、科学の世界、過去の偉人の文献、色んな本を自分で読んでみましたが、本当にそう書いてあった。「現実とは、その人が100％創り上げているものだ」って。

神さま　当然じゃよ。**偉人は全て、この唯一のルールに気づいたから、偉人になったた**んじゃぞ？　ただ、お前たちは、いい時代におる。科学ですら、「観測者」と「現実」の関係性を証明しつつあるのじゃから。「目の前の対象物への観測結果は、全てが観測者の思いのままである」となあ。

みつろう　でも、現実の創り手が僕なはずなのに、今日だって100％幸せだと思えているわけではない……。未だに未来に不安もあるんです。

神さま　また勝手に、「不足」を見ているからじゃろ？　身の周りで「充足」を探せばいいのに。
いいかみつろう、**人類の一番まちがった教育は「幸せになりま**

しょう」じゃ。1人残らず全ての人間が、そう思いこんでいる。「幸せにならなきゃいけない」とな。

しかし、幸せだけがすてきな経験なら、ワシはこの世に、苦しみを用意しない、悲しみを起こさない、怒り狂う事件を与えたりはしない。

そこで起こるできごとの、全てが同じくらいすばらしいんじゃよ。第一、よろこびしかなかったら、それを「よろこべる」じゃろうか？


みつろう まぁ、そうですね。「悲しいできごと」と**比べることではじめて、**それを「楽しいできごと」だと思えるのだから。

だけどまぁ、正直なところ、よろこびだけが来てほしいよね〜。

100%、まじりっけなしで。

神さま 人間は生きているかぎり、100%の幸せにはなれんよ。

みつろう 幸せになれない？ あぁ、前に、「なりたい」は欠乏を産むと教えてくれましたもんね。「幸せになりたい」じゃなくて、「幸せである」と思わなきゃダメか。

神さま　「なりたい」だの「である」だの、そんなくだらない話をしてるんじゃない。

みつろう　いや、くだらないとかじゃなくて、あんたが教えたんじゃねーか。

神さま　それなら、こんな話も聞かせてやろう。

宇宙が始まった当初、ある粒子が大切なものがないことに気づいた。彼は、宇宙の全ての場所に行き、宇宙の全ての物質に聞いて回ったんじゃ。「僕の探しものを知らないかい？」と。

物質1のところで「これでもない」、物質2のところに行き「これでもない」……。ついに、宇宙最後の9999番目の物質の前に、彼はたどりついたが、なんとその物質でもなかった。**宇宙の全ての物質を探したのに、探しものはどこにもなかった**んじゃぞ？　なぜだかわかるか？

宇宙には、もう1つだけ物質が残っておることに彼は気づけなかったんじゃよ。

それが、「彼自身」という物質じゃ。

いいか、みつろう。


人間は幸せにはなれない。なぜなら、人間が幸せだからじゃ。

みつろう　おぉ、なるほど！　「幸せ」が「幸せ」を探しても、見つかるわけがないもんね！　これ、わかりやすいなぁ〜。

神さま　「なりたい」だの「欠乏欲」だの「岩盤浴」だのくだらない説明しないで、先にこの話をしてくれりゃーよかったのに。

ここまで学んできたから、すぐに腑に落ちたんじゃ。いいか？　人間が生きているかぎり、絶対にその目には「完全な幸せ」は映らないじゃろう。

お前たちに見える宇宙は、絶対に完璧じゃない。

お前たちに聞こえる宇宙は、絶対に完璧じゃない。

お前たちが感じる宇宙は、絶対に完璧じゃない。**なぜなら、「あなた」を含んでいないのだから！** すべての物質で完璧になるこの宇宙で、「あなた」を含まない風景が、完璧なわけがない。

世界のその風景には、「あなた」が含まれていない。だから「完璧」が、その目に映るわけがない。

いいか、みつろう。**人間は幸せにはなれないよ。人間が幸せだからじゃ。**

「幸せになりたい」と思った人は、その間、苦しむじゃろう。だって、宇宙の全ての物質を最後まで探し回ることになるんじゃから。だから、幸せになることを完全にあきらめた人は、ただ気づくんじゃ。**「私」が幸せだった、と。**

みつろう　今日も相変わらず、深いですね～。

今日からは「日本海溝」って呼んであげましょうか？　深いだけに。

神さま なんとでも呼べ。名前は本質を表せない。**その人が、それを「どう呼びたいか」だけが重要**じゃからな。その起こったできごとを、「悪いこと」と呼びたいのか、「いいこと」と呼びたいのか。呼べば、それは、そうなるよ。呼ばれた通りにそう見え始めるよ。**「いいこと」があるんじゃない。それを「いいこと」と呼んだあなたが、いるだけ**じゃ。

みつろう じゃあ、遠慮なく、「深海魚」と呼びましょう。

神さま 「ちょうちんあんこう」でも「ダイオウイカ」でもなんでもいい。

みつろう ねぇ、なんで今日はいつものように怒らないの？ ノリ悪いね〜。生理？

神さま ちょっと、色々あってな……。みつろう。はじめて会ったその日に、ワシはお前になにを教えた？

みつろう 「この世は全てその人の望み通り。だから、全ての人はすでに幸せだ」と言ってたよ。ねぇ、ちょっと。なんで復習なんて始めるの？ ねぇ、

神さま　どこにも行かないよね？　ずっと一緒だよね？
この世は全て、望み通りじゃ。お前たちが望んでやってきたのが「この世」なんじゃから、当然じゃな。全てが望み通りのこの世に、幸せじゃない人なんて本来1人もいないはずじゃ。

みつろう　いるとすれば、幸せに気づけていない人だけ。「目の前に起こっているのは、全て、私が望んだことだ」と理解できてない人だけじゃ。
ちょっと、ねぇ、なんで無視すんの？
これからじゃん！　あんたの教えが必要なのは！　俺、夢に向かって歩き出したばかりなんだよっ。

神さま　寂しくて、不安なのか？

みつろう　頼む、行かないでくれよっ！

神さま　最後のおまじないを教えてやろう。不安になった時はその場で感謝を始めなさい。感謝とは「起こるできごとの全てを認める行為」なので、一番大切なことだと前に教えた。

ただ、そう聞いた人間は、「感謝」が幸せになるための道具だと、勘違いを始める。感謝をすることで、幸せになれるとな。違う。「感謝」は道具なんかじゃない。

いいかみつろう、不安を今その胸に抱えたまま、なんでもいいから感謝しなさい。身の周りの家族、仲間、環境。相手はなんでもいいから、頭に思い浮かべて、ひたすら全力で感謝してみなさい。

みつろう

感謝できる存在……。

僕の場合、それはあなただ。

どうしようもない僕に、あの日あなたは優しく語りかけてくれた。失礼なことをどれだけ言っても、あなたは笑って、ずっとそばにいてくれた。すごい教えをこんなにたくさん知っているのに、まるで気どらず、いつもフランクで、どこか少しふざけてすらいた。

悲しいことも、あなたに話せばすぐに「たいしたことない」と思えた。悲しみも、苦しみも、笑い飛ばしてくれた……。

……うぅ。……ヒ……。一緒に乗った飛行機……。2人で人質のケーキのために美樹を説得した冷蔵庫前の現場……。100万冊の教えよりも、あんたのほうが輝いていた、東京のあの書店……。

神さま　ありがとう、ありがとう、ありがとう。ありがとう、神さま!!僕はあなたのお陰で、幸せに向けて歩き始めることができたっ。

みつろう　いいか、みつろう。感謝とは、そういうことなんじゃよ。抱えた不安が、一瞬で消えたじゃろ？　ただ感謝しただけなのに。

神さま　……は、はい。

いいか？　感謝すると特殊なエネルギーがお前の中に湧いてくる。これが湧くと、不安はすぐに消えて、幸せになっているんじゃよ。レーザービームのようなもんじゃ。

ようするに、**感謝している時こそ、人間は幸せ**なんじゃよ。幸せになるために感謝するんじゃない。感謝している間、幸せなんじゃよ。苦しくなったら、悲しくなったら、不安になったら、悩んでしまったら、**すぐに、その場で感謝の念を体内に湧かせなさい。**

それは、誰にでもできるし、どんな場面であれ発動する。その機能を、ワシが人間に備えつけておいたのじゃから。

最後じゃ。

人間たちよ、不安になったら、その場で「ありがとう」と言いなさい。何度も何度も、唱えなさい。目から涙がこぼれて、目の前のその嫌なできごとすらありがたく思えるまで、「ありがとう」と唱えつづけなさい。

「ありがとう」は架け橋じゃない、「ありがとう」が到着地じゃ。

みつろう

本当だ……。この涙は止まらないけど、俺、今めっちゃ幸せです。さっきまでの不安が、一瞬で消えた。

最後の教え**「幸せになるために感謝するんじゃない。感謝している時が幸せなんだ」**と、心の底からわかりました……。

うぅ……。

涙だけは、どうしても止まらないけど……、でも、ありがとうっ！　神さまっ！

あなたのすてきな教えは、きっと僕以外の人にも必要なんでしょう。

僕はもう、十分学んだ。不足はもう見ない。

さぁ、後ろを振り返らずに、あなたを必要とするほかの人のそばに行ってあげてくれ……。うわーん！

神さま　え？　なんのこと？　ワシ、別にどこにも行かないけど。

みつろう　はぁっ？　あんた「どっか行く」って言ったじゃん！

神さま　言っとらんよ！　お前が勝手に、話の流れから勘違いしただけじゃないかっ。

みつろう　じゃあなんで、「チョウチンアンコウ」って言っても怒らなかったんだよ！　いつもだったら、ノリツッコミくらいかましてくれるじゃないか。

神さま　あまりにも、低レベルすぎるギャグには、乗らない主義なもんで。

みつろう　っち！　なんだよそれっ！　返せよ、俺の涙っ！

神さま　お前はたまには泣いたほうがいい、笑いすぎじゃ。
もっと苦しめ！　せっかくこの世にワシは、悲しみ、苦しみ、よろこびを用意したのに、バランスよく体験してくれないと、もったいないじゃないか。ビタミン不足になるぞ。

みつろう　俺は、よろこび担当！　そこだけ、担当！
よし。今日からは、俺に訪れる悲しみと、苦しみは、あんたが担当ねっ。

神さま　アホかっ。絶対に嫌じゃ！　目上の人をもっと敬え。本気でどこかに行くぞ。いいのか⁉　お前はまたすぐ「うわーん、どこにも行かないで～」って泣くんじゃろ。失恋明けの少女かよっ！

みつろう　いいねぇ～、ノッてきましたね～、今日も。

……あー、スッキリした。たくさん泣いたし、笑った。

……。

さてと。じゃあ、神さま。そろそろ行きますか。あなたの大切な教えを、多くの人に伝える旅に。

神さま　そうじゃな、そろそろ行こうか。きっと誰かが今日も、この世界で泣いている。鏡を先に笑わせようとして。

「笑えるのは、いつでもこちら側のあなた」だと、2人で伝えに行こう。

気負うなよ、みつろう！　マジ簡単なんじゃよ！　笑わせればいいだけなんじゃから！

みつろう　そうだね。よし、行こう‼

……。

ありがとう。本当に、ありがとうね、神さま。

「丘の上から見下ろす眼下の街は、すっかり夜のとばりに飲まれていたが、みつろうの視線から見える太陽は、まだ地平線の上にいた。
真っ赤に燃えるその赤い夕日は、始まったばかりの2人の旅路を、ほのかに照らしているようだった。」

宿題

不安になった時は、すぐにその場で、身の周りから感謝できる存在を頭に思い浮かべて、必死で感謝してみましょう。そのエネルギーが湧けば、すぐに不安は打ち消せます。
感謝というレーザービームが、あなたの不安を消し去ります。

幸せになるために
感謝するのではなく、
感謝している間が幸せ。

特別授業

6時限目

ミソカモウデに行こう

絶対に幸せになれるおまじない

神さま いいか、みつろう。結局、その現実世界で一番大事なのは「感謝」だと教えたじゃろ？ でも、お前たちはすぐに忘れるから、おまじないを1つ教えよう。**あっという間に、幸せになれるおまじないじゃ！**

みつろう なにすりゃいいの？「幸せ」は僕の大好物だから、当然やるよ！

神さま 月末、神社に300円を持ってこればいい。

みつろう 絶対に、やだ。断る。まさか、人間からお金をせびるとは。街のヤンキーかよっ。

神さま　どうして、やりたくない？

みつろう　論理的に、説明できないから。神社って時点で、怪しさMAX！

神さま　いいか、みつろう。おまじないが効くのは、その仕組みを理解できない時だけじゃ。ようするに、お前の表層意識の理解力を超えた時、おまじないは効くんじゃ。

笑いが起きる理由と同じじゃよ。お笑い芸人の横で、「今の笑い、どこが楽しいポイントですか？　解説してください」って聞いてごらん。

みつろう　そんなことしたら、一気に笑いが消えちゃうじゃん！

神さま　全く、同じ原理なんじゃよ。

笑いが起きるのは、「私」が笑った理由を説明できない時。

おまじないが効くのは、「私」がどうしてそうなるのか、仕組みが説明できない時じゃ。やるか？

みつろう　めちゃくちゃ、やりたくなってきました！

神さま　じゃあ、教えてやろう。ミソカモウデじゃ。

「ミソカモウデ」

監修　神さま

効能　あなたが確実に幸せになる

日時　毎月30日（ミソカの日）※2月は28日

場所　あなたの家の近くの、鳥居がある神社やお宮など

〈方法〉

一つ、鳥居に入る前にペコリすること
一つ、手を洗い清めること
一つ、お賽銭箱に300円（またはそれ以上）のお賽銭を入れること

一つ、お賽銭を入れたあと、ペコリすること
一つ、大きく深い深呼吸を3回し、心を鎮めること
一つ、合掌すること
一つ、自分の「名前」、「住所」、「干支」を言うこと
一つ、お宮の鏡が見えるなら、それに映る自分を見ること
一つ、鏡がない場合は目を瞑ること
一つ、今月起こった「いいこと」をできるかぎりたくさん思い起こすこと
一つ、それら1つずつに「ありがとうございました、〇〇（いいこと）が起きてとても幸せでした」と言うこと
一つ、ここで神からのビジョン（ありがたいなー、という感覚）が湧いてくる
一つ、この「感謝の感覚」に意識を集中し、感覚を全身に広げること
一つ、最後に「ヤワタヤワタ」と声に出してつぶやくこと
一つ、全てが終わったらペコリすること
一つ、この感覚に包まれたまま、神社からお家まで帰ること

みつろう　けっこう、簡単じゃん。ようするに、**300円持って、毎月30日に、神社に行って、その月に起きたできごとに「ありがとう」って言えばいいんでしょ？**

神さま　簡単？　やってみろ、つづかないはずじゃから。

いいか、ワシは「感謝さえすれば幸せになれる」という一番重要な教えを太古の昔から伝えつづけておる。だが、**中国4000年の歴史をもってても、感謝できなかった存在こそ「人間」**じゃないか。

「ミソカモウデ」を習慣にすれば、その月に起こった「いいこと」を意識的に探すことになる。クセが身につくんじゃ。だから、家に帰ったあと、次の月まで、幸せに気づきやすい体質になる。そのパワーを持続させるために、ワシが神社でちょっとしたおまじないをみんなにかけてあげるんじゃよ。

みつろう　なるほど。「いいこと」を探すか、「悪いこと」を探すかの二択問題のこの現実で、僕たちはいつも「悪いこと」を探してるんでしたよね？　そ

神さま　れを解消するってことか。

解消というより、視点を変えるトレーニングじゃ。目の前の現実に意味はない。それを「幸せ」だと思えば、幸せじゃ。「不幸」だと呼べば、不幸になる。だったら、幸せ側から見れるようになったほうがいいじゃろ?

本来、お前たち日本人は、毎月の終わり「ミソカ」の日に、ワシに感謝するために神社に来たもんじゃ。あのころはよかったのぉ。毎月末にお金持ってきてくれるんじゃから。

みつろう　金がほしいだけなんかい!

神さま　それもある!!

ただ、**お前たち現代人は、「感謝の心」を忘れて苦しんどる**から、仕方なく、ミソカモウデを紹介しとるんじゃ。

感謝の実践のために神社を利用するんじゃよ。神社ってのは便利じゃぞ、なんの理由がなくても、ただ感謝の実践ができる場所なんだから。

ただワシに「ありがとう」って言えばいいだけなんだから。

みつろう なるほど。そう聞くと、便利な場所ですね。「感謝のコンビニ」みたいなもんか。自分自身の「感謝のトレーニング」のために神社に行くんだから。

神さま そうじゃ。そこで、「30」という数字がなぜネックか教えてやろう。それは、**「30」は全ての数字で割り切れるから**なんじゃ。「30」は、「1」でも「2」でも「3」でも「5」でも「6」でも割り切れる。こんな数字ほかにないじゃろ？

みつろう おいおい、騙されねーぞ！　「4」はどこ行ったのよ。「4」は！　思いっきり割り切れてないだろうが！

神さま 感謝とは、割り切ることなんじゃ。いいか？　**理由をつけて不満を言うより、〝割り切って〟ただ感謝すればよい。だから、「なんの理由もなし」に、割り切って感謝しにおいで、神社まで。**

それが、ワシがこの世に割り切れる日、30日（ミソカ）を用意した理由じゃ。

みつろう あのー、もう慣れてますけど、ちょいちょい無視しないでくださいねー。おーい。「4」はどこにいったんだーい。

神さま 2月のミソカモウデは28日に行うのじゃから、「4」と「7」も割り切れるじゃろ！　こうして、「1、2、3、4、5、6、7」という全ての数字で、割り切れることになる。

この世にある、全ての数字で割り切れるんじゃぞ？　あなたも不満を言ってないで、ただ割り切って感謝しにおいで！

みつろう またもや、「8」と「9」が入ってませんが、そこは「神さまは計算が苦手」ということにしときましょう。

ちなみに、このおまじない「ミソカモウデ」を行うことで、絶対に幸せになれるんですよね？

神さま もちろんじゃ。**言われた通りに「感謝」できれば、絶対に幸せ**

になる。神であるワシが保証する。

みつろう おぉ。なんだか電気屋さんの3年保証みたいでうれしいです。ところで、どうして300円なんですか？

神さま どうして年末ジャンボには3千円を惜しまないのに、ワシにはいつも賽銭30円なんじゃ？　300円くらい、安いもんじゃろう！

みつろう じゃあ逆に、300円を払えない人はどうすればいいのですか？

神さま 神社から300円をもらえばよい。

みつろう なんですって？

神さま 本来、神社とはそういう場所じゃ。

昔、村人Aが、「感謝したい気持ち」にとり憑かれた。どうしても感謝したくてたまらなくなった彼は、村はずれの、大きな四角い石の上に、「感謝のしるし」を置いて、つぶやいた。「ありがとうございます」って。

みつろう すごいですね。感謝したくてたまらなくなるなんて、現代日本では考えきれない。

神さま　彼はとにかく、なにに対してでもいいから、感謝したくてたまらなかった。この衝動は、人間が本来の波動である時に起こる、いたって普通の状態じゃ。「現実」はその人の思い通りなんじゃから、目の前で全ての夢が叶いつづけている。感謝したくてたまらなくなるのが当然じゃよ。彼は、それを「もの」で示した。その時、彼が石の上に置いたのは、「彼が作った野菜」じゃった。

みつろう　設定がよく見えないけど、農家の人なのね？

神さま　次の日、同じく感謝したくてたまらない衝動に駆られた村人Bが同じ場所を訪れた。彼は、「感謝のしるし」として、大きな四角い石の周りを、ほうきで掃いた。そして、「ありがとう」とつぶやき、石の上に置いてあった野菜を持ち帰った。

みつろう　ただの泥棒じゃないですか！

神さま　物質世界であるその世で、ワシは、野菜は食べん（野菜は減らない）。ワシは、お金を使わん（お金は減らない）。

みつろう　ワシにできることは、ただそれを、本当に必要としている人をその場所に呼ぶことだけじゃ。だから、村人Bを呼んだ。

神さま　ドラクエかよっ。なんだよ「村人Bを呼んだ」って。じゃあ、神社って本来は、物々交換の場所みたいな感じ？　東京証券取引所みたいな？

みつろう　まぁそんなもんじゃ。

ただ、ワシが創った世界には、そのお前の言う取引所のような需要と供給のミスマッチはない。

Aを余らせている人と、そのAをほしがる人の数は一致する。そこに、「感謝」という衝動が湧くんじゃ。

神さま　神社はもともと、石の上の交換台だったんですね。

みつろう　そうじゃ。だから、300円がない人は、なにも300円をお賽銭箱に入れる必要なんてない。

むしろ、300円を神社からとっていっていいんじゃ。

みつろう　残念ながら、現代日本では、お賽銭箱に鍵がかかっています。

神さま　そうじゃな。なぜなら、全ては等価で交換するべきなのに、「お金」にだけ価値をおいておるからな。今の日本では300円を神社から持ち帰ったら、泥棒として警察に捕まってしまう。
だから、300円を出せない人は、神社を掃きそうじすればいいぞ。自分でできることを、そこでやりなさい。
ただ、300円くらい余裕で出せる人は、300円以上は置いてくべきじゃな！

みつろう　結局、儲かるのはお前じゃねーか!!

——巻末付録終——

地球を守る最後のバリアー「神さま」

いつの時代も、親たちは、子どもに言う。

「悪いことをしたらダメ、いつだって神さまは見ているよ」

「ほら、ごはんを残したら、神さまに、怒られちゃうよ」

「あぁ、えらいね、全部食べた。神さまはよろこんでいるよ」と。

こうして子どもたちは「神さま」という存在を、脳内に徐々に作りあげていく。

〝神さまというのは、ごはんを残す子が嫌い〟で、〝神さまというのは、いい行いをする人が好き〟で、神さまというのは……、神さまというのは……。

いつしか、その子どもたちが大人になるころ、明確な存在として、彼は「神さま」を語れるようになるだろう。**ひょっとすると「神さまが人間を作った」と言うより、「人間が神さまを作った」と言ったほうが的確なのかもしれない。**

そんな「神さま」がいる場所として、ここ日本で代表的なのが神社だ。街を見わたせば、いたる所に神社がある。なんとその数、約10万社。記録されていない小さな拝所をふくめると、100万社にのぼるという学者もいる。昔から「八百万（やおよろず）の神」とも言うぐらいだから、もっとあるのかもしれない。これは、コンビニの数を、はるかにしのぐ膨大な量だ。

言い方を変えるなら、僕たち人間には、こんなにもたくさんの「神さま」が必要なのだ。

うれしいできごとが起こった時、身の周りに誰もいなかったら、あなたはきっとこう言うだろう。「神さま、ありがとう！」、と。受け止める相手がいなかったあなたのその感情を、「神さま」が受け止めてくれたのだ。

または、怒りに震え絶望した時、僕たちはこう言う。「神さま、こんな仕打ち、あんまりだ！」まるで関係ない場所から急に引っぱり出されて、なぜだか全部を、自分のせいにされてしまった「神さま」。

「よろこび」にしろ「苦しみ」にしろ、やり場がなくなってしまったあなたのその感情を、「地球製造責任者」という勝手に設定されてしまった立場で、いつでも最終的に責任をとってくれているのだ。

もしも、世界に、「神さま」がいなかったら、僕たちはどうしたのだろうか？

僕たちはそのよろこびを、誰とシェアしたのだろうか？

僕たちはその怒りを、誰にぶつけたのだろうか？

「神さま」という概念が世界になかったのなら、きっと僕たちは今日まで、世界を乗り越えられなかった、と思う。

でも、大丈夫。僕たちには「神さま」がいた。誰もが、心の奥底に、「神さま」という概念を据えていた。誰でもいいから感謝したくなった時、誰でもいいから、誰かのせいにしたくなった時。いつ、いかなる時でも「神さま」が、その話を聞いてくれた。


心の奥底で、最後の最後に人間の感情を受け止めてくれるのは、いつだって「神さま」だから。

地球を守る最後のバリヤーこそ「神さま」なのだ。

そんな「神さま」の教えは、ただ1つだけだった。「あなたはすでに、幸せである」。でも、僕たち人間には、この教えはとても理解できない。『私が幸せじゃない100の理由』という本を次回作に書けそうなくらい、目の前には不幸が起こっている（ように見える）からだ。

でも、だからこそ、**この本がある。**この本で、とてもシンプルに「あなたが幸せに気づく方法」を、綿密な計算の上で書き上げた。

36の教えの仕組みはいたってシンプル。だって、「現実」の全てを本人が創り上げているのなら、それを変えるのなんて「本人」にとっては、とても簡単なはずだからだ。主人公はいつでも「あなた」なのだ。「あなた」が世界を創っているのだから。この本を、①何度も読めば、②そして、実践すれば③さらに周囲のみんなに伝えれば、あっという間にあなたは幸せになれるだろう。

神さまは言った。

「体験は、あなたにしか起こらない現象じゃや。いい教えだと思ったのなら、ただ聞くだけじゃなく、**ちゃんと実践しなさい。**それは、あなたにしか起こらない。**そして、そのすばらしさに気づけたなら、周囲に隠さず配りなさい。**できればあなたのライバルにまっ先に教えなさい。すばらしい教えを、自分の手の内にだけに隠すなんて、『ライバルよりも私は弱い』と心で言っている。それと同時に『すばらしい教えには、今後はあまり出会えない』と自分自身に言い聞かせてるようなもんじゃ。学んだのなら、『あなた』がやってみて、『あなた』が広めなさい。

みつろう。お前はワシの教えを本にまとめるじゃろう。その教えに胸を打たれた読者は、**好きな人にも、嫌いな人にも、その本を配るじゃろう。**これは、人類史上初のできごとなんじゃ。配れば配るほど、どうなるかわかるか?

配れば配るほど……、ワシが、めっちゃ有名になるということじゃ! うらやましいじゃろ、みつろう!」

ムカつきはしたものの、僕は教えを聞いてから今日この日まで、**「①学んで、②自分でやってみて、③隠さずに周りに伝える」**を実践してきた。

約3年間、無償でこれらの教えをインターネット上のブログ『笑えるスピリチュアル』で毎朝公開してきたし、今もその活動はつづいている。あまりにも「目からうろこ」なすごい教えが多かったので、自分の中だけに隠したかったが、とりあえず教えられた通りにシェアしてみた。嫌いな人にだってたくさん広めた。いや、「広めた」というより、もう自分の中に隠しきれなくなり、あふれ出たような感じだ。

すると、僕の「現実」はどんどん変わり始めた。今思えば、あっという間だった。**だからこそ、あなたの「現実」も、きっと変わると、僕は確信しているのだ。**

そのためにも、「①学んで、②実践して、③シェアする」のがとても大切。何度も読み返してほしい。何度もやってみてほしい。たくさんの人にこの本を紹介してほしい。

今もし、この本があなたの深い所にひびいているのなら、**そのひびきが鳴り止まないうちに（それは読み終えたばかりの、今日のことです）、行動を**

起こしてほしい。

ただこれだけで、あなたの「現実」は、一気にいい方向に進み出すことを、僕は知っています。

最後も近づいてきたので、ここで共著者である「神さま」を讃えたい。

人間が作り上げた、どの概念をも超えているこの「神さま」のことを、僕は「わたしを超えた大きな存在」だと確信している。こんなすてきな教えが、僕の中から出てくるとはとても思えないからだ。

もちろん、「あなた」が、なにを信じるかは、「あなた」の自由だ。しかし、この本を読む全ての読者が**「誰が言ったか」よりも「なにを言ったか」を大事にしてくれること**を祈ります。

読んでくれてありがとうございました。

あなたも、大切な「私」の一部です。

本の最後になりましたが、僕を支えてくれた、家族、友達、同僚、

またこの本の成功に尽力してくれた関係者、そして「あなた」に感謝をのべさせてください。


「みんな、みんな、ありがとう。僕はみんなのお陰で、会社員を無事卒業し、新たなやりがいのある仕事にシフトすることができました。

あなたたちの、誰1人欠けても、僕は今日この場所に存在することすら叶っていません。これは、本当です。

僕があなたを創っているように、あなたが僕を創っているのだから。

僕を、この場所まで運んでくれたみんなとの「縁」に、心の底から感謝します。

みんな、みんな、ありがとう。神さまよりも、愛しています」

神さま「はぁっ⁇　ふざけんなっ‼」

平成26年8月13日　秋の兆しを探している那覇の自宅にて

さとうみつろう

禁断の
力くらべ

神さまVS悪魔

「願い」で思い出す147億年前

神さま ここまで話してきて、まだ、思い出さないか？

みつろう え？　何がです？

神さま 自分が、何者であるかをじゃ。

みつろう 自分が、何者かを思い出す？

神さま 思い出すも何も、僕はさとうみつろうですよ？

「さとうみつろう」を、演じる前の話じゃ。

みつろう 前世ってこと？　僕、そういう科学的じゃない話は信じてないんで、そんな話ならけっこうでーす。

神さま　前世とか、過去生とか、そんなくだらない話をしているんじゃない。**昔、全ては1つじゃった。**

みつろう　うん、何回も聞いたよねそれ。科学者が言っているビッグ・バン前の「特異点」のことでしょ？

神さま　宇宙は昔、1つだった。

ということは、どういうことじゃと思う？

宇宙には、実は今でも「一者」しかいないんじゃよ。

みつろう　なんだか、トリハダが立ちましたよ今……。

なんだ、この不思議な感覚は。

神さま　宇宙には、1人しかいない。正確に言えば、宇宙そのものが一者じゃ。

今も、一者のままじゃ。

ということは、**「お前」なんていないんじゃよ。全てが、ワシ**

じゃ。

みつろう　おぉー、ゾクゾクとトリハダが……。

ここにいる、この、これは、神さま。あなたそのものなんですね？

あなたが今、ここで、こうしてしゃべっているんですね？

神さま　そうじゃ。もちろん、「お前」だけじゃない。全てが、ワシじゃ。

今、本を読んでいるそこのあなた。

そこに、「あなた」なんていない。

今、ハッとした、その、感覚。それも、ワシが、そこでハッとしたん

じゃよ。あなたなんて、いない。それは、ワシじゃ。

みつろう　ちょ、ちょっと待って神さま。今でも、全てがあなたのままで、あなた

そのものだと？

神さま　ワシのままじゃ。別々の、個々の、「違う人格」があるわけじゃない。

全部が、ワシのまま、ワシなんじゃよ。

そこにいるのは、そこでこの本を読んでいるのは、他でもな

い、ワシじゃ。

みつろう　……。

神さま　さらに、思い出させてやろう。目を、閉じるがいい。
むかーし、昔のことじゃ。

みつろう　あ、いい話のところ、すごく冷静なツッコミで申し訳ないんですが、目を閉じたら、本は読めないよね？

神さま　こんなに、荘厳な雰囲気を台無しにしてくれてありがとう、さとうのみつろう君。
やはり、君だけはワシじゃない気がしてきた。
頭を、使いたまえ。文章を一度追いかけた後に、目を閉じて、思い出せばいいじゃろ？

みつろう　は、はぁ……。

神さま　むかーし、昔のことじゃ。
それは、あなたが生まれる前。

あなたのおじいちゃんも生まれる前。
地球も、それどころか太陽さえも生まれる遥か昔。
銀河も、まだできていない頃じゃ。
この宇宙にある全てが、1つじゃった。
その1つの光には、何もかも「全て」があった。完璧じゃった。
そして、その全ての光だったあなたは、完璧であるがゆえに、こう思ったんじゃ。

「完璧じゃない」を、体験してみたいと。

そのワクワクは波動となり、
衝動となり、
大きなエネルギーが内側から打ち寄せてきた。
あなたは、そのエネルギーに耐えられず、外側という「未体験」への期待とともに大爆発を起こした。

なんだか、分かるかもしれない……。

みつろう

神さま　不思議だけど、その「ワクワクして爆発する直前の気持ち」をなんとなく、覚えているような……。

当然じゃ、誰もが覚えている。これは、この宇宙の全ての始まりなんじゃから、この宇宙の全ての素粒子の中に、その瞬間が明確に刻まれておる。

その**大爆発する直前の「ワクワク」する衝動を刻んでいないない粒子なんて、この宇宙には1つもない**んじゃよ。

全ての粒子が、原子が、分子が、それを覚えておる。

みつろう　不思議だけど……本当に、思い出せます。

神さま　**もし思い出せないなら、眼を閉じる時に、閉じたまぶたを上から手で覆ってやる**んじゃ。

目の視神経は、まぶたが閉じた後でも何かに焦点を合わせようと働いておる。それを落ち着かせるために、まぶたの上に自分の手を当ててあげれば、視神経はサーチを止める。

この視神経によるまぶたの「外側」へのサーチがなくなれば、「外」と「内」という分離感が消えるんじゃよ。

みつろう　「観る者」と「観られるモノ」という分離感が消えれば、1つになるのか……。

神さま　そうじゃ。その状態で、遥か昔を思い出すんじゃ。

すると、体験を求めて外側へ向かう爆発的な喜びのエネルギーが思い出せるじゃろう。

というか思い出すも何も、そもそも宇宙の全てが、今でもあなたじゃ。あなたの喜びが爆発したのが、この宇宙なんじゃから。

そこから、数億年が経ち、銀河が生まれた。

さらに数十億年が経ち、太陽が生まれ、そして地球が生まれた。

さらに時間は進み、あなたのおじいちゃんが生まれて、「あなた」が生まれたんじゃ。

そして、ある日。あなたは言った。

ねぇ、神さま「○○が欲しい」と。

その瞬間、宇宙は喜んだ。

なぜなら、あなたはついに「私は完璧じゃない」と信じ込んだのじゃから。

「私は完璧じゃない」とあなたが思えたからこそ、あなたは「何かが欲しい」と願うことができた。

こうして、宇宙の願いは叶ったんじゃよ。

みつろう なるほど。完璧であるがゆえになりたかった「完璧じゃない自分」に宇宙は辿りついたんですね？

神さま そうじゃ。宇宙はついに「自分は完璧じゃない」と信じることに成功したのじゃ。それと同時に、宇宙の反転が始まった。

みつろう 反転？

そもそもの宇宙の目的が「完璧じゃない自分」を体験することじゃ。

神さま　ところが、今じゃその宇宙という体験者は「完璧になりたい」と切に願っている。

当初の願いが叶った瞬間に、次なる願いが始まったんじゃよ。

それが、**「完璧だった自分」を思い出す旅**じゃ。

みつろう　え？ でもまた「完璧」に戻ったら、「完璧じゃない自分を体験したい」とか言いはじめるんでしょ？ これ、永遠に続くの？

神さま　永遠なんてない。永遠が、今じゃ。

今、その全てが同時に起こっておる。

完璧じゃない私も、完璧な私も、何もかも全てを含んでいるのが、完璧じゃから。

要するに、**「完璧じゃない」を含んでいないモノは、完璧とは**

みつろう **言えない**んじゃよ。

神さま 哲学的すぎて、頭痛いわい。

ここは、理解で追うのは無理じゃ。

ただ、目を閉じて、まぶたの上に手を重ねて、思い出すがいい。むかーし昔、あなたが1つじゃった頃を。

本を読んでいる「あなた」も、やってみよう！

①目を閉じる

②その閉じたまぶたの上に、やさしく手を置く

③遥か昔、宇宙の全てが1つの光に集中していた頃を「思い出す」

④すると、「体験したい！」というワクワクの衝動＝ビッグ・バンと共に「あなた」が始まった感覚が湧いてくる

「目を閉じたみつろうは、宇宙の始まりの日を思い出そうと、暗闇の奥のさらなる暗闇に焦点を当てた。
するとする、闇の底から不気味な笑い声が聞こえてきた。」

悪魔　イーッヒッヒッヒ。
神の教えを終えた者たちよ、次なる旅へと、よが招待してやろう。

みつろう　だ、誰ですあなたは？

悪魔　よは、「神」というエネルギーの反極側の概念さ。

この世界の全ては、二極がないと「存在」できない。

「いい」が存在できるのは、「悪い」があるお陰さ。
神が存在できるのも、悪が存在しているお陰だ。
貴様らは、神の教えを終えた。
しかし、それだけでは「片手落ち」なのさ。

みつろう もう、お腹いっぱいですってくらい、この世の仕組みを学びましたけど？

悪魔 いいや、まだ半分だ。

闇を知らずして、光は語れない。

世間には今、「イイコトばかりが起こりますように」というおまじないが溢れている。

ナントカの法則、

ナントカ心理学、

ナントカ哲学。

その全てが、「イイコト」を引き寄せるための方法論だ。

みつろう 誰だか分かりませんが、あなた、バカなんですか？ 当然でしょ？

だって、「ワルイコト」を引き寄せたい人なんて、いるわけないんだから。

人生には「イイコト」だけが、起こってほしい。

悪魔　「いい」という幻想を観た者は、かならず「悪い」という幻想で泣く。

何かを手に入れたと錯覚した者は、何かを失う恐怖に怯える。

この世の全てが、二極のバランスからできているから当然だ。

みつろう　なんだか、言葉の強さに説得力がありますね。

神さまともまた違う、ゾクゾクする感覚が……。

悪魔　成功法則を学んだ者は、ある程度は成功する。

ところが、イイコトばかりが起こり続ける人生などないことに気づく。

そう悟った者から、「闇」を見つめはじめるようになるのさ。

「闇」にも、その価値を見い出せた時……

まぁ、今の貴様にはまだ早いかもしれないが、いつか貴様もそこを求めはじめるだろう。

光だけでは、神だけでは、説明ができなかった部分。

その話が聞きたくなった時に、よは、また現れるであろう。

イーッヒッヒッヒッヒッヒ。


――『悪魔とのおしゃべり』へつづく――

この物語は、この世ごとフィクションです

「さぁ、行こうか！」

誰かが今日も、現実を先に笑わせようとして
どこかの街で、泣いているはずじゃ

本の世界から飛び出した
「さとうみつろう」があなたの街にもやってくる!!

谷屋部長の制止を振りきって脱サラしたさとうみつろう……。そこには、まだつづくストーリーがありました。なんと彼は、本の世界を飛び出して、約束通りに日本全国を巡り、トークショーを開催しているんです!! すでに、大勢の人が「泣いて、笑って、スッキリ★さとうみつろうトークショー！」に参加しています。今日も全国の［どこかの街］で［泣いている誰か］に勇気を届けている彼のトークショーに、あなたも参加してみませんか？

くわしい公演日程は、 さとうみつろうトークショー で検索！

本書は、二〇一四年にワニブックスより出版された『神さまとのおしゃべり』を再編集したものです。

サンマーク文庫

神さまとのおしゃべり

2018年 1 月15日　初 版 発 行
2025年 4 月20日　第18刷発行

著者　さとうみつろう
発行人　黒川精一
発行所　株式会社サンマーク出版
東京都新宿区北新宿2-21-1
電話 03-5348-7800

フォーマットデザイン　重原 隆
本文デザイン　小口翔平+岩永香穂+喜來詩織(tobufune)
本文組版　朝日メディアインターナショナル株式会社
印刷・製本　株式会社暁印刷

落丁・乱丁本はお取り替えいたします。
定価はカバーに表示してあります。

ISBN978-4-7631-6096-6　C0195

ホームページ　https://www.sunmark.co.jp